建筑施工企业 BIM 技术应用实施指南

主编 李 娟 曾立民

中国建筑工业出版社

图书在版编目（CIP）数据

建筑施工企业 BIM 技术应用实施指南/李娟，曾立民主编 .—北京：中国建筑工业出版社，2017.1
ISBN 978-7-112-20236-2

Ⅰ.①建… Ⅱ.①李…②曾… Ⅲ.①建筑施工企业-信息管理-指南 Ⅳ.①F407.9-62

中国版本图书馆 CIP 数据核字（2017）第 001630 号

本书全面、客观、系统地分析了建筑施工行业 BIM 技术应用的现状，研究 BIM 技术在工程施工全过程中的具体应用，对 BIM 应用策划、数据准备与集成、深化设计、施工模拟、图档管理、进度管理、材料管理、质量安全管理、工程预算、成本控制等最受关注的 BIM 应用做了深入剖析。同时系统介绍了 BIM 技术相关软件的特性与功能，科学总结了 BIM 技术在企业和项目的实施规划和流程，提炼了 BIM 技术在施工项目实施的经典案例。

责任编辑：尚春明　郦锁林
责任设计：谷有稷
责任校对：王宇枢　李美娜

建筑施工企业 BIM 技术应用实施指南
主编 李　娟　曾立民

*

中国建筑工业出版社出版、发行（北京海淀三里河路 9 号）
各地新华书店、建筑书店经销
唐山龙达图文制作有限公司制版
北京市书林印刷有限公司印刷

*

开本：787×1092 毫米　1/16　印张：23½　字数：567 千字
2017 年 1 月第一版　　2017 年 2 月第二次印刷
定价：**65.00** 元
ISBN 978-7-112-20236-2
（29720）

版权所有　翻印必究
如有印装质量问题，可寄本社退换
（邮政编码 100037）

《建筑施工企业 BIM 技术应用实施指南》
参编人员名单
（排名不分先后）

顾　问：肖绪文
主　任：李　娟
副主任：曾立民
编　委：刘　刚　陈建中　黄延铮　雷　霆　刘晓晗
　　　　汪少山　李卫军　左小英　喻太祥　刘振东
　　　　郭　强　王自胜　张明杰

主　　编：李　娟　曾立民
副 主 编：董新红　姚建文　侯　涛　徐礼赞　马　超
编制人员：（按姓氏笔画排名不分先后）
　　　　　王效心　刘连杰　刘　锐　李洪艳　李　娜
　　　　　李　遐　李　瑶　李　勇　李享达　李剑超
　　　　　郭　亮　郭镓琦　方　园　张国杰　张　迎
　　　　　张晓峰　孙　华　孙玉霖　宋研研　杜雅峰
　　　　　杜　萌　朱宏峰　余亚斌　徐　亮　房建华
　　　　　董玉坤　梁　博　吴善艳　陆正飞

主编单位： 河南省建筑业协会

参编单位：

河南省第二建设集团有限公司

郑州市第一建筑工程集团有限公司

中国建筑第七工程局有限公司

河南五建建设集团有限公司

平煤神马建工集团有限公司

中建八局第一建设有限公司

中建三局集团有限公司

泰宏建设发展有限公司

河南五建第二建筑安装有限公司

江苏南通二建集团有限公司

广联达科技股份有限公司

序

2015年，国务院发布了《中国制造2025》和"互联网＋"行动计划，同年6月，住房城乡建设部发布了《关于推进建筑信息模型应用的指导意见》，2016年8月住房和城乡建设部印发的《2016—2020年建筑业信息化发展纲要》，其中28次提到BIM，更加明确了BIM技术在推动建筑产业信息化发展、转型升级的核心地位，要求到2020年末，建筑行业甲级勘察、设计单位以及特级、一级房屋建筑工程施工企业应掌握并实现BIM技术与企业管理系统和其他信息技术的一体化集成应用。

在新一轮科技创新和产业变革中，信息化与建筑业的融合发展已成为未来建筑业发展的主导方向，是快速改变中国建筑产业向现代化产业转变的主要工具。BIM技术是信息化技术的重要支撑，其广泛推广应用对建筑业发展带来战略性和全局性的影响，将推动建筑业科技创新，加快信息化整体发展，培育新业态，创新服务新模式，是建筑行业谋求改革、转型升级和可持续发展的重要途径。

BIM技术的应用是工程建设的一次技术革命，将为物业管理、工程设计与施工带来巨大变革和能力提升。中国建筑业在BIM技术的快速发展与应用，已经超出众多人的预期。河南省建筑业协会在助推BIM技术在建筑企业的应用中因势利导、积极倡导、多方引导，为促进域内企业技术进步，改变生产方式，提升企业的总体发展质量发挥了积极作用。他们组织编写的《建筑业BIM技术应用实施指南》一书即将出版，其内容源于实践，高于实践，具有较强实用性、针对性和指导性。借鉴本书，对于BIM技术推广应用基础薄弱的企业可少走弯路，实现高效、快捷的推广应用；对于BIM技术推广应用较好的企业，也可在BIM技术应用方面进一步发掘价值，拓展应用的广度和深度，提升企业的总体的管理水平。总之，相信本书的出版发行，对建筑企业的BIM技术的推广应用，必将发挥积极的推动作用。

BIM是Building Information Modeling（建筑信息模型）的缩写，是一种用信息技术实现真实感表现和表达的软件系统。BIM技术在建筑工程立项、设计和施工全过程的快速推广应用，使建造过程更加形象化，因而在工程建造过程中，可减少或避免错漏碰缺，真实和形象地展示设计成果，在施工组织设计、施工方案和技术交底等方面发挥无可替代的重要作用，也为企业的形象展示和市场拓展提供了无限的可能。但是，我们必须放眼未来，立足我国经济发展的信息化要求，在更高层面构建基于BIM的工程项目建造管理信息化工作平台，构建基于互联网的建筑企业管理信息化工作平台，以期实现信息化设计、信息化施工，进而实现信息化建造和信息化物业管理。

BIM技术的推广应用是智能化建造的基础，让我们百尺竿头，不懈上攀，努力攀登智能化建造的光辉顶点。

中国工程院院士
中国建筑业协会副会长

前　言

BIM 技术是住房和城乡建设部《2016—2020 年建筑业信息化发展纲要》中推广的主要新技术；BIM 技术的应用是建设工程领域的一次革命，是项目精细化管理最有力的技术支撑手段之一，建筑施工企业已经把 BIM 技术作为企业创新发展的重要方式方法，BIM 技术的应用和推广将在企业的科技进步和转型升级过程中起到推波助澜的促进作用；必将进一步促进工程项目实现精细化管理、提高工程质量、降低成本和安全风险，进一步提升工程项目的效益和效率，给行业的发展带来巨大的推动力。

河南省建筑业协会契合我国建筑行业发展的大趋势，历经近一年时间组织编写了《建筑施工企业 BIM 技术应用实施指南》一书。它是在近几年河南省建筑施工企业推广应用 BIM 技术的施工经验基础上进行的全面总结和优化，并针对如何实际应用 BIM 技术有针对性地提供了实施参考依据，内容详实，图文并茂，实用性强。

本书的编辑出版不仅是一部 BIM 技术应用工程实践经验的集锦，同时也是一部以工匠精神谈 BIM 发展、应用和实施的 BIM 技术全析书籍，对帮助建筑行业 BIM 技术人员在工程实际操作过程中少走弯路，迅速提高操作水平具有很好的借鉴意义。不但有利于广大施工企业 BIM 技术人员熟练掌握 BIM 技术的施工内涵，而且有利于实现 BIM "信息共享、协同工作"的核心理念，从而有效促进 BIM 技术的快速落地应用和健康持续发展。

本书虽然经过多次讨论和修改，但不足之处在所难免，恳请广大读者能够多提宝贵意见，予以赐教指正。

目 录

第1章 BIM技术概述 ························ 1
  1.1 BIM基本概念 ························ 1
  1.2 BIM的行业发展现状 ························ 1
  1.3 BIM应用趋势 ························ 10

第2章 BIM在河南施工企业应用现状 ························ 12
  2.1 调研对象基本信息 ························ 12
  2.2 施工企业对BIM的了解情况 ························ 12
  2.3 施工企业BIM应用现状 ························ 15
  2.4 河南省施工企业BIM技术应用存在的问题和期望 ························ 22

第3章 BIM应用策划 ························ 26
  3.1 概述 ························ 26
  3.2 项目BIM应用策划流程 ························ 26
  3.3 项目BIM应用目标设定 ························ 28
  3.4 项目BIM应用策划实施 ························ 30
  3.5 典型项目BIM实施策划书 ························ 40

第4章 BIM数据集成 ························ 42
  4.1 概述 ························ 42
  4.2 BIM数据的构成 ························ 43
  4.3 基于BIM模型集成数据的方法 ························ 46

第5章 BIM在技术管理中的应用 ························ 50
  5.1 基于BIM的深化设计 ························ 50
  5.2 基于BIM的施工模拟 ························ 73

第6章 BIM在生产管理中的应用 ························ 93
  6.1 基于BIM的进度管理 ························ 93
  6.2 基于BIM的材料管理 ························ 103
  6.3 基于BIM的质量安全管理 ························ 114

第7章 BIM在商务管理中的应用 ························ 126
  7.1 概述 ························ 126

7.2 在投标阶段的应用 ·· 129
7.3 在施工阶段的应用 ·· 131
7.4 在竣工阶段的应用 ·· 133
7.5 展望 ·· 135

第8章 案例 ·· 136

8.1 BIM技术在郑州新郑国际机场T2航站楼的综合应用 ········· 136
8.2 BIM技术在河南建设大厦工程中的应用 ·························· 153
8.3 BIM技术在利丰国际大厦工程中的综合应用 ···················· 178
8.4 BIM技术在新郑国际机场T2航站楼机电工程中的应用 ······ 204
8.5 BIM技术在河南圣德医院项目中的综合应用 ···················· 220
8.6 BIM技术在南阳"三馆一院"工程中的应用 ······················ 236
8.7 BIM技术在万锦嘉园工程中的应用 ································ 251
8.8 BIM技术在中建·观湖国际一期14号楼中的应用 ·············· 271
8.9 BIM技术在郑州机场高速收费站钢结构工程中的应用 ······· 285
8.10 BIM技术在新疆神火4×350MW动力工程中的应用 ········· 299
8.11 BIM结合测量机器人技术在新郑机场塔台小区工程中的应用 ··· 314
8.12 BIM技术在商丘市第一人民医院儿科医技培训中心综合楼项目中的应用
案例 ··· 325
8.13 BIM技术在景观桥工程中的应用 ·································· 352

第1章 BIM技术概述

1.1 BIM基本概念

BIM是英文Building Information Modeling或Building Information Model的缩写，代表建筑信息模型化或建筑信息模型，是以三维数字模型技术为基础，集成建筑工程各类项目信息的工程信息模型。BIM模型是参数化模型，具有可视化、协调性、模拟性、优化性和可出图性等特点，通过统一的BIM模型保证建筑信息的完备性、关联性和一致性，实现建筑全生命周期信息的高效共享，提高建筑工程规划、设计、施工以及运维各阶段的工作效率和管理能力，优化建筑全生命周期的成本、进度和质量等关键指标。

BIM的概念原型最早于20世纪70年代提出，当时称为"产品模型（Product Model）"，该模型既包含建筑的三维几何信息，也包含建筑的物理、空间和性能等其他信息。随着CAD技术的发展，特别是三维CAD技术的发展，产品模型的概念得以发展。在此基础上，于2002年由CAD软件开发商之一——美国Autodesk公司提出BIM，BIM技术开始在建筑工程领域得到应用。经过约10年的发展，BIM技术取得很大进步，并已发展成为继CAD技术之后行业信息化最重要的新技术。值得一提的是，类似于BIM的理念首先在制造业被提出，在20世纪90年代业已实现，推动了制造业的科技进步和生产力提高，形成制造业强有力的竞争力[1]。

1.2 BIM的行业发展现状

1.2.1 政策分析

目前，BIM理论已经在我国建筑行业迅速推广，BIM技术在建筑工程设计、施工和运维等过程的深度应用已经成为建筑业发展的趋势和方向。BIM技术的应用影响着行业的方方面面，它的健康发展必然需要国家政策的引导和支撑。一是合理的政策有助于创建BIM技术健康发展的市场环境。由于市场信息不对称、市场逐利性等原因，BIM技术的发展需要适当的政府干预和引导。例如为了应对BIM咨询服务行业收费标准较混乱的问题，上海市出台了相应的BIM服务定价通知，规范市场的健康发展；二是有力的政策有助于政府对BIM项目监管的落实，例如国家出台的《关于推进建筑信息模型应用的指导意见》，明确提出一定资质的企业需使用BIM，注册执业资格人员开展BIM继续教育，深圳市出台的《深圳市建设工程质量提升行动方案（2014—2018年）》制定了BIM工程设计项目的招投标实施办法，这些政策从企业、人员、项目多个层面展开对BIM技术应用的监管；三是BIM产业的发展离不开政府资金配套支持。由于新技术应用过程中具有高风险和高成本特点，需要国家及社会直接提供资金支持，或通过课题、政策间接鼓励创新。

目前，国家和地方两个层面均制定了相应的BIM政策，下面将从这两个方面进行BIM政策分析。

1) 国家 BIM 政策分析

从"十二五"规划开始,国家在政策层面对 BIM 技术的应用与推广力度不断加大,如表 1-1 所示。

国家层面 BIM 政策编制情况　　　　　　表 1-1

发布单位	发布时间	政策名称	政策要点
住房和城乡建设部	2014 年 7 月	《关于推进建筑业发展和改革的若干意见》	1. 提出推进建筑信息模型(BIM)等信息技术在工程设计、施工和运行维护全过程的应用,提高综合效益; 2. 积极探索开展白图替代蓝图、数字化审图等工作,建立技术研究应用与标准制定有效衔接的机制,促进建筑业科技成果转化,加快先进适用技术的推广应用
住房和城乡建设部	2015 年 6 月	《关于推进建筑信息模型应用的指导意见》	第一次明确提出了 BIM 在建筑业的发展目标,以及各参与者的具体工作,对 BIM 的发展具有重大意义,必将不断推动我国建筑业的转型升级和健康持续发展
十二届全国人大常委会第十五次会议	2015 年 7 月	《中华人民共和国国家安全法》	1. 国家建设信息网络与信息安全保障体系……实现网络和信息核心技术、关键基础设施和重要领域信息系统及数据的安全可控。意味着若将 BIM 模型存放于国外服务器的行为,均可能涉嫌违反《国家安全法》; 2. 国家将建立国家级安全风险评估机制,定期开展各领域国家安全风险调查评估,有关部门应当定期向中央国家安全领导机构提交国家安全风险评估报告。意味着住房和城乡建设部未来可能要建立 BIM 国家安全风险评估机制,对 BIM 模型和数据进行有效监控,并定期报备中央国家安全领导机构
住房和城乡建设部	2016 年 8 月	《2016—2020 年建筑业信息化发展纲要》	1. 文件中提出了五大信息技术,其中 BIM 技术位列第一; 2. 加快 BIM 普及应用,实现勘察设计技术升级; 3. 开展施工阶段的 BIM 基础应用; 4. 建立基于 BIM 的项目管理系统; 5. 大力推进 BIM、GIS 等技术在综合管廊建设中的应用

上表中,不得不提《关于推进建筑信息模型应用的指导意见》(以下简称"意见"),这是第一个国家层面发布的关于 BIM 应用指导性文件,充分肯定了 BIM 应用的重要意义。从表中可以看到,国家层面对 BIM 技术的支持逐步明朗,开始大力推广 BIM 技术,BIM 已成为建筑业核心发展动力之一。下面将从以下几个方面分析政策的影响:

首先,确定 BIM 在我国建筑业发展中的重要地位。《2016—2020 年建筑业信息化发展纲要》(以下简称"纲要"),将 BIM 技术列为建筑业五大信息技术之首,并明确指出不仅建设领域应用 BIM,在城市综合管廊、海绵城市、轨道交通工程、"一带一路"等重点项目中也要求使用 BIM。可以说 BIM 将成为建设工程项目信息技术标配,并开始在多个领域应用。

其次,开始配套 BIM 项目政府监管体系。"意见"对政府工程项目监管提出具体要求,开始重视大规模 BIM 项目应用情况下,政府项目监管适应的体系建设和能力提升,特别提到了基于 BIM 的探索质量监管和档案管理模式,这势必带来政府监管方式和相应业务信息化平台的较大变化。

再次,企业、人员资质与 BIM 有挂钩的迹象。"意见"显示了企业资质与 BIM 应用挂钩的趋势,特级、一级房屋建筑工程施工企业在资质评估可能要增加 BIM 应用项,类似2007年的特级资质施工企业的信息化评估要求，这对BIM的推广将是一个重大推动力。同时，在人才培养方面，个人的注册资质中将会增加BIM要求，一是考证时要考核评价，二是继续教育中BIM成为必修课。可以预见，BIM将成为行业最为常见的门槛。

此外，BIM软件开发将注重管理功能，从工具应用演变到管理平台。"纲要"明确提出了"建立基于BIM的项目管理系统"，表明BIM与项目管理的集成应用将成为施工行业BIM应用大方向，而不再仅是单纯技术应用。因此，施工企业在做信息化建设规划时，要重点关注BIM与项目及企业管理系统的集成；另一方面对提供行业信息化服务的软件厂商来说，在BIM与项目、企业管理系统的集成方案、集成技术，以及政府监管平台、BIM招投标平台、BIM公共构件库系统等方面重点关注，做好储备和应对。

最后，相关配套进一步落地，包括教育培训、奖励基金、管理组织、专家团队等。"意见"明确提出在工程评优、项目示范、人才培养、市场服务体系等方面建立相应的保障措施。近几年来，各种BIM大赛层出不穷，极大地推动了企业和个人的应用动力，BIM应用需求越来越多，因此施工企业应多方面着手，比如BIM人才培养、参与国家BIM课题等，提升企业BIM综合实力。

2）地方BIM政策分析

为了对地方BIM政策进行分析，首先对近三年来全国各地颁布的主要BIM政策进行了整理，如表1-2所示。

地方BIM政策编制情况　　　　　　　　　　表1-2

发布单位	发布时间	政策名称	政策要点
辽宁省住房和城乡建设厅	2014年8月	《推进文化创意和设计服务与相关产业融合发展行动计划》	加大工程设计单位建筑信息模型（BIM）的推广和应用
北京市质量技术监督局北京市规划委员会	2014年5月	《民用建筑信息模型设计标准》	提出BIM的资源要求、模型深度要求、交付要求，规范民用建筑BIM设计的基本内容
山东省人民政府办公厅	2014年7月	《山东省人民政府办公厅关于进一步提升建筑质量的意见》	明确提出推广建筑信息模型（BIM）技术
广东省住房和城乡建设厅	2014年9月	《关于开展建筑信息模型BIM技术推广应用工作的通知》	1. 到2014年底，启动10项以上BIM技术推广项目建设；到2015年底，基本建立我省BIM技术推广应用的标准体系及技术共享平台；到2016年底，政府投资的2万m^2以上的大型公共建筑，以及申报绿色建筑项目的设计、施工应当采用BIM技术； 2. 省优良样板工程、省新技术示范工程、省优秀勘察设计项目在设计、施工、运营管理等环节普遍应用BIM技术； 3. 到2020年底，全省建筑面积2万m^2及以上的工程普遍应用BIM技术
广东省住房和城乡建设厅	2014年9月	《广东省住房城乡建设系统工程质量治理两年行动实施方案》	1. 鼓励建设、勘察、设计、施工、监理单位五方责任主体联合成立BIM技术联盟； 2. 促进BIM技术在大型复杂工程的设计、施工和运行维护全过程的推广应用； 3. 2万m^2以上的大型公共建筑，以及申报绿色建筑和省优良样板工程、省新技术示范工程、省优秀勘察设计项目应当逐步推广应用BIM技术，促进建筑全寿命周期的管理水平

续表

发布单位	发布时间	政策名称	政策要点
陕西省住房和城乡建设厅	2014年1月	《陕西省级财政助推建筑产业化》	提出重点推广应用BIM(建筑信息模型)施工组织信息化管理技术
上海市人民政府办公厅	2014年10月	《关于在本市推进建筑信息模型技术应用的指导意见》	1. 通过分阶段、分步骤推进BIM技术试点和推广应用,到2016年底,基本形成满足BIM技术应用的配套政策、标准和市场环境,本市主要设计、施工、咨询服务和物业管理等单位普遍具备BIM技术应用能力; 2. 到2017年,本市规模以上政府投资工程全部应用BIM技术,规模以上社会投资工程普遍应用BIM技术,应用和管理水平走在全国前列
上海市住房和城乡建设管理委员会	2015年6月	《关于推进建筑信息模型的应用指南(2015版)》	明确各参与施工单位及各阶段的参考依据和指导标准
上海BIM技术应用推广联席会议办公室	2015年7月	《上海市推进建筑信息模型技术应用三年行动计划(2015—2017)》	1. 建立组织。成立BIM协调推进组织,从管理角度贯彻落实BIM推广工作的落实,成立专门组织(联席会议)。注重可行性。根据实际情况,分阶段、分步骤逐步推进,在2015—2017三年时间内稳步推进建筑信息模型技术应用; 2. 规划系统性。从BIM市场环境、政府监管、实际应用三个层面对BIM应用提出了全面的要求
	2015年8月	《上海市建筑信息模型技术应用咨询服务合同示范文本(2015版)》和《上海市建筑信息模型技术应用咨询服务招投标示范文件》	根据《招投标法》《合同法》、相关示范文本和《上海市建筑信息模型技术应用指南》等,规范BIM技术应用咨询服务活动
上海市住房和城乡建设管理委员会	2016年4月	《关于本市保障性住房项目实施BIM应用以及BIM服务定价的最新通知》	明确BIM技术的保障性住房项目,实施中增加的费用按照以下标准计入成本: 1. 实施设计、施工阶段(含构件加工)应用的,按照建筑面积15元/m²计算;实施施工阶段(含构件加工)应用的,按照建筑面积10元/m²计算; 2. 实施构件信息模型用于工厂预制生产的,按建筑面积增加5元/m²; 3. 实施建设基于BIM的运营管理系统的,按建筑面积增加5元/m²
	2016年7月	《2016年上海市建筑信息模型技术应用与发展报告》	1. 对上海市BIM技术应用推广组织体系、政策环境、试点培育、能力建设和宣传培训等情况进行梳理; 2. 上海市相关管理部门、协会、咨询单位、设计院、建设单位、施工企业近20家单位参与编写
上海市住房和城乡建设管理委员会	2016年8月	《关于进一步加强上海市建筑信息模型技术推广应用的通知(征求意见稿)》	拟定了分阶段鼓励并最终强制使用BIM的推行政策,通过强制和激励并行的举措,助推上海市建筑信息模型技术从试点培育转向面上推广

续表

发布单位	发布时间	政策名称	政策要点
深圳市政府	2014年4月	《深圳市建设工程质量提升行动方案（2014—2018年）》	1. 推进BIM技术应用。在工程设计领域鼓励推广BIM技术，市、区发展改革部门在政府工程设计中考虑BIM技术的概算； 2. 搭建BIM技术信息平台，制定BIM工程设计文件交付标准、收费标准和BIM工程设计项目招投标实施办法； 3. 逐年提高BIM技术在大中型工程项目的覆盖率； 4. 深圳市5年工程质量提升行动的报道中提出：在工程设计领域鼓励推广BIM技术，力争5年内BIM技术在大中型工程项目覆盖率达到10%
	2015年4月	《深圳市建筑工务署政府公共工程BIM应用实施纲要》《深圳市建筑工务署BIM实施管理标准》	1. 全国首个发布政府公共工程BIM实施纲要和标准的城市； 2. 明确建筑工务署BIM应用总体定位和规划，建立基于BIM技术的政府投资工程建设管理的新维度，给出实施BIM的具体范围和阶段，明确BIM实施的价值点和技术路线

可以看到，从2014年开始，BIM政策在全国"开花"，截至2016年9月，全国共有十几个省市陆续发布了BIM技术应用推广文件。上海市、黑龙江省、云南省（征求意见稿）、济南市、湖南省发布了具体BIM应用指导意见，这些指导意见中的BIM技术应用目标大部分是根据住房和城乡建设部2015年6月发布的《关于推进建筑信息模型应用的指导意见》制定的，个别省市根据自身实际情况加入一些项目试点和投资金额规定，例如黑龙江和湖南两省。北京市、深圳市、浙江省、天津市则发布了BIM相关应用标准和导则，为本地区相关企业应用BIM技术提供了指导规范和管理依据。

从各地颁布的BIM相关政策，可以看到：

一是以上海、深圳为代表的一线沿海城市政策制定力度表现突出，内容执行性强。特别是上海市，从2015年起出台了一系列的BIM政策，涉及面广，要求具体，阶段目标清晰，操作性强。其次深圳市，是首个发布政府公共工程BIM实施纲要和标准的城市。

二是与本地BIM发展情况相切合，体现地方特色。例如沈阳市制定的BIM政策，充分结合了沈阳市工业化的发展需要，结合当地BIM发展水平制定可落地的执行计划。

三是BIM政策涉及各个环节，针对质量监督管理、工程造价、招投标等活动和相关行业管理部门分别制定政策。以上海市为例，颁布的政策包括"保障性住房项目实施BIM应用以及BIM服务定价"、"BIM咨询服务合同示范文本"、"咨询服务招投标示范文件"等内容。

3）河南省BIM政策分析

河南省在BIM推广方面开展了大量工作。河南BIM发展联盟在2015年9月成立。河南省建筑业协会于2016年1月开展了河南省建设工程BIM技术落地公益培训以及首届建设工程"中原杯"BIM大赛；在2016年7月印发的《河南省建筑业协会2016年工作要点》中明确提出"以多种形式全力推进BIM技术落地应用"；河南省住房和城乡建设厅支持编制了《关于加快推进BIM技术应用工作的指导意见》，制定了明确的BIM发展目标，目前正在征集意见阶段。

河南省作为传统产业大省,对 BIM 技术的吸收与东部沿海省市相比存在一定差距,在 BIM 政策制定的过程中,需要结合当地情况分阶段制定目标,特别是在一些基础配套政策方面要给予重点关注,比如鼓励成立 BIM 社会组织,加强对 BIM 人才的培养,开展示范项目应用,在 BIM 合同范本、BIM 费用等方面制定明确的指导性文件。

1.2.2 标准规范

BIM 模型中的信息在建筑全生命期各阶段(包含规划、设计、施工、运维等阶段)逐步被积累。这些积累的信息能与后续工作环节的技术或管理人员共享,不需重新录入。例如,施工人员可以直接利用设计人员生成的建筑设计模型信息,在此模型上添加施工信息形成施工阶段的模型进行应用。考虑到这些信息横跨建筑全生命期各个阶段,由大量的技术或管理人员使用不同的应用软件产生并共享,有必要制定和应用与 BIM 技术相关的标准。相关的技术或管理人员在应用相关的软件时只要遵循这些标准,就可以高效地进行信息管理和信息共享。

BIM 标准可以分为 3 类,即分类编码标准、数据模型标准和过程标准。其中,分类编码标准规定建筑信息的分类,数据模型标准规定 BIM 数据交换格式,而过程标准则规定用于交换的 BIM 数据的内容。值得说明的是,在 BIM 标准中,不同类型的应用标准存在交叉使用的情况。例如,在过程标准中,需要使用数据模型标准,以便规定在某一过程中提交的数据必须包含哪些格式的数据。同时,一些 BIM 标准在编制时遵循了某些基础标准,主要是指国际标准化组织(International Standard Organization,以下简称 ISO)颁布的 ISO 12006-2 和 ISO 12006-3。

1)国外的 BIM 标准制定情况

对于发布的 BIM 标准,目前在国际上主要分为两类:

一类是由 ISO 等认证的相关行业数据标准。行业性标准主要分为 IFC(Industry Foundation Class 工业基础类)、IDM(Information Delivery Manual,信息交付手册)和 IFD(International Framework for Dictionaries,国际字典),它们是实现 BIM 价值的三大支撑技术。IFC 标准目前有 ISO/PAS 17739:2005 工业基础分类 2X 版平台规范,已经发布,是目前最受建筑行业广泛认可的国际性公共产品数据模型格式标准;IDM 标准的第一部分方法和格式在 2010 年已经发布,第二部分交换框架在 2012 年发布。

另一类是各个国家针对本国建筑业发展情况制定的 BIM 标准,是本国实施 BIM 的操作指南。

目前美国走在 BIM 研究的最前沿。美国的 BIM 标准 NBIMS(NationalBuilding Information Model Standard)的第一版早已于 2007 年问世,是美国第一个完整的具有指导性和规范性的标准。在各方实践的基础上,2012 年,NBIMS 第二版发布,包含了 BIM 参考标准、信息交换标准以及应用三大部分。2015 年发布的 NBIMSVer3,是在第二版的基础上予以完善与扩充。同时 2015 年 BIM 模型精度 LOD 标准(秋季版)在美国奥兰多正式发布,与之前版本相比,更新了预制结构件的 LOD100-400 定义、预制混凝土的 LOD100-400 定义、深化设计各阶段所需要的属性库。

此外,英国在 2009 年发布了 "AEC(UK)BIM Standard";2010 年进一步发布了基于 Revit 平台的 BIM 实施标准——"AEC(UK)BIM Standard for Autodesk Revit";

2011年又发布了基于Bentley平台的BIM实施标准——"AEC（UK）BIM Standard for Bentley Building"。

挪威于2009年发布了BIMManual1.1，并于2011年发布了BIMManual1.2。

澳大利亚也制定了国家BIM行动方案，2012年6月，澳大利亚buildingSMART组织受澳大利亚工业、教育等部门委托发布了一份《国家BIM行动方案》。

一些亚洲国家，例如新加坡在2012年发布了《Singapore BIM Guide》。2010年1月，韩国国土海洋部颁布了《建筑领域BIM应用指南》；2010年3月，韩国虚拟建造研究院制定了《BIM应用设计指南——三维建筑设计指南》；2010年12月，韩国调达厅颁布了《韩国设施产业BIM应用基本指南书——建筑BIM指南》。

2）我国的BIM标准制定情况

从我国BIM标准体系来看共分三个层次，第一是国家标准，是国家层面的最高标准，有广阔的覆盖能力；第二是行业标准或地方标准，是面向某一个行业，如面向建筑工程行业，或面向某一个地区，如北京市地区，是范围比较小的标准；第三个是企业标准，它针对某一个实施团体，具体的执行策略、技术条件、组织架构会根据具体情况来制定。

（1）国家BIM标准

制定标准是支持BIM技术实际应用中最为重要的工作之一。2012年1月，住房和城乡建设部印发建标〔2012〕5号文件，将五本BIM标准列为国家标准制定项目，如图1-1所示。包括了三个层面的标准：

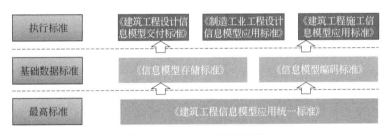

图1-1 国家BIM标准框架

第一层为最高标准，包括《建筑工程信息模型应用统一标准》。对建筑工程建筑信息模型在工程项目全寿命期的各个阶段建立、共享和应用进行统一规定，包括模型的数据要求、模型的交换及共享要求、模型的应用要求、项目或企业具体实施的其他要求等，其他标准应遵循统一标准的要求和原则，目前处于报批阶段。

第二层基础数据标准，包括《建筑工程信息模型存储标准》和《建筑工程设计信息模型分类和编码标准》。《建筑工程设计信息模型分类和编码标准》规定模型信息应该如何分类，提出了建筑信息标准化满足数据互用的要求，以及建筑信息模型存储的要求，本标准已处于报审阶段。《建筑工程信息模型存储标准》规定了模型信息应该采用什么格式进行组织和存储。

第三层是执行标准，包括《建筑工程设计信息模型交付标准》、《制造工业工程设计信息模型应用标准》、《建筑工程施工模型应用标准》。其中《建筑工程设计信息模型交付标准》规定了在建筑工程规划、设计过程中，基于建筑信息模型的数据建立、传递和读取，特别是各专业之间的协同，工程各参与方的协作，以及质量管理体系的管控、交付等过程，本标准处于审核阶段。《建筑工程施工模型应用标准》规定在设计、施工、运维等各阶段BIM具体的应用内容，包括BIM应用基本任务、工作方式、软件要求、标准依据等，本标准处于征求意见稿阶段。

（2）行业标准或地方标准

在国家级BIM标准不断推进的同时，各地方也针对BIM技术应用出台了相关的BIM标准。中国安装协会在2015年7月发布了《建筑机电工程BIM构件库标准》，北京市制定了地方标准《民用建筑信息模型（BIM）设计基础标准》，上海市、广东省也开始编制自己的BIM标准。门窗、幕墙等各行业纷纷制定相关BIM标准及规范。

（3）企业标准

各企业也制定了企业内的BIM技术实施导则，例如中建各个局均建立各自的BIM应用标准，广联达公司通过大量的工程实践总结出BIM5D的企业应用标准。这些标准、规范、准则，共同构成了完整的中国BIM标准序列，指导我国BIM技术在施工行业的科学、合理、规范发展。

1.2.3 工程实践

BIM在我国工程中的应用逐渐普遍，从地标性项目到中型项目，BIM广泛应用于项目的技术、商务、生产三条管线。技术管线的应用主要有施工方案模拟、碰撞检查、深化设计等，商务管线的应用主要有工程量计算、资源优化、物料管理、变更管理等，生产管线的应用主要有进度管理、质量安全监管等。根据《中国建筑施工行业信息化发展报告（2015）》显示，43.2%的企业在已开工项目中使用BIM技术，41.3%的所在企业将BIM应用在专项施工方案模拟，36.1%的所在企业将BIM应用在投标方案模拟，基于BIM的工程量计算应用为29%，基于BIM的碰撞检查应用有25.7%，而基于BIM的预制加工应用仅为10.6%。关于工程BIM应用价值方面，53.6%和53.1%的被调查对象认为BIM应用的价值主要体现在"支持三维可视化设计和协同"、"支持虚拟施工和方案优化"两大方面。通过《中国建筑施工行业信息化发展报告》调研数据，可以发现BIM在我国施工模拟、程量计算、深化设计、专业协调和进度控制等方面得到广泛应用。

经过这几年的快速发展，BIM在工程中的应用逐渐深入，呈现出多模式、集成化、全过程、多领域的特点。

1）多模式应用

根据《中国建筑施工行业信息化发展报告（2014）》显示，BIM应用最大的受益者是业主。据《中国建筑施工行业信息化发展报告（2015）》显示，43.2%的企业在已开工项目中使用BIM技术。从BIM应用的主导方来看，我国的BIM应用呈现出业主方主导模式、承建方主导模式、设计方主导模式。

业主方主导模式的BIM应用贯穿于建设项目全生命周期，BIM应用效用明显。需要注意的是，目前由于运维BIM市场环境、软硬件、政策标准等配套刚起步，在运维阶段的应用较少，设计、施工阶段应用常见。典型的工程有上海中心项目、上海迪士尼项目、中国尊Z15项目、望京SOHO项目以及万达项目的BIM应用。

承建方主导BIM应用模式主要是大型承包企业的运用。随着国内BIM软件的成熟，如以广联达BIM5D为代表，中型承建商也开始使用BIM。通常承建方主导的BIM应用在招投标阶段和施工阶段应用，该种模式的应用一般是承建方重新建模，或者通过BIM软件接口获取算量模型建立BIM模型，与设计阶段割裂。

设计方主导的BIM应用主要是在大型、复杂的建设项目中，设计方自发通过使用BIM技术更好地展示和表达设计方案。设计方的BIM模型是设计院特别重视的知识产权，一般不愿意共享模型。

2）集成化应用

据《中国建筑施工行业信息化发展报告（2015）》显示，60.7%的调查对象认为BIM发展将从基于单一BIM软件的独立业务应用向多业务集成应用发展。BIM的集成化应用表现在以下两个方面：

一是不同业务或不同专业模型的集成。BIM和PM的集成，BIM深入项目管理的方方面面。"纲要"中明确指出，"建立基于BIM的项目管理信息系统"。在广州东塔项目和天津117项目中，BIM+PM的集成应用已经取得明显效果。从建筑工业化的产业链角度看，BIM可用于协同设计、深化设计、预制加工以及预制构件出厂、运输和安装等4个部分，促使工程建设各阶段、各专业主体之间在更高层面上充分共享资源，有效地避免各专业、各行业间协调不畅问题，有效地解决了设计与施工脱节、部品与建造技术脱节的问题，极大地提高了工程建设的精细化程度、生产效率和工程质量，充分发挥了新型建筑工业化的特点及优势。目前比较典型的应用有中建深港新城项目、北京五河万科长阳天地装配式住宅项目。

二是BIM与其他新技术的集成应用。随着BIM应用逐步走向深入，单纯应用BIM的项目越来越少，更多的是将BIM与其他先进技术集成或与应用系统集成，如BIM+PM、BIM+云计算、BIM+VR、BIM+物联网、BIM+3D打印、BIM+GIS等已经在一些项目中得到使用。BIM技术实现了与最新软、硬件技术的集成使用，例如在上海玉佛禅寺修缮与改扩建项目中，应用BIM+VR实现了古建在修缮与改扩建过程中的选址、施工方案优选等。

3）全过程应用

"纲要"明确指出"研究制定工程总承包项目基于BIM的参与方成果交付标准，实现从设计、施工到运行维护阶段的数字化交付和全生命期信息共享"。BIM通过对建筑实体的多维模拟和项目全生命周期的数据共享，能够解决建筑领域在决策、实施和使用过程中相互衔接不当和工作重复量大的问题，使得建筑项目全生命周期中上下游各专业的无缝衔接和高效配合，达到高质高效的同时，显著降低项目成本。目前国外先进国家使用比较普遍，我国才刚刚起步，比如万达推出的"BIM总发包管理模式"，通过统一的工作平台实现四方（开发方、设计总包方、工程总包方、工程监理方）可同一时段处理同一问题，达到管理前置、协调同步、模式统一的信息化集成管理，充分发挥BIM的优势。

4）多领域应用

BIM在我国的应用以房建类项目为主，大多为商业项目，随着BIM技术推广的深入，近几年来在基础设施类项目和工业项目中也得到了逐步应用，特别是随着高铁、轨道交通等建设项目的大力兴建，BIM应用逐渐成熟。2013年12月，中国铁路BIM联盟成立，并牵头建立了铁路BIM标准体系框架，发表了《铁路工程实体分节指南》《铁路信息分类和编码标准》两个基础标准。政府明确提出，到2020年，要建成一批具有国际先进水平的地下综合管廊并投入运营，截至2015年底，全国69个城市在建的地下综合管廊约1000km，总投资约880亿元，BIM、GIS等在地下管廊中的应用前景广阔。

1.2.4 应用软件

BIM的应用离不开专业软件，目前来看，基于BIM技术所带来的巨大商机，国内行业软件厂商开始在BIM应用软件研发上加大投入力度。以广联达、PKPM、鲁班、斯维尔等为代表的软件厂商不断探索并推出BIM应用软件，软件涵盖了设计、招标采购、施工等建设全过程。作为我国BIM应用的优秀单位，中国建筑设计研究院也基于常用的BIM软件开发出一系列的CBIM软件。

从BIM软件基本特征来看，BIM软件大致分为三大类型：基础类软件、工具类软件和平台类软件，如表1-3所示。

BIM相关常见软件 表1-3

序号	软件类型	例 子
1	BIM基础类软件：一般以建模软件为主，为其他软件提供数据模型	1. 美国Autodesk公司的Revit软件； 2. 匈牙利Graphisoft公司的ArchiCAD软件； 3. 广联达的MagicCAD机电深化设计软件； 4. CBIM Architecture(建筑软件)
2	BIM工具类软件：基于BIM模型数据，开展各种工作的实际业务应用软件	1. 美国Autodesk公司的Ecotect建筑采光模拟和分析软件； 2. Trimble公司的Tekla软件； 3. 广联达的基于BIM技术的工程量计算软件、BIM审图软件、BIM5D管理软件等； 4. CBIM-YJK Structure(结构软件)、CBIM HVAC(暖通软件)、CBIM Plumbing(给排水软件)、CBIM Electric(电气软件)
3	BIM平台类软件：实现对各类BIM数据进行有效管理，以便支持建筑全生命期BIM数据的共享	1. 美国Autodesk BIM 360软件； 2. Bentley公司的Projectwise； 3. ArchiBus公司的ArchiBus； 4. Graphisoft公司的BIMServer等； 5. 广联达公司的广联云； 6. CBIM Interaction Platform(交互平台软件)、CBIM Enterprise Cloud(企业云软件)、CBIM信息安全管理系统软件

1.3 BIM应用趋势

目前，从BIM应用实践来看，单纯的BIM应用越来越少，更多的是将BIM技术与其他专业技术、通用信息化技术、管理系统等集成应用，扩展应用领域，以期发挥更大的价值。近期来看，BIM应用呈现以下趋势：

1) 呈现"BIM+"应用趋势

一是以BIM技术为核心，集成云计算、大数据、物联网和移动应用等先进信息化技术，提供"云+端"的应用服务，通过网络实现专业间、企业间模型和应用数据的共享和工作协同，越来越多的企业和项目正在接受这种基于网络的多方协同共享方式，形成对工程建设全过程的监控、管理、决策的立体信息化体系；二是以BIM技术为核心，创新工程项目管理模式，比如IPD，保证工程建设各阶段、各专业、各参与方之间的协作配合可以在更高层次上充分共享资源，有效避免由于数据流不通畅带来的重复性劳动，提高生产效率和质量。

2）BIM 应用从大型复杂项目应用向一般项目应用延伸

随着 BIM 技术认识的不断深入，国产的 BIM 软件将逐渐成熟，BIM 技术的应用门槛逐渐降低而价值逐渐凸显。BIM 技术应用已不再是最初应用于一些大型、复杂项目的"专利"，已开始应用到一些中小型项目和简单的市政基础设施项目，BIM 技术应用开始在各类项目中应用，产生应用价值。

3）BIM＋智慧城市

智慧城市是在城市全面数字化基础上建立的可视、可量测、可感知、可分析、可控制的智能化城市管理与运行机制。"GIS＋BIM＋物联网"将成为智慧城市建设最基础的技术架构，从而建立城市空间数据库。2015 年政府工作报告中明确"智慧城市"，实现计算机数据与城市、经济、社会发展的深度融合。BIM 技术可以把存储在城市建设档案库中海量的工程蓝图、CAD 电子图纸，以及过去、现在、将来城市建设中新的海量工程数据进行加工，与 GIS、物联网技术集成，转换成为智慧城市平台软件可以识别的数据和信息，形成城市空间数据库。该数据库作为数字城市各类应用的基础数据，可广泛应用于规划审批及建筑施工完成后的城市管理、地下工程、应急指挥等多领域。不管是城市公共、民用建筑、道路桥梁还是地下管网，BIM 技术可以实现建筑全生命周期内的数据信息共享。

参考文献

［1］ 倪江波，等．中国建筑施工行业信息化发展报告（2014）：BIM 应用与发展［M］．北京：中国城市出版社，2014．

第 2 章 BIM 在河南施工企业应用现状

2.1 调研对象基本信息

为全面、客观地反映 BIM 技术在河南省建筑业的应用现状,河南省建筑业协会针对省内企业及部分外省企业入驻河南市场的部分省外各特级、一级企业进行了调研,并将调研结果作为本章编制的主要依据。对于调研不能覆盖的部分,借鉴了其他数据的来源。对于没有其他数据可借鉴的部分,采取了根据统计分析、感性认识进行定性描述的方法。

河南省作为全国建筑业大省,拥有各类大、中、小型企业 5000 多家,其中特级企业 13 家,施工总承包一级企业 386 家,专业承包一级企业 163 家。本次调研采用线下调研问卷方式,共收到调研问卷 53 份。本次调研仅针对特级企业、一级企业、高校、咨询公司共计 53 家,其中:特级企业 18 家,一级企业 32 家,高校 1 家,咨询公司 2 家。其中:特级企业占调查总数的 34%,一级企业占调查总数的 60.3%,高校占调查总数的 1.9%,咨询公司占调查总数的 3.8%,如图 2-1 所示。

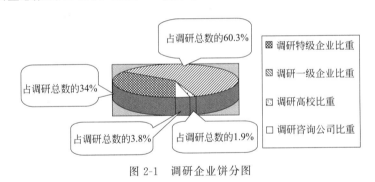

图 2-1 调研企业饼分图

2.2 施工企业对 BIM 的了解情况

为切实掌握河南省施工企业对 BIM 技术的了解与认知情况,分别从了解 BIM 渠道、接触过或使用过的 BIM 软件应用统计、BIM 技术应用价值统计、企业推动 BIM 技术的驱动力四个方面进行调研。

2.2.1 了解 BIM 的渠道

关于施工企业了解 BIM 的渠道,此次调研分别从媒体、市场活动统计分析、项目业主、项目设计方、软件供应商、BIM 咨询服务方、施工单位同行介绍、其他八个方面着手,如图 2-2 所示。

由图 2-2 可以看出,企业获知 BIM 技术的渠道有多种,其中,20.80% 的企业通过媒体认知 BIM 技术,20.80% 的企业通过软件供应商认知 BIM 技术,12.50% 的企业经由 BIM 咨询服务方认知 BIM 技术,12.50% 的企业通过施工单位同行介绍认知 BIM 技术,

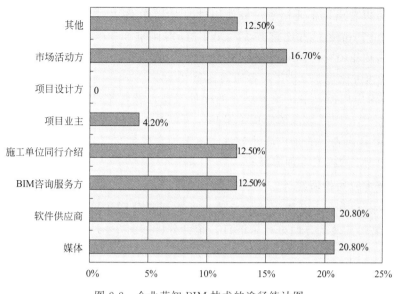

图 2-2 企业获知 BIM 技术的途径统计图

4.20%的企业经由项目业主认知 BIM 技术,通过项目设计方认知 BIM 的占比重 0%,16.70%的企业从市场活动方认知 BIM 技术,12.50%的企业从其他方面认知 BIM 技术。

由此可见,企业通过不同渠道均对 BIM 技术有或多、或少、或深、或浅的认识,而这其中,媒体发挥了重要作用,媒体宣传代表了国家政策、政府、市场的声音,这说明从政策导向上 BIM 已成为一种趋势和热点。同时 BIM 类软件应用的种类和项目越来越多,特别是国产软件,这对 BIM 的推广起到了积极作用。

2.2.2 BIM 软件应用统计

关于施工企业接触或使用过的 BIM 软件,此次调研分别涉及 ArchiCAD、CATIA(Digital Project)、Civil 3D、Tekla、MagiCAD、MicroStation、Navisworks、Vico、Revit、广联达、鲁班及其他等软件,统计分析如图 2-3 所示。

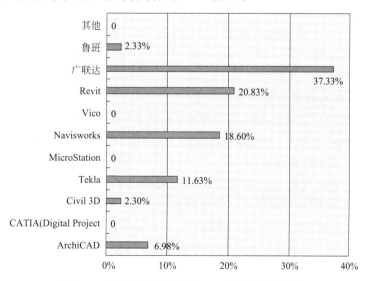

图 2-3 接触过或使用过的 BIM 软件情况统计图

由图 2-3 可以看出，企业接触过或使用过的 BIM 软件中，ArchiCAD 占比重 6.98%，CATIA（Digital Project）占比 0%，Civil 3D 占比重 2.30%，Tekla 占比重 11.63%，MicroStation 占比 0%，Navisworks 占比重 18.60%，Vico 占比 0%，Revit 占比重 20.83%，广联达占比重 37.33%，鲁班占比重 2.33%。

在 BIM 技术应用投入中，除了必要的硬件设备，软件是另一个投资重点。在调研企业使用过的软件中，国产软件的应用率最高，可以看出经过近些年的研发，国产软件得到了很大发展，最具代表性的是广联达软件，占据了总数量的三分之一，且应用率最高的软件普遍是偏于 BIM 的施工管理方面。

2.2.3　BIM 技术应用价值统计

关于 BIM 技术为企业发展创造的价值，此次调研分别从价值很大、有一些价值、不好说、没有价值、其他等方面进行了统计，统计分析如图 2-4 所示。

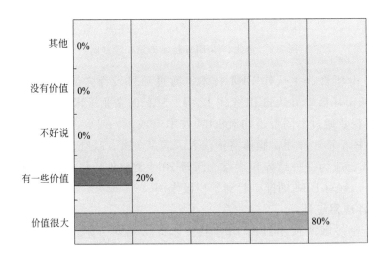

图 2-4　BIM 应用价值统计分析图

接触或应用过 BIM 软件的企业中，80% 的企业认为 BIM 技术对企业的应用价值很大，20% 的企业认为有一些应用价值。由此可见，大部分企业都认同 BIM 技术，认为 BIM 技术对企业发展发挥了促进作用。

2.2.4　企业推动 BIM 技术的驱动力

关于企业推动 BIM 技术的驱动力，调研分别从业主对 BIM 的使用提出确切要求、看到其他单位通过 BIM 受益所以想尝试、认为 BIM 可能会带来效益、管理需求、其他等方面进行统计分析，其结果如图 2-5 所示。

从调研统计图可以看出，业主对 BIM 的使用提出了确切的要求占比重 13.00%，看到其他单位通过 BIM 受益所以想尝试占比重 21.70%，认为 BIM 可能会带来效益占比重 34.80%，管理需求占比重 30.50%。由此可见，企业推动 BIM 技术最大的驱动力是企业自身需求，自发性主动应用该项技术是现阶段施工企业推行 BIM 技术的主流，需要注意的是业主方面还未大规模主动要求施工单位使用 BIM 技术。

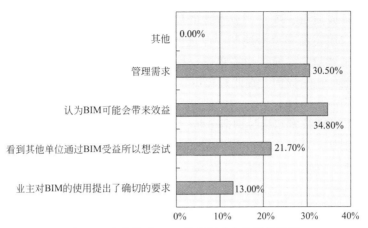

图 2-5　企业推动 BIM 技术驱动力分析统计图

2.3　施工企业 BIM 应用现状

2.3.1　企业应用 BIM 技术统计分析

该项调研分别从企业是否已开展了 BIM 技术应用、应用项目数量两方面分别进行分析，如图 2-6、图 2-7 所示。

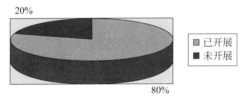

图 2-6　企业开展 BIM 技术应用情况统计图

从图 2-6 可以看出，现阶段已有 80% 的企业开展了 BIM 技术的应用，尚有 20% 的企业还未开展 BIM 技术应用。尚未进行 BIM 应用的企业，由于当前承接工程较简单或是专业人才缺乏而造成暂时没有应用 BIM 技术。总之，经过多年的发展，BIM 技术现阶段已经得到广泛应用。

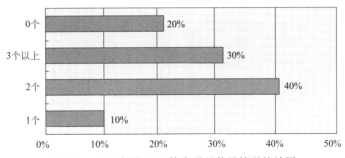

图 2-7　企业应用 BIM 技术项目数量情况统计图

从图 2-7 可以看出，已开展 BIM 技术的企业，其中 30% 的企业将 BIM 技术应用于 3 个项目，40% 的企业应用于 2 个项目，10% 的企业应用于 1 个项目，尚未应用 BIM 技术的占比 20%。现阶段，BIM 技术正处于推广应用起步阶段，应用 BIM 技术的项目大部分为大型高精尖项目或质量、安全、成本控制等要求高的项目,这进一步说明,BIM 技术在施工企业中的应用还没有全面展开,但这并不阻碍企业对 BIM 技术应用价值的认可。作为建筑业未来发展趋势,随着相关政策、标准的完善和 BIM 技术的进一步成熟,BIM 技术将实现全覆盖的应用局面,在此过程中,政府部门、建设企业、设计企业、施工企业应进一步加大推广应用力度。

2.3.2 企业应用 BIM 技术积极性调研分析

该项调研分别从企业员工对待 BIM 技术的态度及在何种项目中企业会主动考虑施工 BIM 技术进行分析,如图 2-8、图 2-9 所示。

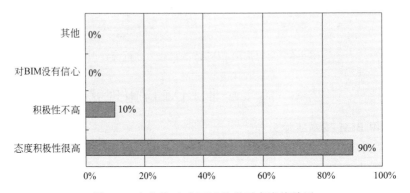

图 2-8　企业员工对 BIM 的学习态度统计图

从调研统计图可以看出,90%的企业员工对待 BIM 的态度积极性高,10%的企业员工积极性不高,总体上企业员工对待 BIM 技术的态度热情高涨,愿意接受、学习这项新技能,小部分人由于对 BIM 技术不了解、认为 BIM 技术学习难度较大,导致对 BIM 技术积极性不高。总体来看,企业员工对 BIM 技术的学习积极性很高,这与近年来 BIM 技术应用越来越广、BIM 技术的普及及日益加深是分不开的,针对态度积极性不高的员工,企业应加强培训力度,做到全面普及。

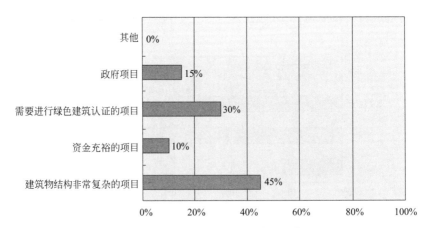

图 2-9　企业主动开展 BIM 技术统计图

从调研统计图可以看出,企业遇到"建筑物结构非常复杂的项目"时会主动考虑应用 BIM 技术,有 45%的企业认同此观点,有 10%的企业在遇到"资金充裕的项目"时会主动应用,有30%的企业在遇到"需要进行绿色建筑认证的项目"时会主动应用,有15%的企业在遇到"政府项目"时会主动应用。随着BIM技术的不断普及深度推广,施工企业不仅认识到BIM技术对企业的重要性,而且也认识到了其对整个行业带来的革命性作用。此外,随着超高层、大体量建筑、地下管廊、地铁工程、海绵城市等工程的日益增多,施工企业越来越需要利用新的技术手段以满足不断变化的业务需求。

2.3.3 BIM团队组建模式分析

企业在开展BIM技术时是否建立了BIM组织,以及采用什么样的组建形式,分别从未建立BIM组织、已建立项目层BIM组织、已建立公司层BIM组织、完全外包给BIM咨询单位层面进行调研,其统计分析结果如图2-10所示。

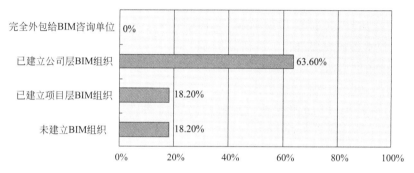

图2-10 BIM团队组建分析统计图

从调研统计图可以看出,现阶段已有63.6%的企业建立公司层面的BIM组织,有18.2%的企业已建立了项目层面的BIM组织,同时仍然有18.2%的企业未建立BIM组织,不存在完全外包给BIM咨询单位的企业。BIM团队的组建是一个企业能否顺利实施BIM技术的关键所在。随着近几年BIM技术的推广应用,绝大多数企业均已建立了公司或项目层面的BIM组织,为企业能够顺利开展BIM技术提供了强大的技术及动力支持。针对尚未开展BIM技术的企业应加大宣传及培训力度,为企业健康持续发展助力。

2.3.4 BIM模型获取来源分析

关于企业已经实施BIM项目的模型来源于何处,分别从业主方获得、由设计方建立、自行建模、由第三方的BIM咨询单位建立、其他等方面进行调研,其统计分析结果如图2-11所示。

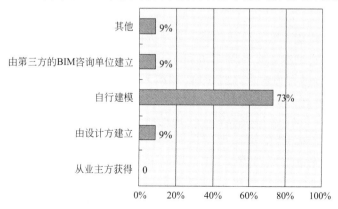

图2-11 BIM模型获取来源统计图

从调研统计表可以看出，73%的企业自行建模开展BIM项目，9%的企业BIM模型由设计方建立，9%的企业BIM模型由第三方BIM咨询单位建立，9%的企业BIM模型通过其他渠道获取，不存在从业主方获得BIM模型的情况。现阶段超过七成的BIM模型由施工单位建立，这些数据代表着目前BIM技术在施工阶段应用的现实情况。同时，也折射出BIM技术并没有真正发挥设计施工一体化的作用，还需打通建设方、设计方、施工方的障碍，实现一套完整的BIM模型贯穿于建设工程全寿命周期，那么BIM技术能够提供的应用价值就远超建模成本。在此建议政府、建设企业加大BIM技术的宣传及应用力度，提升建筑业的整体应用水平及应用率。

2.3.5 BIM技术应用模块及集成应用统计分析

为摸排企业应用了哪些BIM技术模块，不同企业有哪些不同的应用模块内容，以及在BIM应用中，各企业具体尝试过BIM技术与哪些技术的集成应用，分别从BIM的应用模块、BIM技术集成应用进行了调研分析。

从调研统计表可以看出，使用BIM施工方案、工艺模拟的应用占比重27.00%，使用基于BIM的深化设计的应用占比重21.70%，使用基于BIM的进度控制的应用占比重16.20%，使用基于BIM的造价管理的应用占比重10.80%，使用基于BIM的协同工作的应用占比重16.20%，如图2-12所示。

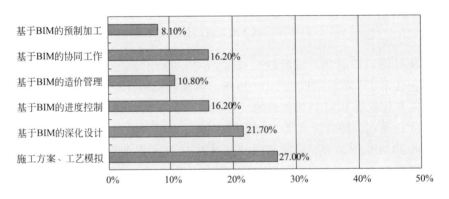

图2-12 使用过的BIM应用模块点统计图

由于BIM模型绝大多数来源于施工企业自建模型，总体来看，目前企业对BIM技术应用率最高的方面主要集中在施工方案、工艺模拟及基于BIM的深化设计。当前，施工单位应用的只是BIM技术里的局部功能。为最大限度地利用BIM技术平台，各施工单位应加大力度推行BIM技术，使BIM技术能够更好地为企业服务。

从调研统计表可以看出，尝试过BIM和激光扫描集成使用的占比重22.20%，尝试过BIM和GPS集成使用的占比重11.10%，尝试过IM和移动通讯集成使用的占比重55.60%，尝试过BIM和web技术集成使用的占比重11.10%，未有企业尝试过BIM和GIS集成使用及BIM和RFID集成使用，如图2-13所示。

随着各种新技术的日益成熟，BIM技术和新技术、新设备的集成应用也将成为拓展BIM技术应用价值的重要渠道。施工企业应积极探索应用BIM技术与其他技术的集成应用，进一步提升集成技术的使用频率，发挥其最大功效，为企业做好技术支撑。

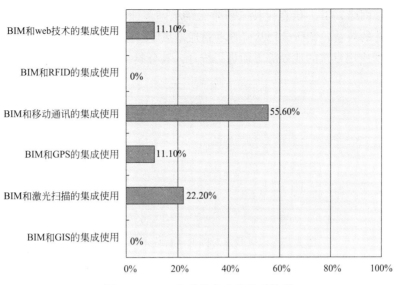

图 2-13 BIM 和其他技术的集成使用

2.3.6 BIM 技术应用投入的承担

在 BIM 技术实际应用中，所产生的相关费用具体由谁承担，不同企业有不同的承担费用主体，为此调研从甲方自行承担、公司承担、项目承担、其他等方面进行统计，其分析结果如图 2-14 所示。

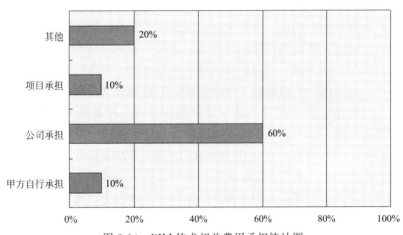

图 2-14 BIM 技术相关费用承担统计图

调研统计结果如下：BIM 技术实施由公司自行承担占比重 60%，由项目承担占比重 10%，由甲方自行承担占 10%，其他类占 20%。

现阶段，BIM 技术的推动主宰力量还是施工企业，承担了费用投入的六成，为切实鼓励企业进一步推动 BIM 技术向深处发展，建议由政府出台相应政策文件给予适当的经费奖励。

2.3.7 应用 BIM 技术得到的效益

BIM 技术作为建筑行业迅猛发展起来的高科技技术，已经以星星之火可以燎原之势迅速渗入建筑业各个领域，随着越来越多企业的应用，在 BIM 技术整个推广应用过程中的投入亦越来越多。同时，引进信息化技术所带来的效益越来越受到企业的重视。为摸排 BIM 技术实施后创造的效益，调研分别从降低项目成本风险、降低施工进度风险、降低施工质量风险、BIM 技术应用带来的成效等方面进行统计，其分析结果如图 2-15～图 2-18 所示。

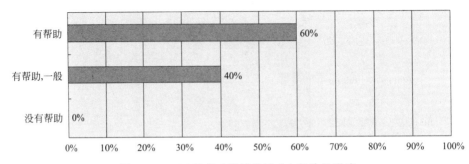

图 2-15　BIM 技术对降低项目成本风险的影响

施工项目成本管理对项目管理有着举足轻重的作用，成本管理是指企业生产经营过程中各项成本核算、成本分析、成本决策和成本控制等一系列科学管理行为的总称。施工中的预算超支现象十分普遍，缺乏可靠的基础数据支撑是难以控制超支的重要原因，施工企业加强成本控制是企业实现精细化管理的关键。根据本次调研显示，60%的企业认为 BIM 技术对降低成本控制非常有帮助，40%的企业认为有帮助，但效果一般，如图 2-15 所示。可见，大家都认同 BIM 技术对降低成本控制风险方面的积极作用，究其原因，企业认为通过 BIM 技术，能够有效模拟施工方案，对物料应用进行合理配置，这有助于指导企业在施工过程中严格控制物料用量、避免浪费，从而降低成本控制风险。

施工项目进度管理是指在项目实施的既定工期内，编制出最优施工进度计划，对各阶段的任务、进展情况、任务相互之间的影响和最终完成的时间进行管理。如果其中出现偏差，需要分析生产的原因以及对最后工期的影响，不断调整措施，直至工程竣工验收。本次调研显示，70%的企业认为 BIM 技术对降低施工进度风险非常有帮助，30%的企业认为有帮助，但效果一般，如图 2-16 所示。可见，大家都认同 BIM 技术对降低施工进度风险方面的积极作用，究其原因，企业认为通过 BIM 技术能够比较准确地模拟施工进度，以此为指导进行工期安排，并且在实际施工过程中，实现实时的实际进度和预定进度的对照，有助于指导企业及时发现引起工期滞后的原因并予以解决，确保项目如期完成，从而降低施工进度风险。

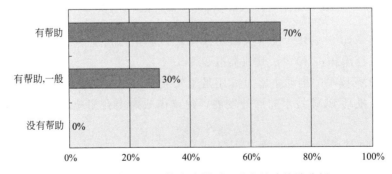

图 2-16　应用 BIM 技术降低项目进度风险统计分析

随着对工程质量监管的日趋加强，行业和地方主管部门均有相应的质量验收标准，施工企业也在不断降低施工质量风险。从调研统计表可以看出，90％的企业认为 BIM 技术对降低施工质量风险有帮助，10％的企业认为有帮助，但效果一般，如图 2-17 所示。可见，大家都认同 BIM 技术对降低施工质量风险的积极作用，究其原因，企业认为通过引入 BIM 技术，事前比较准确地进行施工进程模拟，明确施工参数，大大提升了施工方对建设方案的理解，从而有效地保证施工质量管理的效率和水平，大大降低了施工质量风险。

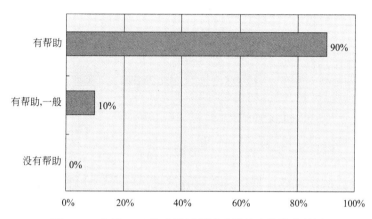

图 2-17　应用 BIM 技术降低项目质量风险统计分析图

随着企业对信息化投资日趋递增，信息化应用带来的综合效益越来越被企业所重视。从调研统计图可以看出，22.20％的企业认为 BIM 技术应用能够实现"虚拟施工，方案优化"；22.20％的企业认为 BIM 技术应用能够实现"碰撞检查，减少返工"；15.60％的企业认为 BIM 技术应用能够实现"精确算量、成本控制"；17.80％的企业认为 BIM 技术应用能够实现"现场整合，协同作业"；22.20％的企业认为 BIM 技术应用能够实现"可视化建造，集成化交付"，如图 2-18 所示。在 6 项调研中"虚拟施工，方案优化"、"碰撞检查，减少返工"、"可视化建造，集成化交付"所占比重相同，位列前三，被认为是最能带来效益的价值点所在。

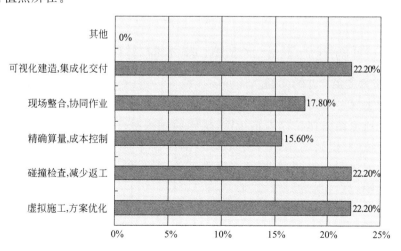

图 2-18　BIM 技术应用带来的成效统计图

2.3.8 推行 BIM 技术遇到的障碍分析

各企业在推动实施 BIM 技术时可能都存在一些不确定性因素，为摸排问题之所在，为此围绕 BIM 投资收益的不确定性、单位领导不重视、公司没有投入、缺乏 BIM 方面的人才、市场上没有合适的 BIM 软件、其他共 6 个方面展开调研，其统计结果如图 2-19 所示。

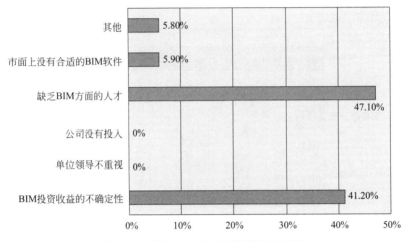

图 2-19 推行 BIM 技术所遇障碍分析图

从调研统计表可以看出，41.20%的企业认为 BIM 投资收益的不确定性是推行 BIM 技术所遇主要障碍；47.10%的企业认为缺乏 BIM 方面的人才是推行 BIM 技术所遇主要障碍；5.90%的企业认为市场上没有合适的 BIM 软件是推行 BIM 技术所遇主要障碍；其他占比重 5.80%。由调研统计图分析可知：BIM 投资收益的不确定性、缺乏 BIM 方面的人才是推行 BIM 技术所遇的主要障碍。为切实解决推行 BIM 技术所遇的主要障碍，施工企业应加大力度培养企业在 BIM 方面的专业人才，推广 BIM 技术在施工进度、质量管理、成本控制方面的切实应用，综合比较应用 BIM 技术后的投资收益与未应用 BIM 技术的造成的二次返工、延误工期、预算超支等，就可以凸显出 BIM 技术在投资收益方面的优势。

2.4 河南省施工企业 BIM 技术应用存在的问题和期望

2.4.1 BIM 技术应用存在的问题

随着 BIM 技术在施工行业越来越多的应用，企业对 BIM 技术的认识也更为准确和深入。但目前河南省施工企业的 BIM 技术应用尚处于起步阶段，从公司 BIM 中心到项目 BIM 实施工作组的工作开展，均是围绕简单的建模、局部节点、机电安装、碰撞检查等方面进行，在项目推进过程中尚未起到关键作用，与国内知名百强企业相比，尚有差距。

调查显示，BIM 人才缺乏及 BIM 投入较大是目前推进 BIM 技术存在的普遍性问题。

从人才方面看，BIM 人才缺乏是当前企业 BIM 技术深度应用的主要问题所在，其中包括缺乏专业 BIM 技术人才、没有系统的 BIM 技术培训、员工知识与能力结构欠缺等，因此,"培养 BIM 人才"是 BIM 技术深度应用需要解决的首要问题。

从市场需求方面看,目前行业内的工程项目对于 BIM 技术的应用仍然主要局限在较为表象的层面,对 BIM 技术进行深度应用的项目比较少,没有为 BIM 技术的深度应用提供充足空间。

从技术层面看,BIM 软件仍不够成熟,难以支撑 BIM 软件与其他软件的集成应用。

从经济层面看,BIM 技术深度应用为企业带来的收益并不确定,企业的投资回报期长,且投入成本高,影响了 BIM 技术的深度应用和快速推广。

从政府政策引导层面看,目前行业内缺乏相关 BIM 标准,法律责任界限不明,从而造成 BIM 软件与其他软件不能在同一平台协同工作,阻碍 BIM 技术的深度应用。

从管理模式方面看,企业项目管理与 BIM 技术管理不匹配,企业内部 BIM 流程还需要梳理。只有当企业管理模式和 BIM 技术相配套,才能实现 BIM 技术的深层次价值。

2.4.2 企业推行 BIM 技术的需求

目前,企业在 BIM 技术推行和应用过程中,或多或少存在一些困难,需要得到相应的帮助与支持,为此分别围绕推行 BIM 技术的需求及政府部门的支持方面展开调研,其统计结果如图 2-20、图 2-21 所示。

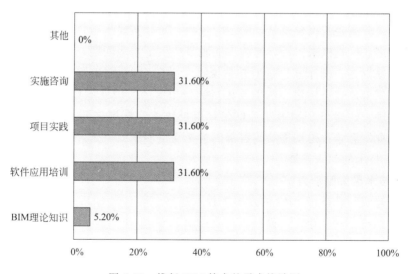

图 2-20 推行 BIM 技术的需求统计图

从调研统计图可以看出,软件应用培训、项目实践、实施咨询三者是企业最希望能够得到帮助的需求,三者各占比重 31.60%,BIM 理论知识仅占比重 5.20%。通过此项调查可以分析出,企业尽管建立了相应的 BIM 团队,但由于项目千变万化,遇到的问题也各异,在推行过程中迫切希望在上述三方面得到帮助。为了能够解决上述问题,政府主管部门、行业协会、软件厂商、培训机构应定期组织企业人员针对不同工程、不同阶段的问题进行相关培训,给予指导。

2016 年,住房和城乡建设部建质函【183】号文,《2016—2020 年建筑业信息化发展纲要》要求"十三五"时期,全面提高建筑业信息化水平,形成一批具有较强信息技术创新能力和信息化应用达到国际先进水平的建筑企业及具有关键自主知识产权的建筑业信息技术企业，该文件 28 次提及 BIM，强调了 BIM 技术的重要性。与此同时，全国各省市也相继出台一系列 BIM 政策，我国对 BIM 技术的研究步伐亦在逐渐加快，这与当前企业需求不谋而合。企业最希望政府"对采用 BIM 的施工项目给予奖励"，根据调研结果显示，有 33.4% 的企业认同此观点，也有 29.6% 的企业希望政府"建立与 BIM 相适应的建筑市场法律、标准"，还有 18.5% 的企业希望政府"规范与 BIM 相适应的合同文本"、"加大对 BIM 的宣传力度"，如图 2-21 所示。

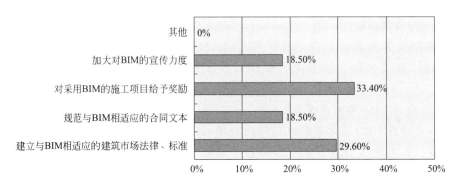

图 2-21　希望政府部门提供的支持统计图

设计与施工分离是我国建筑领域的一大现状，而业主要从项目整个生命周期考虑其成本、质量及进度。一直以来，设计与施工的脱节产生了很多问题，BIM 技术在施工过程中的有效管理对建设方、设计方、施工方来说都受益。众所周知，现阶段，绝大多数 BIM 模型均是由施工单位进行构建，产生了相当的费用支出，因此希望政府对采用 BIM 的施工项目给予奖励、建立与 BIM 相适应的建筑市场法律、标准这两方面的呼声最高，这两个问题是建筑业所有企业迫切需要政府部门给予支持的主要诉求，这些问题的解决必将进一步推进 BIM 技术的深入发展。

2.4.3　BIM 技术最大推动力

结合整个建筑行业推行 BIM 的发展进程及速率，谁会是 BIM 技术的最大推动力？针对这个问题，调研分别从业主、设计单位、BIM 咨询机构、施工单位、政府、软件企业、其他等方面进行统计分析，其结果如图 2-22 所示。

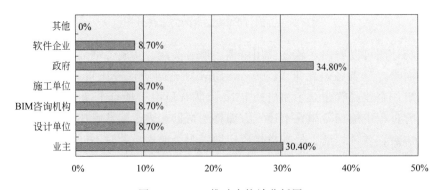

图 2-22　BIM 推动力统计分析图

从调研统计表可以看出，34.80%的企业认为政府部门对 BIM 技术的推动力度最大，30.40%的企业认为业主对 BIM 技术的推动力最大，相比来看，企业认为软件公司、施工单位、BIM 咨询机构、设计单位对 BIM 技术的推动力小。这表明，政府部门、业主对 BIM 技术应用的影响较大，应继续加大力度督促、引导施工企业尽可能多地将 BIM 技术应用于项目，也意味着我国必须要加紧出台、完善 BIM 标准以及相关政策，从而更好地引导、支持 BIM 技术在施工行业的应用和发展。

第3章 BIM 应用策划

3.1 概 述

项目 BIM 实施策划即项目 BIM 管理和项目 BIM 目标控制策划,旨在把体现项目 BIM 构思变成有实现可能性和可操作性的行动方案,提出带有谋略性和指导性的设想。

BIM 实施具有跨专业、跨领域、跨流程、多方参与的特征,BIM 实施策划是获得 BIM 实施期望效果的基础。对于建设项目,也有必要将 BIM 实施策划看作建设项目整体策划的一部分,分析 BIM 应用对项目目标、组织、流程的影响,并将 BIM 实施所需的支持落实到建设项目的整体策划中。

无论是企业级还是项目级的 BIM 应用,在正式实施前有一个整体战略和规划都将对 BIM 项目的效益最大化起到关键作用。

BIM 实施策划对建设项目的主要作用体现为:

1)BIM 团队将清晰地理解在建设项目中应用 BIM 的战略目标,明确每个成员在项目中的角色和责任;

2)通过对项目成员在项目中业务实践的分析,设计出 BIM 实施流程;

3)规划 BIM 实施所需的附加资源、培训等因素,作为成功实施 BIM 的保障;

4)提供一个用于后续参与者的 BIM 行为基准;

5)为测度项目过程和目标提供基准线;

6)对整个项目团队而言,将减少执行中的未知成分,进而减少项目的全程风险而获得收益。

将 BIM 作为提升企业发展能力与市场竞争能力的抓手,是建筑企业发展战略中一项重要内容。企业 BIM 应用能力的提升需经历项目实践的历练,期间,BIM 实施策划对企业的作用将通过以下三个方面体现出来:

1)通过建设项目 BIM 实施策划、实施与后评价的参与,培养与锻炼企业的 BIM 人才。

2)基于 BIM 应用在不同建设项目中存在的相似性,借鉴已有项目来策划新项目,有事半功倍的效果。通过对比新老建设项目的不同之处,也有助于改进新项目的 BIM 实施策划。

3)试点性的项目级 BIM 实施策划,是制定企业级 BIM 应用及发展策划的基础资料。

3.2 项目 BIM 应用策划流程

为保障一个 BIM 项目的高效和成功实施,相应的实施规划需要包括 BIM 项目的目标、流程、信息交换要求和基础设施系统四个部分。项目 BIM 实施规划制定程序,如图 3-1 所示。

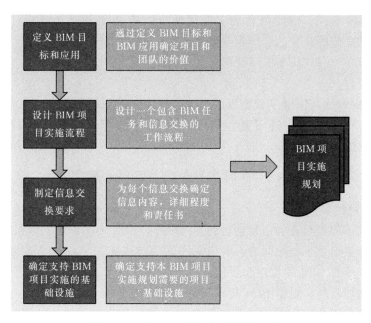

图 3-1 项目 BIM 实施规划制定程序

1) 定义 BIM 目标和应用：BIM 目标分项目目标和公司目标两类，项目目标包括缩短工期、更高的现场生产效率、通过工厂制造提升质量、为项目运营获取重要信息等；公司目标包括业主通过样板项目描述设计、施工、运营之间的信息交换，设计机构获取高效使用数字化设计工具的经验等。

确定目标是进行项目规划的第一步，目标明确后才能决定要完成一些什么任务（应用）去实现这个目标，这些 BIM 应用包括创建 BIM 设计模型、4D 模拟、成本预算、空间管理等。BIM 规划通过不同的 BIM 应用对该建设项目的利益贡献进行分析和排序，最后确定本规划要实施的 BIM 应用（任务）。

2) 设计 BIM 实施流程：BIM 实施流程分整体流程和详细流程两个层面，整体流程确定上述不同 BIM 应用之间的顺序和相互关系，使得所有团队成员都清楚他们的工作流程和其他团队成员工作流程之间的关系；详细流程描述一个或几个参与方完成某一个特定任务（例如能源分析）的流程。

3) 制定信息交换要求：定义不同参与方之间的信息交换要求，特别是每一个信息交换的信息创建者和信息接受者之间必须非常清楚信息交换的内容。

4) 确定实施上述 BIM 规划所需要的基础设施：包括交付成果的结构和合同语言、沟通程序、技术架构、质量控制程序等以保证 BIM 模型的质量。

BIM 规划完成以后应该输出以下内容：

1) BIM 实施目标：在这个建设项目中将要实施的 BIM 应用（任务）和主要价值。

2) BIM 实施流程：BIM 应用各个参与方的工作流程。

3) BIM 实施范围：BIM 实施在设计、施工及运维阶段，以及具体阶段的 BIM 模型所包含的元素和详细程度。

4) 组织的角色和人员安排：确定项目不同阶段的 BIM 参与者、组织关系，以及 BIM 成功实施所必须的关键人员。

5）实施战略/合同：确定项目的实施战略（例如设计-建造，或设计-招标-建造等）以及为确保顺利实施所涉及的合同条款设置。

6）沟通程序：包括 BIM 模型管理程序（例如命名规则、文件结构、文件权限等）以及典型的会议议程。

7）技术基础设施：BIM 实施需要的硬件、软件和网络基础设施。

8）模型质量控制程序：详细规定 BIM 模型的质量要求，并保证和监控项目参与方都能达到规划定义的要求。

3.3 项目 BIM 应用目标设定

3.3.1 BIM 应用需求

针对项目的不同参与者和项目进行的不同阶段，BIM 的需求也不尽相同。

首先，对于项目的不同参与者，各自关心的焦点不同，导致其对 BIM 的应用侧重点也不同。设计企业对 BIM 的应用起步比较早，其应用诉求总体上可概括为协同设计和出图。施工企业紧随其后，根据 BIM 技术的特点，看到 BIM 可以做深化，如机电的深化、钢结构深化设计；BIM 可以做管线的统计，可以做设备的统计；BIM 可以应用于施工材料的管理、现场的管理、现场指导等，这样也基本理清了施工领域对 BIM 的需求。而业主对 BIM 的诉求则不同，业主最关心的不是设计的出图，也不是施工的管线深化。对于业主而言，更关心的是结果。例如，在商场项目中，商场的营业空间是否满足要求，车辆能否停进去，这才是业主所关注的问题。可见，业主的关注焦点与设计方、施工方不一样。

其次，对于项目的不同阶段，由于其要解决的问题不同，所以其应用点也各不相同。在方案阶段，根据业主的要求建立 BIM 模型，将 BIM 模型应用到建设方案的讨论，实现三维可视化，有助于满足业主的要求，提高沟通效率。在设计阶段，BIM 重新整合了建筑设计的流程，使其在实现绿色设计、可持续方面具有鲜明的优势，包括建筑、结构、暖通、电气等方面。其协同设计功能，实现了单一数据平台上各个工种的协调设计和数据集中。同时结合 Revit、Navisworks 等软件加入 4D 信息，使跨阶段的管理和设计完全参与到信息模型中来。在施工阶段，建立三维施工图模型，作为建筑信息的载体集成了建筑工程项目施工阶段的各种内部和外部信息，大大提高了信息的使用效率，避免了重复劳动，减少能源和材料的浪费，提高工程质量，降低工程成本。此外，BIM 技术还可以提前了解后期施工的建筑各项物理信息，以便对于有可能出现的不利于施工的因素和风险，采取有效的预防措施。在运营阶段，是现代工程项目管理最为重要的阶段，它直接决定了该建筑的成败。设施管理综合利用管理科学、建筑科学、行为科学和工程技术等多种学科理论，将人、空间与流程相结合进行管理。设施管理服务于建筑全生命周期，在规划阶段就充分考虑建设和运营维护的成本和功能要求。运用 BIM 技术，实现运营期的高效管理。

因此，在做具体项目的 BIM 建模和应用前，一定要充分了解各方的需求，在理解各方关心点的基础上开展工作。在 BIM 技术推广期，许多企业和项目对 BIM 的价值认识不到位，提不出需求或者有需求但不知道 BIM 能否解决。因此，在项目策划前期，要做好 BIM 需求调研。

在开始调研之前,要制定一份详细的调研计划和调研提纲,确定调研的目标、内容以及人员、时间安排,以便企业协调相关资源。BIM 需求调研的方法有:

1) 现场考察法:通过现场人员的访谈、现场问题分析会等形式,找出项目的需求点,并分析 BIM 解决之道。

2) 记录分析法:通过罗列项目需求点和 BIM 应用点,分析对照,界定范围,找出相似点,查看 BIM 技术能否很好解决。

3) 问卷调查法:调查问卷的设计要合理,题目由易到难,一般为选择、问答,可挑选部分人做调查,也可全面调查。调查问卷的结果能真实反映项目的具体需求。

3.3.2 BIM 目标设定

在具体选择某个要实施 BIM 应用的建设项目以前,BIM 规划团队首先要为项目确定 BIM 目标,这些 BIM 目标必须是具体的、可衡量的,以及能够促进建设项目的规划、设计、施工和运营成功。

BIM 目标可以分为两种类型:第一类与项目的整体表现有关,包括缩短项目工期、降低工程造价、提升项目质量等。例如关于提升质量的目标包括通过能量模型的快速模拟得到一个能源效率更高的设计,通过系统的 3D 协调得到一个安装质量更高的设计,开发一个精确的记录模型改善运营模型建立的质量等[1]。

第二类与具体任务的效率有关,包括利用 BIM 模型更高效地绘制施工图、通过自动工程量统计更快做出工程预算、减少在物业运营系统中输入信息的时间等。

有些 BIM 目标对应于某一个 BIM 应用,也有一些 BIM 目标可能需要若干个 BIM 应用来帮助完成。项目 BIM 目标定义案例,见表 3-1。

项目 BIM 目标定义案例　　　　表 3-1

序号	BIM 目标设定	具体 BIM 应用点
1	3D 展示	BIM 全专业建模、漫游动画
2	专业间协调	碰撞检查、洞口预留、净高分析
3	施工方案优化	场地布置、施工工序模拟、技术交底
4	进度管理	4D 施工模拟、计划与实际进度比对
5	成本管理	工程算量、资金资源计划、三算对比
6	质量安全管理	现场数据采集、处理过程记录、质量安全分析报告
7	材料管理	材料计划、材料领用、材料用量分析
8	向业主提交竣工模型	工程档案资料录入、维护和更新施工阶段 BIM 模型

3.3.3 BIM 实施原则

BIM 目标实现的一个核心指标就是交付成果。交付成果的形式包括模型、图纸、报表、图片、视频等。BIM 目标实现应满足以下几个要求:

1) 管理要求

(1) 在项目 BIM 实施前期准备阶段,BIM 总协调方应根据建设单位项目 BIM 实施目标,制定项目 BIM 模型的应用实施方案并规定各阶段成果应用,交予建设单位审查备案。

(2) 在项目各阶段实施前，BIM 总协调方应向各参与方进行 BIM 技术交底，明确本项目 BIM 实施目标及成果交付要求。

(3) 项目各参与方在 BIM 实施前，应根据 BIM 总协调方的项目 BIM 模型与应用实施方案，制定本单位在合同范围内所定的 BIM 模型及分类资料的交付计划。

(4) 项目各参与方提交 BIM 成果的同时，应同时提交由该单位 BIM 负责人签发的 BIM 成果交付函件、签收单等。

2) 成果一致性要求

各参与方应按规定选用项目 BIM 实施软件，并按规定提交统一格式的成果文件（数据），以保证最终 BIM 模型数据的正确性及完整性。项目 BIM 应用在实施过程中，每个阶段提交的 BIM 模型成果，应与同期项目的实施进度保持同步。

3) 精度要求

各阶段提交的 BIM 模型及成果信息应符合"各阶段 BIM 模型精细度要求"。BIM 模型和模型构件的形状和尺寸及模型构件之间的位置关系准确无误，并且可以根据项目实施进度深化及补充，最终反映实际施工成果。

4) 提交进度要求

各阶段项目各参与方的 BIM 模型及应用成果应根据项目实施阶段节点进行交付。项目各参与方根据 BIM 总协调方复查意见完成 BIM 模型的修改和整理后，应在规定的时间内重新提交成果。

3.4 项目 BIM 应用策划实施

3.4.1 BIM 团队策划

合适的团队是保证计划得以成功实施的战术关键。BIM 团队和以前项目管理团队的任务有重合，但也有差别，需要做一些变化和调整。根据多个项目的 BIM 应用经验，三类人是必须的，即 BIM 经理、BIM 协调员和建模员。项目 BIM 团队组织机构，如图 3-2 所示。

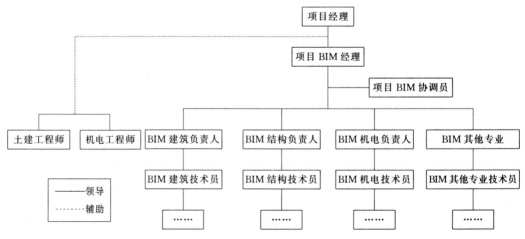

图 3-2 项目 BIM 团队组织机构图

项目 BIM 团队成员职责，见表 3-2。

项目 BIM 团队成员职责　　　　　　　　　　　　　　　　　　　　　表 3-2

职称	在模型中管理责任	BIM 职责
BIM 经理	协调 BIM 在专案中的使用、决定项目执行进度表、分享动态信息、品质管控、模型责任和 BIM 执行计划中的文件	• 监督 • 管理执行 • 模型交互
BIM 协调员	• 和 BIM 经理一同制定 BIM 策略 • 为各专业设计做 BIM 规划 • 决定 BIM 在模拟、分析和文档制作的使用 • 判别 BIM 内具有交互性的分析工具	• 和业主、设计方、施工方及建模员等进行协调 • 模型检视 • 模型交互
BIM 专业负责人	• 负责本专业 BIM 模型建制流程 • 对本专业 BIM 输出成果进行质量管控 • 与其他专业负责人进行协调、模型交互	• 专业技术支持 • 模型质量管控 • 模型交互
BIM 建模员	• 建立专业模型 • 记录相关事宜	• 模型建置 • 交付成果输出

3.4.2　软硬件资源策划

BIM 技术的发展离不开 BIM 软件和硬件技术的发展。任何一个企业或项目在开展 BIM 技术应用前，都需要对软件和硬件进行一番考察，选择适合本企业或项目需求的软硬件，从而使投资利益最大化。

1）软件资源

BIM 软件并不是特定一个或一种行业软件，在整个信息交互过程中所用到的软件都可以称之为 BIM 软件。

BIM 软件选择是企业 BIM 应用的首要环节。在选用过程中，应采用相应的方法和程序，主要步骤如下：

（1）调研和初步筛选

全面考察和调研市场上现有的国内外 BIM 软件及应用状况，结合企业和项目的需求，从中筛选出可能适用的 BIM 软件。筛选条件包括：BIM 软件功能、本地化程度、市场占有率、数据交换能力、二次开发扩展能力、软件性价比及技术支持能力。

（2）分析和评估

对初选的每个 BIM 软件进行分析和评估。分析和评估时考虑的主要因素包括：是否符合企业的整体战略规划、可为企业带来的收益、软件部署实施的成本和投资回报率估算、工程人员接受的意愿和学习难度等。

（3）测试和试点应用

对选定的部分 BIM 软件进行测试。测试的内容包括：在适合企业自身业务需求的情况下，与现有资源的兼容情况；软件系统的稳定性和成熟度；易于理解、易于学习、易于操作等易用性；软件系统的性能及所需硬件资源；是否易于维护和故障分析，配置变更是否方便等可维护性；本地技术服务质量和能力；支持二次开发的可扩展性。如条件允许，建议在试点项目上全面测试，使测试工作更加完整和可靠。

（4）审核及正式应用

基于 BIM 软件的调研、分析和测试，形成备选软件方案，由企业决策部门审核批准最终 BIM 软件方案，并全面部署[2]。

BIM 软件的分类目前还没有一个科学的、系统的、严谨的、完整的分类方法。按软件的用途，暂且分为建模软件、应用软件和平台软件。

BIM 建模软件是 BIM 应用的基础，正是因为有了这些软件才有了 BIM，也是从事 BIM 的同行第一类要碰到的 BIM 软件。常用的 BIM 核心建模软件如图 3-3 所示。

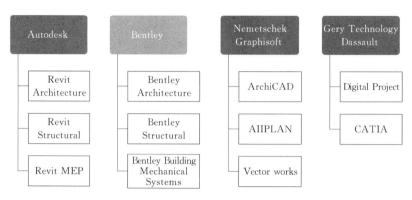

图 3-3 常用的 BIM 核心建模软件

从图中可以了解到，BIM 核心建模软件主要有以下四个门派：

（1）Autodesk 公司的 Revit 建筑、结构和机电系列，在民用建筑市场借助 AutoCAD 的天然优势，有相当不错的市场表现。

（2）Bentley 建筑、结构和设备系列，Bentley 产品在工厂设计（石油、化工、电力、医药等）和基础设施（道路、桥梁、市政、水利等）领域有无可争辩的优势。

（3）2007 年 Nemetschek 收购 Graphisoft 以后，ArchiCAD、AIIPLAN、VectorWorks 三个产品就归到同一个门派里面了，其中国内同行最熟悉的是 ArchiCAD，属于一个面向全球市场的产品，可以说是最早一个具有市场影响力的 BIM 核心建模软件。但是在中国由于其专业配套的功能（仅限于建筑专业）与多专业一体的设计院体制不匹配，很难实现业务突破。Nemetschek 的另外两个产品，AIIPLAN 主要市场在德语区，VectorWorks 则是在美国市场使用的产品名称。

（4）Dassault 公司的 CATIA 是全球最高端的机械设计制造软件，在航空、航天、汽车等领域具有接近垄断的市场地位，应用到工程建设行业无论是对复杂形体还是超大规模建筑其建模能力、表现能力和信息管理能力都比传统的建筑类软件有明显优势，而与工程建设行业的项目特点和人员特点的对接问题则是其不足之处。Digital Project 是 Gery Technology 公司在 CATIA 基础上开发的一个面向工程建设行业的应用软件（二次开发软件），其本质还是 CATIA，就跟天正的本质是 AutoCAD 一样。

因此，对于一个项目或企业 BIM 核心建模软件技术路线的确定，可以考虑如下基本原则：

（1）民用建筑用 Autodesk Revit；

（2）工厂设计和基础设施用 Bentley；

（3）单专业建筑事务所选择 ArchiCAD、Revit、Bentley 都有可能成功；

（4）异形建筑、预算比较充裕的可以选择 Digital Project 或 CATIA。

第二类是 BIM 应用软件，主要是实现 BIM 某个方面具体应用的功能。这类软件有绿色分析软件，如 Echotect、IES、Green Building Studio、PKPM 等；机电分析软件，如鸿业、Designmaster、IES Virtual Environment、Trane Trace 等；结构分析软件，如 ETABS、STAAD、Robot、PKPM 等；深化设计软件，如 MagiCAD、Tekla 等；运营维护软件，如 FacilityONE 等。

第三类是平台软件，主要是实现 BIM 技术服务现场管理的职能，比较成熟的有广联达 BIM5D、鲁班管理驾驶舱、德国 ITWO 等，这种平台可为用户提供一种管理工具，将工程项目的各种数据集成到模型上，方便用户随时提取、分析。

2) 硬件和网络环境

BIM 基于三维的工作方式，对硬件的计算能力和图形处理能力提出了很高的要求，在计算机配置方面，需要着重考虑 CPU、内存和显卡的配置。

(1) CPU：即中央处理器，是计算机的核心，推荐拥有二级或三级高速缓冲存储器的 CPU。采用 64 位 CPU 和 64 位操作系统对提升运行速度有一定的作用，大部分软件目前也都推出了 64 位版本。多核系统可以提高 CPU 的运行效率，在同时运行多个程序时速度更快，即使软件本身并不支持多线程工作，采用多核也能在一定程度上优化其工作表现。

(2) 内存：是与 CPU 沟通的桥梁，关乎着一台电脑的运行速度。越大越复杂的项目会越占内存，一般所需内存的大小应最少是项目内存的 20 倍。由于目前大部分用 BIM 的项目都比较大，一般推荐采用 8G 或 8G 以上的内存。

(3) 显卡：对模型表现和模型处理来说很重要，越高端的显卡，三维效果越逼真，图面切换越流畅。应避免集成式显卡，集成式显卡要占用系统内存来运行，而独立显卡有自己的显存，显示效果和运行性能也更好些。一般显存容量不应小于 1024M。

(4) 硬盘：硬盘的转速对系统也有影响，一般来说是越快越好，但其对软件工作表现的提升作用没有前三者明显。

关于各个软件对硬件的要求，软件厂商都会有推荐的硬件配置要求，但从项目应用 BIM 的角度出发，需要考虑的不仅仅是单个软件产品的配置要求，还需要考虑项目的大小、复杂程度、BIM 的应用目标、团队应用程度、工作方式等。

BIM 应用数据的唯一性决定了它必须集中存放和管理，从而满足项目成员协同工作的要求。所以，不论项目大小，都需要一个协同工作的网络环境。BIM 应用典型网络示意，如图 3-4 所示。

首先，需要至少一台服务器来存放项目数据。其次通过交换机和网线把项目成员的电脑连接起来，项目成员的电脑通常只安装 BIM 应用软件，不存放项目数据文件，所有的项目数据文件都存放在文件服务器上。

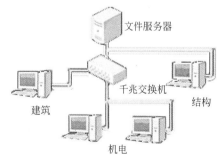

图 3-4　BIM 应用典型网络示意图

文件服务器也即数据中心，主要是存放项目数据，一般不会涉及太多的运算，所以对 CPU、内存和显卡要求不高，主要是考虑数据的存放性能和数据安全。

3) BIM 协同平台

当前，BIM 应用的软件有很多，像欧特克的 Revit 系列，Bentley 系列，达索系列，图软的 ArchiCAD，广联达的 MagiCAD 等，但这些软件都有一个共同点，都属于单机应用系列，将整合的数据都放在单一地点，这对于工程的外部相关单位来说是无法连接至现存的 BIM 应用系统。例如业主想要通过 BIM 模型来观看项目进度，只能够安装相关软件，并且花费时间去学习，造成系统使用上的限制，这样也无法发挥 BIM 整合及管理的优点。

基于网络发展起来的云计算，是一种新兴的共享基础架构的方法，旨在通过网络把多个成本相对较低的计算实体整合成一个具有强大计算能力的系统，也就是"云"。

在云计算时代，不需要关心存储或计算发生在哪朵"云"上，而只需通过网络，用浏览器就可以很方便地访问资料，把"云"作为资料存储以及应用服务的中心。

目前，已有一些建筑公司建立了公司自己的"私有云"，特别是对那些同时还应用 BIM 的建筑公司，BIM 是推动他们采用云计算的原动力，而成功的云计算策略可以大大提高 BIM 的应用价值，其中主要表现在：

(1) 可以解决 BIM 对硬件巨大的计算能力的要求；
(2) 多个办公室的团队可以基于同一个 BIM 模型进行跨地域范围合作；
(3) 和外部团队以及合作公司，也能实现基于 BIM 的实时协同工作；
(4) 用笔记本或手机就能随时随地、自由方便地访问和处理 BIM 数据。

3.4.3 建模规则策划

在 BIM 实施策划期，需对建模的规则与方法，包括模型拆分、模型细度、模型命名、模型元素颜色等应用规则加以规定，方便模型的建立与应用。

1) 模型拆分

鉴于目前计算机软硬件的性能限制，整个项目都是用单一模型文件进行工作是不太可能实现的，必须对模型进行拆分。

(1) 模型拆分目的

模型拆分的主要目的是协同工作，以及降低由于单个模型文件过大造成的工作效率降低。通过模型拆分达到以下目的：

①多用户访问；
②提高大型项目的操作效率；
③实现不同专业间的协同。

(2) 模型拆分方式

模型拆分时采用的方法，应尽量考虑所有相关 BIM 应用团队（包括内部和外部的团队）的需求。以 Revit 为例，模型的拆分分为工作集和链接两种模式。

①使用工作集模式：借助"工作集"机制，多个用户可以通过一个"中心"文件和多个同步的"本地"副本，同时处理一个模型文件。

工作集模型拆分原则如下：

a. 应以合适的方式建立工作集，并把每个图元指定到工作集。可以逐个指定，也可以按照类别、位置、任务分配等信息进行批量指定；

b. 为了提高硬件性能，建议仅打开必要的工作集；

c. 建立工作集后，应在文件名后面添加"-Central"或"-Local"后缀。

注意：对于使用工作集的所有人员，应将原模型复制到本地硬盘来创建一份模型的

"本地"副本,而不是通过打开中心文件再进行"另存为"操作。

②使用链接模式:通过"链接"机制,用户可以在模型中引入更多的几何图形和数据作为外部参照。链接的数据可以是一个项目的其他部分,也可以是来自另一个专业团队或外部公司的数据。

链接模型拆分原则如下:

a. 可根据不同的目的使用不同的容器文件,每个文件只包含其中的一部分模型;

b. 在细分模型时,应考虑到任务如何分配,尽量减少用户在不同模型之间切换;

c. 模型链接时,应采用"原点对原点"的插入机制;

d. 在跨专业的模型链接情况下,参与项目的每个专业(无论是内部还是外部的团队)都应拥有自己的模型,并对该模型的内容负责。一个专业团队可链接另一个专业团队的共享模型作为参考[3]。

(3)典型拆分方法介绍

BIM模型拆分示例见表3-3。

BIM 模型拆分示例 表3-3

专　业	拆分(工作集或链接)
建筑专业	(1)按建筑分区拆分 (2)按子项拆分 (3)按施工缝拆分 (4)按楼层拆分 (5)按建筑构件,如外墙、楼梯、楼板等拆分
幕墙专业(如果独立建模)	(1)按建筑立面拆分 (2)按建筑分区拆分
结构专业	(1)按建筑分区拆分 (2)按子项拆分 (3)按施工缝拆分 (4)按楼层拆分 (5)按建筑构件,如外墙、楼梯、楼板等拆分
水暖电专业	(1)按建筑分区拆分 (2)按子项拆分 (3)按施工缝拆分 (4)按楼层拆分 (5)按系统、子系统拆分

2)模型细度

BIM全生命期应用的模型细度划分为七个等级,分别是:方案设计模型细度、初步设计模型细度、施工图设计模型细度、施工深化设计模型细度、施工过程模型细度、竣工验收模型细度和运维管理模型细度。

在满足模型细度的前提下,可使用文档、图形、图像、视频等扩展模型信息。

BIM模型细度应遵循"适度"的原则,在满足BIM应用需求的基础上尽量简化模型。

3)模型命名规则

以下是以Revit为例说明模型文件命名规则,其他软件可参照使用。

项目名称-区域-楼层或标高-专业-系统-描述-中心或本地文件.rvt

(1) 项目名称（可选）：对于大型项目，由于模型拆分后文件较多，每个模型文件都带项目名称显得累赘，建议只在整合的文件才增加项目名称；

(2) 区域（可选）：识别模型是项目的哪个建筑、地区、阶段或分区；

(3) 楼层或标高（可选）：识别模型文件是哪个楼层或标高（或一组标高）；

(4) 专业：识别模型文件是建筑、结构、给排水、暖通空调、电气等专业，具体内容应与企业原有专业类型匹配；

(5) 系统（可选）：在各专业下细分的子系统类型，例如给排水专业的喷淋系统；

(6) 描述（可选）：描述性文字，用于说明文件中的内容，避免与其他字段重复。此信息可用于解释前面的字段，或进一步说明所包含数据的其他方面；

(7) 中心文件/本地文件（模型使用工作集时的强烈要求）：对于使用工作集的文件，必须在文件名的末尾添加"-Central"或"-Local"，以识别模型文件的中心文件或本地文件类型。

4) 模型色彩规定

为了方便项目各参与方协同工作时易于理解模型的组成，特别是水暖电模型系统较多，通过对不同专业和系统模型赋予不同的模型颜色，将有利于直观快速识别模型。

(1) 建筑专业/结构专业

各构件使用系统默认的颜色进行绘制。建模过程中，发现问题的构件使用红色进行标识。

(2) 给排水专业/暖通专业/电气专业

水暖电专业 BIM 模型色彩表以 2009 年 12 月 15 日发布、2010 年 1 月 1 日实施的《中国建筑股份有限公司设计勘察业务标准》的 CAD 图层标准为基础，并结合机电深化设计和管线综合的需求进行了细化和调整，见表 3-4。

BIM 模型色彩表 表 3-4

内容	CAD 色号	线型	CAD 颜色	CAD,RGB	BIM 颜色	BIM,RGB	备注
生活给水	3	实线		0,255,0		0,255,0	
生活废水	7	虚线		255,255,255		155,155,51	BIM 颜色做了调整
生活废水	7	虚线		255,255,255		100,100,51	BIM 颜色做了调整
生活热水	6	实线		255,0,255		255,0,255	
通气管						0,255,0	
含油废水管						185,185,41	
雨水	2	实线		255,255,0		255,255,0	
中水	96	实线		0,127,0		0,127,0	
消火栓	1	实线		255,0,0		255,0,0	
自动喷水	40	实线		255,191,0		255,0,0	BIM 颜色做了调整
冷却循环水	5	实线		0,0,255		0,0,255	
气体灭火	40	实线		255,191,0		255,0,0	BIM 颜色做了调整
蒸汽	40	实线		255,191,0		255,191,0	
送风管	1	实线		255,0,0		0,255,0	BIM 颜色做了调整

续表

内容	CAD色号	线型	CAD颜色	CAD,RGB	BIM颜色	BIM,RGB	备注
回风管	2	实线		255,255,0		255,0,255	BIM颜色做了调整
新风管	4	实线		0,255,255		0,0,255	BIM颜色做了调整
排风管	5	实线		0,0,255		215,153,0	BIM颜色做了调整
厨房排风管	202	实线		153,0,204		128,51,51	BIM颜色做了调整
厨房补风管	200	实线		191,0,255		191,0,255	
消防排烟管	3	实线		0,255,0		179,32,32	BIM颜色做了调整
消防补风管	6	实线		255,0,255		255,0,255	
楼梯间加压风管	60	实线		191,255,0		191,255,0	
前室加压风管	85	实线		96,153,76		96,153,76	
空调冷冻水供水管	4	实线		0,255,255		0,255,255	
空调冷冻水回水管	4	虚线		0,255,255		0,153,153	BIM颜色做了调整
空调冷凝水管	5	虚线		0,0,255		0,0,255	
空调冷却水供水管	6	实线		255,0,255		102,153,255	BIM颜色做了调整
空调冷却水回水管	6	虚线		255,0,255		50,102,153	BIM颜色做了调整
采暖供水管	1	实线		255,0,0		255,0,255	BIM颜色做了调整
采暖回水管	1	虚线		255,0,0		153,0,153	BIM颜色做了调整
地热盘管	1	实线		255,0,0		255,0,0	
蒸汽管	4	实线		0,255,255		0,255,255	
凝结水管	5	虚线		0,0,255		0,0,255	
补给水管/膨胀水管	2	实线		255,255,0		255,255,0	
制冷剂管	6	实线		255,0,255		255,0,255	
供燃油管	4	实线		0,255,255		0,255,255	
燃气管	6	实线		255,0,255		255,0,255	
通大气/放空管道	2	实线		255,255,0		255,255,0	
压缩空气管	150	实线		0,127,255		0,127,255	
乙炔管	30	实线		255,127,0		255,127,0	
强电桥架	241	实线		255,127,159		255,0,0	BIM颜色做了调整
动力桥架						190,0,100	
高压桥架						200,20,200	
照明桥架						200,200,158	
强电综合桥架						28,128,180	
弱电桥架	41	实线		255,223,127		255,223,127	
火灾自动报警桥架						255,0,255	
消防桥架						255,0,255	

37

3.4.4 质量控制策划

BIM团队应该明确BIM应用的总体质量控制方法,确保每个阶段信息交换前的模型质量,所以在BIM应用流程中要加入模型质量控制的判定节点。施工各阶段质量控制点如表3-5所示。

施工各阶段质量控制点　　　　表3-5

施工阶段	质量控制点
深化设计阶段	• 模型细度:达到深化设计细度 • 深化设计目标:包括混凝土结构深化设计、钢结构深化设计、机电深化设计等 • 交付成果:碰撞报告、深化设计图、工程量清单等
施工过程阶段	• 模型细度:达到施工过程细度 • 施工过程的模型维护:设计变更、施工过程跟踪 • BIM应用目标:进度、成本、质量、安全、合同管理 • 交付成果:文档、图片、动画
竣工验收阶段	• 模型细度:达到竣工验收细度 • 验收信息和资料与模型关联 • 交付成果

每个BIM模型在创建前,应预先计划模型创建的内容和细度、模型文件格式,以及模型更新的责任方和模型分发的范围。项目经理在质量控制过程中应该起到协调控制的作用。作为BIM应用的负责人应该参与所有主要BIM协调和质量控制活动,负责解决可能出现的问题,保持模型数据的及时更新、准确和完整。

伴随深化设计评审、协调会议和里程碑节点,都要进行BIM应用的质量控制活动。在BIM计划中要明确质量控制的标准,并在施工团队内达成一致。国家的设计交付深度,以及BIM实施策划书的模型细度要求都可以作为质量控制的参考标准,质量控制标准也要考虑业主和施工方的需求。质量控制过程中发现的问题,应该深入跟踪,并应进一步研究和预防再次发生。

每个专业分包团队对各自专业的模型负责,在提交模型前检查模型和信息是否满足模型细度要求。每次模型质量控制检查都要有确认文档,记录做过的检查项目,以及检查结果,这将作为BIM应用报告的一部分存档。项目经理对每一修正后再版模型质量负责。

质量控制检查方法可参考:

1)人工检查。通过模型浏览,确保模型中没有计划外的模型组件,并满足工程意图;

2)碰撞检查。通过碰撞检查软件,发现构件之间的冲突问题;

3)标准检查。确保模型符合国家、行业、地方标准规范的要求,符合项目团队达成的要求;

4)单构件验证。确保模型数据中没有未定义或不正确信息定义。

3.4.5 保障措施策划

1)项目BIM应用启动会

众所周知,项目启动会是项目实施方法论中的重要一环。与常规项目管理程序一样,项目的BIM实施,也需要以启动会的召开为标志,宣示开始。在项目启动会上,建设方领导或企业BIM分管领导会表达项目采用BIM技术的必要性和各种保障措施,向项目BIM经理授权,调动BIM团队的工作积极性,并表示提供各方面的支持,保证项目顺利实施。同时，会对项目BIM工作提出具体要求，向大家宣贯项目相关实施任务、计划和要求，让大家明确未来要做的工作，做好心理准备。

因此，项目启动会一般情况下尽量开，如果是感觉成功性大的项目，更要大张旗鼓地开。同时，召开项目启动会，一定要明白目标：

（1）表示项目正式启动；

（2）明确组织结构，并责任到人；

（3）让高层领导，一般是企业总经理或者副总经理，高调表示支持项目，并且各级领导和员工都要大力支持；

（4）明确项目实施计划及项目概况，让所有相关的人至少明白各自的责任，并知道这个项目是怎么回事，这为项目后期执行扫清很多障碍。

2）确定关键里程碑

在项目策划期，要针对项目的特点和进度要求，确定BIM应用的几个关键里程碑。这个任务光靠项目BIM团队来完成比较困难，需要和项目管理部，特别是生产部门合作，提出几个关键节点，并给出持续时间和时长。BIM项目里程碑节点示例，见表3-6。

BIM项目里程碑节点示例　　　　　　　　　　　　表3-6

阶段名称	里程碑节点	时间	时长
BIM软硬件配置	软件选型	—	—
	硬件选型	—	—
BIM团队组建	人员配备	—	—
	职责划分	—	—
BIM培训	BIM软件培训	—	—
	业务培训	—	—
项目实施	项目应用目标确定	—	—
	数据准备	—	—
	各专业建模	—	—
	模型整合	—	—
	BIM应用	—	—
	交付验收	—	—
总结	总结经验、教训形成成果	—	—

3）沟通机制

（1）例会制度

①BIM经理必须参加每周的工程例会和设计协调会，及时了解设计和工程进展状况。每周召开协调会，建设单位或项目管理公司参加BIM协调会，确定工作流程。由BIM协调员汇报工作进展情况以及遇到的困难，需要联合解决的问题，及时对问题给予处理和解决。

②BIM工作组内部每周召开一次碰头会，针对本周工作情况和遇到的问题，修正下周工作计划。

③BIM团队成员，每周召开一次专题会议，汇报工作进展情况以及遇到的困难，需要总包协调的问题。

(2) 邮件沟通机制

项目各参与方指定邮箱，日常工作以邮件形式沟通，以便日后查阅。

(3) 云平台信息共享

在云平台上集成全专业模型，并进行轻量化处理，各方从云平台上提取各自关心的数据，同时将自己的处理痕迹留在平台上，让其他有权限的人进行查阅，从而可减少大量沟通成本，达到为项目增值的目的。

3.5 典型项目 BIM 实施策划书

BIM 项目实施策划模板，见表 3-7。读者应根据自己项目的实际情况适当调整。

BIM 项目实施策划模板 表 3-7

一、BIM 项目实施计划概述
为在项目中成功实施建筑信息模型(BIM)，BIM 团队编制了本 BIM 项目实施计划细则。BIM 项目实施计划定义项目中 BIM 的使用，贯穿项目生命周期遵循详细设计流程实施 BIM。
(此处可添加信息：BIM 概述，本项目 BIM 任务)
二、项目信息
1. 项目名称
2. 项目地址
3. 项目参与方
4. 项目基本描述
5. 项目附加描述
6. 项目进度
(此处可添加信息：项目重难点解析)
三、项目目标
描述 BIM 模型和设施数据如何发挥到最大项目价值(例如：设计替代方案、生命周期分析、进度计划、估算、材料选择、施工现场组织等)
四、BIM 团队
1. 组织框架
2. 岗位职责
五、BIM 流程设计
与项目 BIM 目标相对应的流程图设计，这些流程图给每个 BIM 用途提供详细的实施计划
六、建模过程管理
1. 模型拆分
2. 协作方式
3. 精度与尺寸
4. 建模对象的属性
5. 模型详细等级
七、质量控制
1. 质量控制的整体策略
2. 质量控制检查
3. 模型的精度和公差
八、模型应用分析
1. 应用点一
2. 应用点二
3. 应用点三
4. ……
九、项目可交付成果
(此处可添加信息：列出项目的 BIM 可交付成果及信息交付的格式)

参考文献

［1］ 何关培，王轶群，应宇垦．BIM 总论［M］．北京：中国建筑工业出版社，2011．
［2］ 李云贵，何关培等．建筑工程施工 BIM 应用指南［M］．北京：中国建筑工业出版社，2014．
［3］ 英国面向 Autodesk Revit 的 AEC（UK）BIM 标准（第一版）．

第4章 BIM 数据集成

4.1 概　　述

4.1.1 BIM 数据集成概念

建筑工程是多领域多方共同参与的工程活动，涉及多个领域数据的处理及应用。领域之间具有专业独立性，同时也存在关联性。这种关联性表现在数据信息的互用，需要信息在各方进行准确共享与交换。据统计，美国建筑行业每年由于信息的不准确互通造成的损失达 158 亿美元。BIM 模型作为整个建筑全生命期各阶段的信息载体，是提升建筑工程多方协同工作的有力手段，其核心在于 BIM 相关信息的共享与交互。因此，基于 BIM 模型将建筑全生命周期各阶段的信息进行集成，是实现 BIM 应用价值的基础。

BIM 技术通过集成 BIM 模型信息、集成 BIM 文档、关联 BIM 文档三种方法，集成建筑物的几何、物理、性能、空间关系、专业规则等信息，协助项目参与各方从项目概念阶段就在 BIM 模型支持下进行项目各类造型分析、模拟工作，从而为项目管理提供全面的数据共享，提高决策的科学性。该过程首先需要将各专业的 BIM 模型进行集成，包括建筑、结构、机电、钢构、幕墙等专业模型，保证建筑物信息的完整。然后在此基础上将模型中的构件关联时间进度信息，形成 4D BIM 模型，通过 4D 模型模拟施工过程。最后将 4D BIM 模型和项目成本相关信息集成后形成 5D BIM 模型。若将其他信息集成到 BIM 模型上，比如工艺工法、图纸信息等集成到 BIM 模型，可以为 nD BIM 模型。至于具体项目应用过程中需要集成哪些数据信息，由 BIM 应用策划中明确的 BIM 目标决定。

4.1.2 BIM 数据集成目的

建设工程项目时常面临沟通不畅，信息获取不及时，资源难以统一管理等问题。目前，大家普遍采用信息管理系统，试图通过业务之间的集成、接口、数据标准等方式来提高众多参建方之间的协同工作效率，但效果并不明显。BIM 技术的出现，带来了建设工程项目协同工作的新思路。BIM 技术不仅是实现从单纯几何图纸转向全业务信息模型，也实现了从离散的分步设计和施工等转向基于同一模型的全过程协同建造。基于 BIM 模型的数据集成可以解决如下问题：

1) 集成数据的 BIM 模型为协同工作提供了统一的管理介质。传统的项目管理系统更多的是将管理数据集成应用，缺乏将工程数据有机集成的手段。根本原因是建筑工程所有数据来自不同专业、不同阶段和不同人员，造成数据的收集、存储、整理、分析等难度较高。BIM 技术基于统一的模型进行管理，统一了管理口径。可继承设计模型，工程量、预算、材料设备、管理信息等数据可全部有机集成在一起，降低了协同工作的难度。

2) 集成数据的 BIM 模型降低了各参与方之间的沟通难度。建设工程项目不同阶段的方案和措施的有效实施都是以项目参与人员的全面、快速、准确理解为基础，而 2D 的图纸在这个问题上存在天然障碍。BIM 技术以三维信息模型为依托，在方案策划、设计图纸会审、设计交底、设计变更等过程中，通过三维的形式传递设计理念、施工方案，提高了沟通效率。

3) 集成数据的 BIM 模型促进建设工程管理模式创新。BIM 技术与先进的管理理念和管理模式集成应用，以 BIM 模型为中心实现各参建方之间高效的协同工作，为各管理业务提供准确高效的数据，大大提升管理的效果。在这个过程中，工程人员组织结构、工作模式和工作内容等将发生革命性变化，这将有效地促进工程管理模式的创新与应用，例如 IPD 模式。

4.1.3 BIM 数据集成流程

软件和信息是 BIM 应用的两个关键要素，其中软件是 BIM 技术应用的手段，信息是 BIM 技术应用的目的。工程项目管理过程中所需要的各种信息都是通过一系列数据组成，应用中利用模型为载体集成数据即可让更多的人频繁实现信息的提取和使用，实现信息共享，提高沟通效率。同时，数据的多少决定着项目信息的完整性，也直接影响到 BIM 的应用价值，也即需要什么样的数据是由 BIM 应用目的所决定的，根据不同的应用集成不同数据。BIM 数据集成流程，如图 4-1 所示。首先将各专业的 BIM 模型进行集成，形成完整的 3D BIM 模型，整体展示建筑物，可以进行碰撞检查、空间检查等。3D BIM 模型集成进度信息形成 4D BIM 模型，可以将工程的进展形象地展现出来，形成动态的建造过程模拟，用以辅助施工计划管理。4D BIM 模型与成本信息集成，可视化地展示进度计划下项目成本消耗情况，进行成本的事前、事中、事后控制。

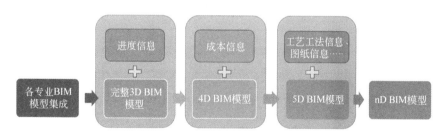

图 4-1 BIM 数据集成流程

4.2 BIM 数据的构成

施工过程中 BIM 应用的数据可以简单分为初始数据和过程动态数据，如图 4-2 所示。初始数据是指项目确定后，已经明确的项目信息数据，这是数据准备的主要内容。初始数据包括模型数据和施工策划阶段的业务数据，如总进度计划、算量、清单文件等。过程动态数据是指施工过程中各业务陆续产生和更新的数据，如实际进度数据、现场质量安全问题、合同采购数据等。数据格式上尽可能尊重业务习惯降低使用者的要求，如模型文件以国际标准接口 IFC 格式为主，进度计划文件以 Project 或 Excel 为主，算量文件以行业内主要应用文件为主，甚至对过程动态数据中有可能出现视频、音频等数据格式也具备集成能力。BIM 平台的接口应该是开放的，可集成各类格式数据，最大限度地降低使用者的使用要求。

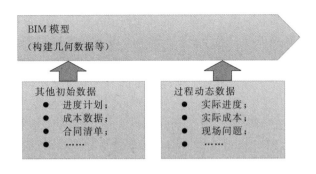

图 4-2 数据分类

4.2.1 模型数据

模型作为数据源和其他数据的载体,是 BIM 应用的基础。模型从表现的内容来区分大致分两类:设计类模型,主要是为了表现设计方各专业的设计意图;施工类模型,主要是为了表现以施工组织设计为主的施工过程中特有信息。不同的模型又有不同的建模工具和数据格式,不同的 BIM 平台对模型格式要求也不完全相同,根据不同 BIM 平台对模型的要求不同,在建模时还要遵循一定的建模规范,表 4-1 中列举了部分建模工具及其特点。

部分建模工具　　　　　　　　表 4-1

模型类型	模型名称	创建工具	数据特点
设计模型	建筑专业	Revit、Archicad	构件全,数据量大,支持 IFC 格式
	装饰专业	Revit	同上
	机电专业	Revit	同上,需自建族库数据
		MagiCAD	仅有机电专业,自带部分族库,支持 IFC 格式
	钢结构专业	天宝 Tekla	仅有钢结构数据
	幕墙专业	Revit	构件全,数据量大,支持 IFC 格式
算量模型	土建算量	GCL	仅有土建专业,提供 Revit 数据接口
	钢筋算量	GGJ	仅有钢筋专业,提供 Revit 数据接口
	机电算量	GQI	仅有机电专业,提供 Revit 数据接口
现场模型	场地布置	GMJ	仅能创建场地模型,可自建族库
	特种设备	3DMAX	可创建各种施工设备

在具体项目中选择什么样的模型、选择何种建模方案是根据 BIM 应用目的确定的。不同的模型承载着不同的数据信息,可以满足不同的应用目的,过于追求模型的完美而忽略 BIM 的应用目的,很容易走入为了 BIM 而 BIM 的误区,同时增加建模人员的工作量。选择建模方案时需要综合考虑。表 4-2 为某项目建模方案,该项目希望利用 BIM 平台实现主体结构工程的精细化成本控制。同时通过整合场地模型实现不同施工阶段的场地规划和管理,为此选择了土建算量和钢筋算量模型组成结构工程实体模型,可以利用模型本身自有的符合本土化算量数据来实现成本管理中的各种应用。同时,选择了项目已有的算量模型进行 BIM 应用,降低了对建模人员要求的同时也降低了建模成本。

某项目建模方案   表 4-2

模型内容	建模工具	模型格式
土建模型	土建算量 GCL	GCL
钢筋模型	钢筋算量 GGJ	GGJ
安装模型	MagiCAD	IFC
装修模型	Revit(2016)	RVT
场地模型	广联达 BIM 施工现场布置软件 GMJ	GBCB

因不同模型数据各有自己的特点，有时需要不同模型间可以互相转换，以满足不同的应用要求。比如项目初期可能用 Revit 土建模型，BIM 应用中希望能随时查阅到工程量信息，因此需要将 Revit 土建模型经过插件转换成土建算量模型，完成转换后通过 BIM 平台即可以提取出符合本土化计量要求的算量数据。有这种应用需求的项目，只要在 Revit 建模过程中遵循一定的建模规则，就可实现一键转换成 GCL 模型。

4.2.2 进度数据

进度数据包括计划进度数据和实际进度数据，如图 4-3 所示。计划进度数据就是工程项目中常用的进度计划，是在项目施工前编制完成的进度计划文件，期间发生计划调整时通过计划版本管理实现不同计划的管理和应用。BIM 应用前需要按一定数据格式编制完成，如采用 Project 或 Excel 编制，有些 BIM 平台可以支持在平台中直接编制计划。计划进度数据是前期进度数据准备的主要内容，一般在施工 BIM 应用前完成，应用中也可以对原有计划提出优化和调整意见，这些数据一般由计划编制人准备。

实际进度数据是在施工过程中才形成的，在施工过程中由不同的管理者通过不同端口输入 BIM 共享平台，尤其自动加载到模型中为其他用户提供数据信息。实际进度数据的采集主要由施工现场一线的责任工程师完成。

图 4-3 进度数据

4.2.3 成本数据

预算成本的呈现形式主要是造价文件，属初始数据，不同地区、不同项目可能用不同的软件形成成本造价文件。河南省主要以广联达公司的 GBQ 预算文件为主，除此之外，还有部分项目利用品茗或 Excel 等编制成本造价，文件数据如图 4-4 所示。预算成本造价文件根据计价方式可分为清单计价和定额计价两种，主要根据成本测算方自己确定成本测算方式。实际成本是实际项目进程中，实际发生的建安成本，需要进行实际统计，这些工作通常是由项目预算员完成。

4.2.4 其他数据

除了以上数据外，项目施工还有其他的一些数据，如二维设计图纸、技术方案文档、施工工艺工法、质量验收标准和要求等施工过程中可能用到的信息数据，根据需要可以事

图 4-4 成本数据

前准备,也可以在应用过程中逐渐补充,通过 BIM 平台实现共享。

还有一些信息并不完全是施工过程中使用,而是在施工过程中才产生,为后期运维服务的,如设备参数信息、厂家信息、维护保养要求等。对这些信息数据的要求,需要根据具体运维方案采用专门的工具进行采集和留存,储存的格式需要参考具体每个运维平台的要求。

4.3 基于 BIM 模型集成数据的方法

BIM 应用的核心是数据的应用,但大而全的数据不是数据准备的目的。BIM 应用目标决定数据准备的范围甚至数据的精准程度,当然也影响着 BIM 应用的内容,数据准备时要综合考虑产出投入比。

不同类型数据的集成方法也有所差异,大致有三种集成方法:模型集成(通过 IFC 或特定接口实现)、模型集成文件及模型关联文件,如图 4-5 所示。模型集成是指模型文件导入后即完成数据集成,不同格式的模型 IFC 文件格式或者其他数据格式的接口通过导入模型文件后即可完成模型整合,后续可以直接通过 BIM 平台调用;模型集成文件是指将文件导入后还需要在 BIM 平台内进行数据关联集成,才能最终将数据集成到模型中,如进度计划数据集成、合同清单数据集成等,不同数据关联的方法可能略有差异;模型关联文件是指将文档文件在 BIM 平台中直接和模型构件建立关联关系,如图纸、资料文档等,有些数据在采集的过程中即完成集成工作,如图纸、手机录入的现场质量问题、现场质量照片等,数据文档可以是文件包,也可以是视频、音频等文件格式。

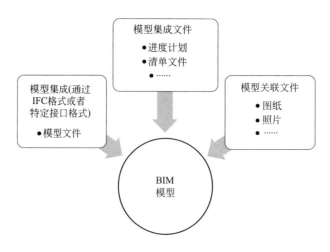

图 4-5 数据集成方法

4.3.1 模型数据集成

在施工过程中需要模型集成，将不同专业的模型数据集成在统一的 BIM 应用软件内。例如，在进行管线综合和碰撞检查时，需要将结构、土建、机电的模型导入 BIM 碰撞检查软件中，把有关碰撞的问题检查出来并进行标示。专业人员则可根据碰撞检查报告，在 BIM 专业建模软件中人工调整，然后输出到碰撞检查软件中重新检查，直到问题彻底更正，如图 4-6 所示。

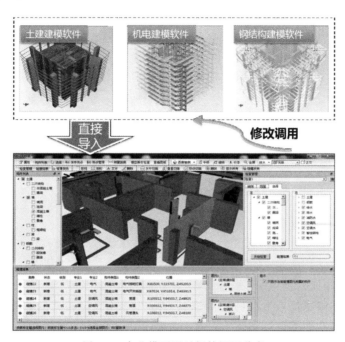

图 4-6 专业模型通过间接调用共享

这种集成工作会带来巨大的复杂性。不同的 BIM 应用软件生成的 BIM 模型数据格式是不一致的，而且要考虑多个模型的转换和集成。虽然有 IFC、GFC 等接口标准，但是也会造成数据的丢失。因此，对于这样的集成工作，需要在 BIM 建模时就要遵循一定的规则和规范。目前常用的规则和规范聚焦于设计模型与算量模型的无缝衔接上，主要包括以下几方面的内容：

1）建模深度要求

模型细致程度是描述一个 BIM 模型构件单元从最低级的近似概念化的程度发展到最高级的演示级精度的步骤。美国建筑师协会（AIA）为了规范 BIM 技术应用参与各方及项目各阶段的界限，在其 2008 年的文档 E202 中定义了 LOD（Level of Development，详细程度）的概念。LOD 被定义为 5 个等级，为 LOD100～LOD500。在传统的项目设计中，大多数的构件单元在施工图设计阶段完成时需要达到 LOD300 的等级，同时在施工阶段中的深化施工图设计阶段大多数构件单元会达到 LOD400 的等级。这里对建模深度一般要求到 LOD300。LOD300 模型单元等同于传统施工图和深化施工图层次。此模型已经能很好地用于成本估算以及施工协调包括碰撞检查、施工进度计划以及可视化。

2）公共建模规范要求

不同 BIM 应用软件解决的是专业问题，一般采用自己的建模规则，将不同专业模型集成在一起时，就需要遵循统一的公共建模规则，以便最大限度地减少整合后的错误。为了能准确整合模型，导入后能统一归位、管理，保证模型数据结构与实体一致性，需要在BIM平台软件中预先定义和统一建筑物的模型楼层结构标准及ID、楼层名称、楼层的顶标高、楼层的顺序编码等。除此之外，还要建立一些公共的建模规范，如下所述。

（1）度量单位：各专业BIM建模软件中的模型均使用统一的度量单位，一般统一的度量单位为公制度量单位。同时需要确定度量的精度，即小数点后保留小数位数，一般需按照不同专业定额中的约定来保留小数位数。

（2）统一模型坐标：首先是统一坐标系，坐标系统一为标准坐标系，图纸正上方为北方。其次是要统一坐标系原点，一般需根据项目设计特性，合理的轴线交点为原点。最后要统一各单体模型定位，根据项目的总平面定位各单体建筑，包括要定位坐标点和各单体坐标位置。

（3）统一标高：一是要统一楼层标高，除钢筋外各专业采用建筑标高，钢筋专业可采用结构标高。二是要统一构件标高定义方式。构件标高定义时应按相对标高方式定义，即软件中默认的"层底/层顶标高±数值"方式定义构件标高，不应使用3m、5m等绝对数值方式定义。

（4）统一应用软件版本：这里的应用软件版本不仅是要确定软件供应商的产品，也要确定同一个应用软件版本。

此外，针对一些专业BIM建模软件的异形构件或需要单独绘制的构件，要有相应的建模规则，并且提供详细的说明文档。

4.3.2 其他数据集成

项目初始数据大多都有专门的软件编制完成，形成固定格式的数据文件，BIM平台应具备开放的接口，能够通过文件导入的方式实现自动集成，这也是平台选择时要考虑的关键技术要素。选择的BIM平台应该能尽可能集成这些数据文件，确保数据的完整性，提升集成效率，如进度计划、项目预算文件、合同清单等初始信息数据都推荐通过模型集成文件的方式完成。集成工作一般由文件编制人完成，文件导入后还要进行必要的模型关联，图4-7为河南某项目进度计划数据在BIM5D平台中的集成示意。

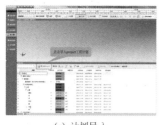 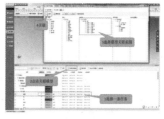 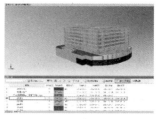

(a) 计划导入　　　　　　　(b) 计划关联　　　　　　　(c) 计划查阅

图4-7　进度计划集成

尽量采用"轻量化"BIM应用，最大限度减少工作量，施工过程中产生的动态数据由平台应用者在应用的过程中留存，不提倡专门填报信息，最大限度降低应用门槛，模型关联文件就提供了这样一条途径。基于BIM技术的施工管理平台，将不同专业设计图纸、二次深化设计、变更、合同等信息都与专业模型构件进行关联，通过模型可视化特性，方便选择任意构件，快速查询构件相关的各专业图纸信息、图纸内容、版本等信息。同时，图纸相关联的变更、合同、分包等信息都可以联合查询，实现精细化管理。例如 BIM5D 平台，实际进度数据由现场责任工程师在现场能随手记录，包括现场其他问题。数据采集手段上，应该根据不同管理者的工作环境采取多种方式记录。在 BIM5D 平台上可以采用手机进行文字、照片、视频、甚至语音记录，平台自动完成关联，如图 4-8 所示。

图 4-8　文件关联示意

参考文献

[1]　倪江波，等. 中国建筑施工行业信息化发展报告（2014）：BIM 应用与发展［M］. 北京：中国城市出版社，2014.

[2]　林良帆，邓雪原. 第十六届全国工程设计计算机应用学术会议论文集［C］. 广州，2012.

第 5 章　BIM 在技术管理中的应用

5.1　基于 BIM 的深化设计

5.1.1　概述

1）深化设计基本概念

深化设计是指总承包单位在建设单位提供的施工图基础上，根据现行规范和施工经验对其施工方案和设计内容进行优化、细化和完善，形成各专业的详细施工图纸，同时对各专业设计图纸进行集成、协调、修订与校核，以满足现场施工及管理需要的过程[1]。深化设计作为设计的重要分支，补充和完善了方案设计的不足，有力地解决了方案和设计与现场施工的诸多冲突，以及由于施工工艺导致的施工状态与原设计状态受力不同时，对施工过程最不利状态的验算和优化，充分保障了方案设计的效果还原。

工程建设过程中，需要深化设计的主要有两大类工作：

（1）方案优化：是对工程整体工艺、设备进行优化来提升施工质量，提高施工安全性。例如施工过程中受力与原设计受力明显不一致，以及危险性较大的分部分项工程等需要对施工过程结构临时加固及施工方案进行优化。如：连体钢结构的整体提升、高大脚手架工程、基坑支护等。

（2）设计优化：是对施工图中不能直观表达，须由专业施工单位依据相关规范进行细化的部分，如：钢结构、安装工程、幕墙、室内外精装修及复杂节点等。

2）目前常规方法深化设计存在的问题

在国内的总承包工程中，对于钢结构、安装工程、装饰装修等，专业性较强，其设计图纸往往因为施工工艺、设备类型、设备品牌的不同而不同，施工图的设计往往不能指导现场施工，需要专业施工单位进行深化设计。常规方法深化设计过程中存在以下几方面问题：

（1）常规方案优化仅对各方案进行定性分析，没有关键部位的具体受力和详细的工程量进行支撑，不容易被建设方和监理方接受。

（2）由于设计方更多考虑的是设计规范和功能需求，建设方更多考虑的是净空标高，而分包方更多关注的是方便现场的安装施工，在工程建设过程中需要多方沟通协商解决。采用传统模式，通过二维图纸和大脑想象进行沟通，各方均从自身角度出发，沟通效率低，很难形成统一意见。

（3）基于二维图纸的深化设计精度、现场施工精度、施工过程中问题的反馈速度等原因，造成了深化设计与现场施工脱节、不一致的情况。

（4）对于传统的二维施工图纸，在深化设计初级阶段，施工单位不容易深刻理解设计方案内涵或者复杂结构的节点部位，进而不能领略设计者意图，造成许多返工和变更。

(5) 对于工程体量大、设计复杂，且涉及多项新工艺、新材料，使得工程的深化设计任务繁重，传统的二维深化设计难度大，周期长。在复杂的结构节点，没有专业的二维软件可以应用，只能手工绘图，1个复杂节点的深化需1~2天，需投入较大人力。

3) 应用BIM技术深化设计的好处[2]

BIM技术通过参数化的模型、精确的模拟计算、可视化的效果可有效解决目前深化设计中存在的很多问题，其好处如下：

(1) 管理创新。基于BIM技术的深化设计，为实施项目提供了基于BIM技术的总包管理模式，通过建立总包模型管理机制和分包管理协议等，可将模型深化成果顺畅地应用到施工现场，在项目施工质量和整体形象方面带来了较大提升。

(2) 提高沟通效率。工程建设过程中，建设单位、监理单位、设计单位、施工总包单位、专业分包单位沟通时，利用三维模型，展示碰撞点的基本情况。根据各方需求直接进行调整，在模型中直观反映出各方调整建议的利弊，由建设单位和施工总包单位从中进行协调，制订出更为合理的调整原则和方案。这样模型深化的成果既能被设计方签认，也能指导现场施工，提高沟通效率，避免模型反复调整所造成的浪费。

(3) 提高设计效率。采用BIM技术进行深化设计，对于复杂节点，可以提前做成族库，在使用时方便、准确。与传统的二维深化设计相比，大幅提高了深化效率，可以节省大量的深化设计时间。

(4) 直观准确。基于BIM技术深化设计，可直观展示管线综合排布的空间位置关系和不规则形体信息，如三维模型、效果展示、工艺搭接等，即使不是专业人员，也能对管线综合排布图纸信息一目了然，而且BIM模型都带有真实信息，也能够通过模型进行数据分析，提高了管线综合排布和方案的技术交底问题发现率和整改效率，从而保证深化设计的准确性和可靠性。

5.1.2 BIM深化设计管理流程

基于BIM的深化设计管理流程[3]，如图5-1所示。

1) 制定深化设计实施方案和细则

(1) 总承包单位应组织所有相关参与单位共同编制深化设计实施方案和细则，并会签上报，经BIM顾问单位、设计单位、建设单位批准后执行，用于指导和规范深化设计管理工作。

(2) 深化设计实施方案和细则的内容包括：深化设计的组织机构、管理职责及管理流程，深化设计进度计划，深化设计质量保证文件、BIM表达形式和比例、送审BIM模型说明及清单、BIM模型版本及必要的标识，以及深化设计成果内容、格式、技术标准等的统一规定，协调、会签、审批的程序和制度等。

2) 深化设计交底

(1) 深化设计开始前，由建设单位、监理单位组织原设计单位对施工图进行交底，明确设计意图和关键事项，并回答总承包单位和分包单位就施工图提出的问题。

(2) 深化设计开始前，总承包单位应就"深化设计实施方案和细则"的有关事项向分包单位进行交底。

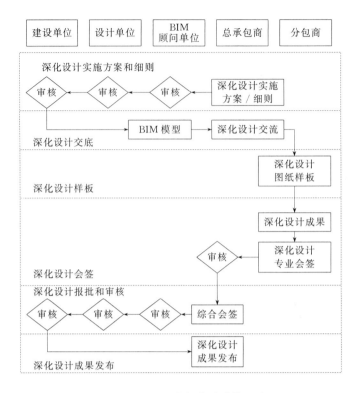

图 5-1 基于 BIM 的深化设计管理流程

（3）BIM 顾问单位提供支持 BIM 建模、校验与复核，同时建设单位、设计单位参与沟通并提供支持。

（4）各专业深化设计完成并经审批同意、发布后，总承包单位负责组织分包单位召开深化设计交底会，进行深化设计交底，并作好交底记录。各深化设计单位根据各自负责的内容分别向相关单位和人员交底。

3）深化设计样板

深化设计过程应与样板、样品批准协同进行，各深化设计单位应计划好深化设计与样板、样品的施工和送审时间，不得因样板、样品的修改，延误深化设计进度。在进行施工之前，深化设计单位应提供相应的 BIM 模型一同进行送审。

4）深化设计会签

总承包单位负责对深化设计会签进行统一管理，明确会签期限、会签传递程序。各分包单位应服从总承包单位的深化设计会签规定。深化设计会签时应确认相应 BIM 模型的版本号是否一致。

深化设计图纸一般包括三级会签。一是深化设计完成后，应在深化设计单位内部组织会签。二是在机电深化设计图纸提交总承包单位审核前，应由机电主承包单位组织相关专业单位进行会签。三是深化设计图在提交建设单位审核前，应由总承包单位组织相关单位进行会签。

5）深化设计成果报批

（1）各主要专业深化设计成果应在 BIM 模型基础上生成，包括：

①机电各专业：系统图、平面图、剖面图、综合布置图、详图、预留预埋图。

②土建结构：构造图、平面图、立面图、剖面图、加工详图等。
③幕墙：平面图、立面图、节点大样图、加工详图等。
④钢结构：平面图、立面图、剖面图、结构布置图、节点详图、构件图等。
⑤精装修专业：六面体图、大样图、构造图。

(2) 深化设计审批应提交电子版光盘（内含 BIM 模型、PDF、CAD 格式文件各一套）和满足施工要求的蓝图。

(3) 深化设计竣工图应提交电子版光盘和满足施工要求的蓝图。

6) 深化设计的审核和审批

各分包单位深化设计成果由总承包单位审核并提出审核意见，各分包单位根据审核意见进行修改。审核包括以下步骤：

(1) 机电类深化设计成果经机电主承包单位审核通过，由机电主承包单位汇总、组织各相关专业会签后，提交总承包单位审核。

(2) 各类深化设计成果经总承包单位审核通过，由总承包单位汇总、组织各相关专业会签后，提交建设单位、BIM 顾问单位、设计单位、工程咨询单位审核。

(3) 对于根据 BIM 服务合同约定需要利用 BIM 进行校验或复核的专业和部位，承包单位应将有关深化设计文件提交 BIM 顾问单位，以便及时完成深化设计的建模工作，并进行相关的校验和复核。

(4) 深化设计成果应分阶段报批。审核单位应根据分阶段报批计划审查承包单位提交的深化设计成果，并在规定时间内给予审核意见。承包单位应认真对待审核单位的审查意见，及时修订重报。

(5) 各审核单位的意见由建设单位负责汇总后反馈给总承包单位，总承包单位根据审核意见进行修改或退回各分包单位进行修改。修改后的图纸、文件应在修改处予以标识，并且在 BIM 模型中进行标出与说明后生成新的 BIM 模型版本号码。修改后的深化设计应再次提交各审核单位审核。

(6) 经各审核单位审核通过的深化设计成果，提交建设单位审批。经建设单位审批通过的深化设计成果，由总承包单位统一签发，作为现场施工的依据。

(7) 深化设计成果文件发布

深化设计成果文件的发布实行"统一发布，统一管理"的原则，即深化设计成果文件经深化设计审批流程审批同意后，由总承包单位向项目各参建单位统一发布、统一管理。

5.1.3 基于 BIM 钢结构设计优化

钢结构是主要建筑结构类型之一。钢材的特点是强度高、自重轻、整体刚性好、变形能力强，故适宜用于建造大跨度和超高、超重型的建筑物。对于建筑行业的大、中型施工项目，钢结构越来越多，在民用、工业领域应用比重越来越大，如高层建筑的连体钢结构、大跨度厂房屋架、构筑物烟囱钢内筒、钢平台、高铁候车厅、飞机航站楼、各式大型展厅等。对于大中型项目，钢结构深化设计工作也面临越来越多的困难，钢结构施工需要更有效的技术力量作为支撑去满足实际需要。实践证明，BIM 技术可应用在不同钢结构上，成为钢结构设计优化的重要手段，本文就以下几个典型案例进行论述。

1) BIM 设计优化在连体钢结构中的应用

连体钢结构是以多榀主桁架为主要承载结构，以某建设大厦连体钢结构为例。连体钢结构共 5 层，总高度 21.6m，桁架最大跨度达 57m，最大钢板厚度达 60mm，连体部分平面呈梯形，桁架主梁、柱、斜撑杆件等 8 个杆件相交于一点，制作、安装过程中难度大。连体钢结构与塔楼连接，节点处除了考虑桁架梁、斜撑与十字钢骨混凝土柱连接，还需要考虑预留钢筋连接措施，节点比较复杂，制作、安装难度大。整体提升到位后，76 个水平、斜向杆件与主体结构预留钢构件连接。为了实现提升到位后一次精确对接，连体钢结构的设计优化是关键。

采用 TEKLA 对确定好的钢结构施工方案进行设计优化，由钢结构专业技术人员，结合工程实际的运输、现场吊装设备能力，以及提前确定的施工顺序等因素，用 TEKLA 建立设计优化整体模型如图 5-2、图 5-3 所示，从而更好地指导现场施工。借助三维模型，施工构件和图表自动生成，帮助制定科学的施工措施，实现高效率、高准确率、零差错的目标。

图 5-2 某建设大厦连体钢结构设计优化模型（用 TEKLA 软件）

图 5-3 某国际大厦连体钢结构设计优化模型（用 TEKLA 软件）

2）BIM 设计优化在管桁架结构中的应用

桁架结构是指由杆件在端部相互连接而组成的结构。管桁架即是指结构中的杆件均为圆管杆件。管桁架中的杆件大部分情况下只受轴线拉力或压力，应力在截面上均匀分布，因而容易发挥材料的作用，这些特点使得管桁架结构用料经济，结构自重小。管桁架同网架比，杆件较少，节点美观，不会出现较大的球节点，利用大跨度空间管桁架结构，可以建造出各种体态轻盈的大跨度结构，在公共民用建筑中，尤其是在大型会展和体育场馆建设中，有着广泛的发展前景。

钢结构传统的设计优化内容包括：建立二维模型、平面放样、出图、工程量计算等，关键节点人工操作繁琐，对技术人员素质要求高，出错率高，检查难度大。本文以某火电厂三期扩建工程管桁架钢屋架工程为例，采用 Tekla Structures 软件说明 BIM 技术在管桁架设计优化中的应用。

（1）采用 TEKLA 建立三维模型

钢结构专业施工单位的技术人员采用 TEKLA 建立三维模型，并结合专业知识和现行相关规范，建立准确、合理的整体三维模型和节点模型，如图 5-4、图 5-5 所示。

图 5-4　某火电厂三期扩建工程管桁架钢屋架三维模型

图 5-5　某火电厂三期扩建工程梭形管桁架钢屋架细部节点三维模型

（2）放样

桁架支管与弦杆相贯节点如按传统方法放样，由于各构件角度不同、位置不同，工程量极大，正确率难保证。应用 BIM 模拟系统节点，计算机代替人工做大量计算，轻松完成切割放样，实现批量操作，极大地减少技术人员工作量和出错率。

由于传统放样为平面放样，容易忽略平面外杆件的相碰。两个方向的相贯口放样，往往在组装时发现相碰再返工修改。应用系统节点可解决此问题，真正做到精确计划、减少浪费，有效协同。如某电厂管桁架为鱼腹式三角桁架，两根上弦杆在平面及立面分别有不同半径的折弯，计算上弦真实折弯半径需在平面和立面建立方程组求解，要求技术人员解析几何能力较强。而在 Tekla 软件中，只需将杆件控制点在平面视图与立面视图中的位置设置正确，计算机自动计算上弦杆真实半径，省去很大工作量，正确率也能得到保证。将模型建立完毕即可得到各折弯弦杆的真实半径，无须再手动计算，将构件图发至折弯厂，进行材料折弯。经过质检人员检验合格的构件，在钢结构加工厂进行拼装。

球型节点处与弦杆的相贯线放样有一定难度，再加上两上弦杆间还有碰撞需开相贯口，这就造成了一根管需双向折弯，加双向相贯线坡口，手工计算绘制难度极大。而Tekla可轻松解决，采用Tekla建立的详细节点如图 5-6、图 5-7 所示。

图 5-6 横向、纵向双弧度上弦杆节点优化

图 5-7 支管相贯线节点优化切割避免碰撞

（3）出图

对于大型管桁架，其支管、斜撑数量众多，采用传统 CAD 或手工绘画出图，工作量大，工作繁琐且极难检查。而图纸又是操作人员开始加工的重要依据，其准确性必须得到100%保证，否则造成返工、材料浪费等直接经济损失无法估量。为了更高效、准确地解决这一难题，"减少中间环节"则成为技术人员探索的关键。

Tekla Structures 中建立的已经切割完成的模型，可自动生成深化图纸，图纸为 dwg 格式，如图 5-8 所示。杆件的数据信息直接转换为相贯线切割机可读的 dwg 格式文件，导入相贯线机器开始切割下料，直接省略相贯线部分出图环节。

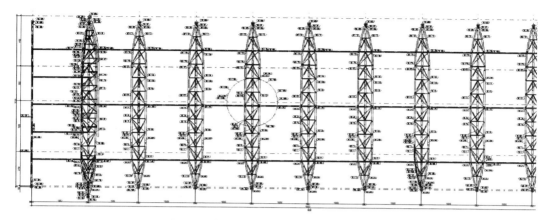

图 5-8 软件自动生成的构件平面布置图

(4) 基于 BIM 设计优化模型的工程量计算

传统工程量计算困难的原因是数据量大,构件实际长度计算复杂,各种拆分、汇总种类多。

用 BIM 技术处理此类问题有巨大的优势。基于 BIM 建立的 Tekla 工程模型配备完善的型材截面数据库(添加异性截面数据也很方便),建立模型的同时已经将构件信息(材质、重量、表面积等重要信息)保存,可自动生成工程量及各种报表,如图 5-9、图 5-10 所示。技术人员及计经人员可灵活调用需要的数据,作为方案、采购、生产、安装、预算、结算依据。

图 5-9 软件自动生成的各种报表

	A	B	C	D	E	F	G
1	构件编号	构件主型材	长度	材质	数量	单重	总重
2	A0	PL10*175	200.2	Q235B	2	2.8	6.5
3	A1	PL10*155	216.2	Q235B	18	2.6	47.5
4	A2	PL25*295	295	Q235B	36	17.1	614.8
5	A3	PL25*349	349.2	Q235B	22	23.9	526.4
6	BE-1	PIP89*6	2273.5	Q235B	1	28.1	28.1
7	BE-2	PIP89*6	2034.1	Q235B	9	25.1	226.3
8	BE-3	PIP89*6	2315.9	Q235B	9	28.6	257.7
9	BE-4	PIP89*6	3306.6	Q235B	9	40.9	367.9
10	BE-5	PIP89*6	2273.7	Q235B	26	28.1	730.9
11	BE-6	PIP89*6	1208.2	Q235B	9	14.9	134.4
12	BE-7	PIP89*6	3372.8	Q235B	9	41.7	375.3
13	BE-8	PIP89*6	3341.4	Q235B	9	41.3	371.8
14	BE-9	PIP89*6	3339.6	Q235B	9	41.3	371.6
15	BE-10	PIP89*6	3341.4	Q235B	9	41.3	371.8
16	BE-11	PIP89*6	3339.6	Q235B	9	41.3	371.6

图 5-10 软件自动生成的构件清单

各种数据信息汇总、统计、拆分对应瞬间可得，比传统方法汇总分析能力大大加强，工作量小，效率高，准确性大为提高。

3）BIM 设计优化在钢框架、门式钢架结构中的应用

钢框架、门式刚架是以钢结构材料为主的承重结构，是目前主要的建筑结构类型之一。结构具有受力简单、传力路径明确、构件制作快捷、便于工厂化加工、施工周期短等特点，因此广泛应用于工业、商业及文化娱乐公共设施等工业与民用建筑中。基于 BIM 钢框架、门式钢架结构设计优化主要包括以下两方面的内容：

（1）采用 BIM 有利于整体项目策划实施，方便调取各种施工数据，以某热电燃气电厂与某电厂主厂房钢结构为例进行说明。

在项目准备阶段，建立 BIM 三维模型如图 5-11、图 5-12 所示。钢结构专业公司召开了多次项目策划会，建立了钢结构设计优化模型，各级各部门在三维模型的帮助下展开各种方案讨论。对加工范围、加工顺序、安装顺序、安装机械的选择、吊车站位确认等项目重要安排提供了详细理论数据支持。

图 5-11 某热电燃气电厂设计优化三维模型

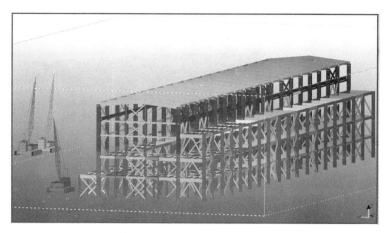

图 5-12 某 2×660MW 热电厂设计优化三维模型

在项目实施阶段，借助准确而又细致的钢结构设计优化模型，制定出原材料计划、油漆计划、螺栓计划，进行材料采购。在施工蓝图的基础上通过模型绘制详细的加工细化详图，指导车间生产、下料、组装。效率与准确性是传统 Autocad 绘图无法比拟的。

在项目中后期，由技术部通过设计优化，三维模型提供了详细、准确的构件、零件清单，供物资设备部发货安排、计经部门算量、结算。大大节省了各方资源，减少了资源浪费，所有部门需要的数据都可以从模型中调取。

(2) 目前普遍的结构设计软件（PKPM、STAAD、3D3S 等）在设计时总是根据不同的部位（如：钢架平面内与平面外、基础与框架、框架与维护等）分模块分别计算出图的，这就往往造成不同模块间、不同方向、不同标高、钢架强弱轴方向等会出现构件碰撞问题，通过 Tekla 软件可以方便地建立模型，开展设计优化工作，轻松地检查模型，容易发现一些在平面图纸中不易发现的碰撞问题如图 5-13 所示。提前处理，避免施工中的返工，节约了人力、物力，避免了浪费。

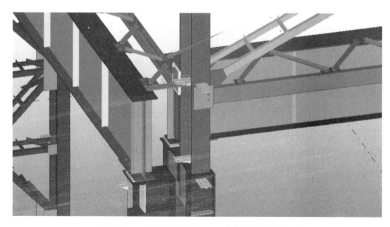

图 5-13 吊车梁与另一方向制动桁架相碰

4) BIM 设计优化在钢结构桥梁中的应用

以某钢结构桥梁工程为例，说明 BIM 设计优化在桥梁中的应用。项目初始阶段技术部建立桥梁模型如图 5-14 所示，以此模型明确了桥梁分段制作、安装分节位置。

图 5-14 某钢结构桥梁设计优化 BIM 模型

桥梁中横隔板、异形零件数量众多,每块横隔板上又需开很多个焊孔,传统下料无法满足工期要求。Tekla 软件提供了一种更便捷、更先进的技术,直接将模型转化为机器可读 NC 数据,通过 SinoCAM 自动套料软件接入数控切割机,自动生成图纸如图 5-15 所示,实现自动套料切割,工效大大提高,材料更得到极大节约。

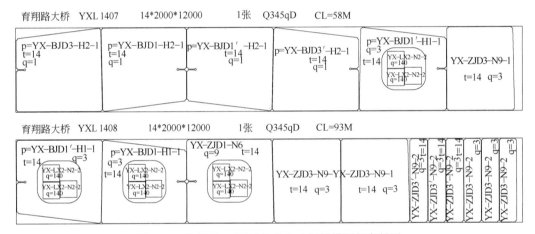

图 5-15 使用 SinoCAM 软件生成钢桥横隔板套料图

5)BIM 设计优化在特殊结构中的应用

在钢结构设计中经常会碰到某些异形、超高等结构形态,传统的二维设计很难表现设计意图,容易造成设计错误。BIM 技术通过三维参数化模型进行设计,可有效解决这些问题。通过以下两个实际应用进行说明。

(1)BIM 在烟囱钢内筒中的应用

烟囱为电厂的主要构筑物之一,烟囱钢内筒是烟囱内部的排烟筒,具有很好的防腐作用,为烟囱内部常用构件之一。由于烟囱钢内筒高度达 200 多米,其直径为 8m 左右,为典型的高耸结构,以及烟囱内部的侧向固定结构烟囱内部平台和爬梯均为高空作业,钢平台大梁截面高度达 1200mm,安装高度达 200m,技术含量高。采用传统技术时施工难度大,工作效率低。基于 BIM 设计优化模型能够快速准确地确定施工方案,优化施工工艺,从而保证施工质量优良,减少施工中的安全隐患。烟囱内筒、钢平台以及钢爬梯利用 BIM 设计优化模型如图 5-16 所示。

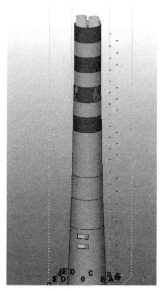

(a) 烟囱及其钢内筒

(b) 烟囱钢平台

(c) 烟囱钢爬梯

图 5-16 某电厂烟囱钢内筒、平台及钢爬梯 BIM 设计优化模型

(2) BIM 设计优化在钢煤斗中的应用

钢煤斗是电厂输煤系统中的一个重要组成部分。由于其造型独特，施工技术含量高，在制定施工方案过程中建立三维模型如图 5-17 所示，借助 BIM 技术进行设计优化。

图 5-17 电厂钢煤斗 BIM 设计优化模型

从图 5-17 可看出，这些煤斗看似简单、类似，实则可谓是大大小小、姿态各异，由圆筒加正圆锥煤斗、到天方地圆煤斗、到圆筒加偏心圆锥煤斗、再到天方地圆加偏心煤斗，步步升级。若使用传统五金手册中钣金展开公式计算，纷繁复杂，精度较差，对放样人员的素质要求较高。下面以方变圆加偏心锥斗如图 5-18 所示，说明采用 BIM 技术设计优化的关键点。

采用 TEKLA 软件建模简单方便，软件提供自动展开成平面节点。只要简单操作，建立好模型即可高精准使"方变圆"展开如图 5-19 所示、偏心圆锥展开如图 5-20 所示，供项目提料、放样使用。

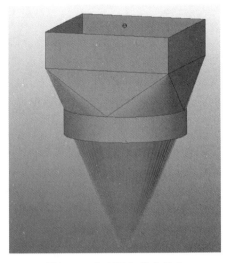

图 5-18 方变圆加偏心锥斗

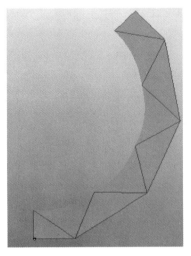 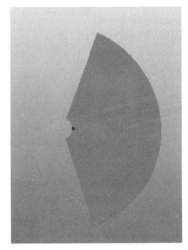

图 5-19 一键展开"方变圆"　　图 5-20 一键展开偏心圆锥

5.1.4 基于 BIM 的机电设计优化

对于建筑企业来说，机电设备安装工程是最容易造成经济损失的。规模越大的项目，设备管线越多，管线错综复杂，碰撞冲突也就越容易出现，返工的可能性就越大，对工期、经济造成很大损失。随着 BIM 技术的发展，越来越多的机电工程开始利用 BIM 技术解决这些难题。如在模型中点击任意一段风管，其所在系统、材质、楼层、高度及尺寸等相关信息就完整地展现出来。在机电施工阶段，通过信息模型，可进行碰撞检测、管线综合、工程量统计、预制件加工、系统平衡校核、施工进度模拟等相关工作。

BIM 技术在机电安装工程中的设计优化流程一般包括四步：首先是分析原设计施工图，进行工作准备；其次是建立各专业信息模型、分析排布方案、分系统进行管线优化；再次是确定排布方案、绘制平面、立面、剖面等 BIM 优化施工图；最后对现场作业人员进行图纸交底，以便达到指导施工的目的。以 BIM Revit MEP 软件为例，其详细工作流程，如图 5-21 所示。

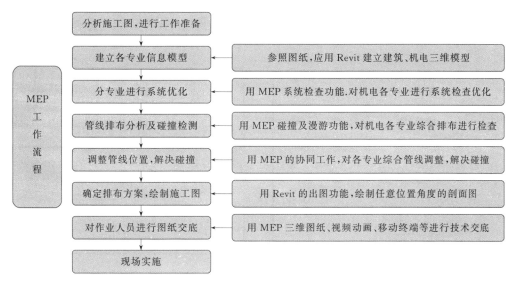

图 5-21 Revit MEP 工作流程图

基于BIM的机电设计优化应用点主要包括以下内容：

1) BIM 模型搭建

由各专业 BIM 技术人员组成 BIM 团队，进行协同工作，团队成员通过 BIM 技术软件，准确、高效地建立机电各专业三维模型，然后进行各专业三维模型整合，使建设单位、监理单位、施工单位等在内的各参建方能直观地理解设计意图，为"错漏碰缺"检查及设计优化、管线施工综合排布、四维施工模拟（可视化进度计划）和主材工程量统计等后续工作提供基础模型，如图 5-22 所示。

图 5-22 利用 Revit MEP 建立各专业模型

2) 碰撞检查

根据已经搭建完成的各专业三维模型和 BIM 碰撞检查软件，对机电安装专业管线之间进行单专业以及多专业的碰缺检查，然后以 Word 或其他形式导出碰撞检查报告，并在碰撞报告中体现碰撞交叉点的平面、立面、剖面等具体位置，提出整改优化建议，通过对各专业模型进行碰撞检查，一方面可以提高设计单位的设计质量，另一方面避免在后期施工过程中出现各类因返工引起的工期延误和投资浪费，如图 5-23～图 5-26 所示。

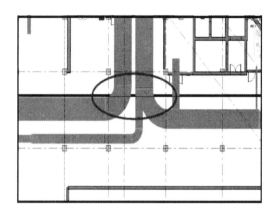

图 5-23　碰撞报告文档　　　　　　　　　图 5-24　平面图碰撞位置

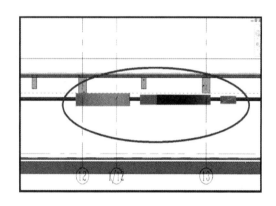

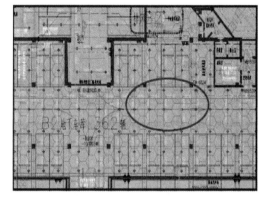

图 5-25　碰撞剖面位置　　　　　　　　　图 5-26　CAD 平面图碰撞位置

3) 分专业分系统优化

根据 BIM 三维模型导出的碰撞报告，并依据机电安装各专业的设计和施工规范，对各专业进行单独优化，其优化过程如下：

①给排水系统优化：在 BIM 三维模型中先对排水管道（无压管道）定位，因为排水管为无压管，不能上下翻转，应保持直线，满足坡度。然后对余下的给排水管道进行排布定位。

②通风系统优化：因为各类暖通空调的风管尺寸比较大，需要较大的施工空间。为了解决通风管道与其他管道碰撞，在不影响安全和使用功能的前提下，在 BIM 模型里进行调整通风管道的宽高比例，保证风量和截面积不变。

③电气系统优化：通过 BIM 软件绘制桥架和电缆，计算桥架的承载能力，以便相同系统的电缆桥架能进行合并，进而减少材料使用，增大空间利用。

通过 BIM 技术对各个专业系统的优化，一方面能节省人工、材料、机械等费用的投入，达到降低成本、缩短工期的效果；另一方面使整个综合管线排布美观、有层次感、提高空间利用，如图 5-27～图 5-30 所示。

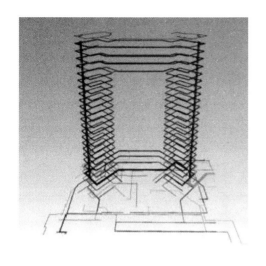

图 5-27 电缆桥架模型

图 5-28 空调水系统模型

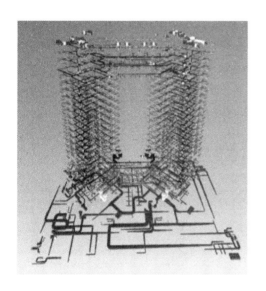

图 5-29 通风系统模型

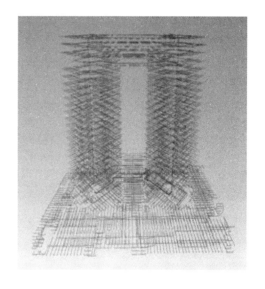

图 5-30 消防系统模型

4）综合管线复杂节点优化

依据设计文件，利用搭建好的模型，按设计和施工规范要求将走廊及设备间的水、电、暖、通风等各专业管线交叉比较复杂的节点进行综合优化排布，既能满足功能要求，又能满足净空、美观的要求。此工作，第一可以用作施工单位指导现场施工，避免因返工造成的工期拖延和资金浪费；第二是用作管理单位严格按此监管工程质量和可以进行准确的工程量统计；第三可以形成各系统功能控制区域，用作运营管理单位后期运维技术支持，如图 5-31 所示。

5）预留孔洞优化

在施工过程中，可能会出现布置管线预留洞口时，在此处正好有结构梁柱等构件妨碍管线预留洞的布置。为了实现预留洞口的准确性，达到预留洞口的精确定位，通过BIM

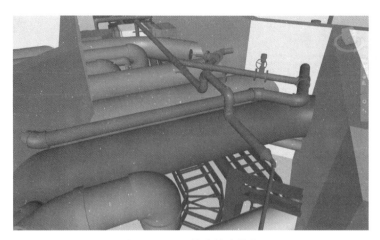

图 5-31 机电管线综合优化

技术让机电安装专业管线模型与结构专业模型进行碰撞检查,提前发现管道孔洞预留是否合理。若有问题可以提前发现,提前处理,如图 5-32 所示。如对于一些需要穿过混凝土结构的管道,提前进行孔洞预留,如图 5-33 所示,减少因返工造成的经济损失以及对结构造成的危害。

图 5-32 优化预留管道孔洞　　图 5-33 优化预留混凝土结构管道孔洞

6)预埋件深化设计

预埋件安装质量的好坏直接影响着后期机电安装管线的质量。影响预埋件安装质量的主要问题是标高偏差和轴线偏差。为了实现对预埋件的精准定位,应用 BIM 技术根据原施工图纸进行建立预埋件三维模型,并与优化好的管线进行整合,及早发现问题,然后在 BIM 模型中对预埋件进行优化调整,以便出预埋件的优化图,对现场作业人员进行详细的技术交底,实现对预埋件的精确定位,减少因材料浪费、返工造成的经济损失、工期延误,如图 5-34、图 5-35 所示。

7)净高优化控制

对于一座大厦来说,楼层净高越高,室内空间感觉越舒适。为了提高管线安装高度,

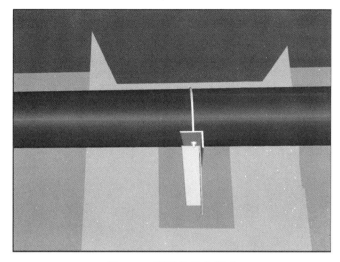

图 5-34　预埋件优化模型

图 5-35　预埋件优化实施样板

节省安装空间，相对提升吊顶高度，应用 BIM 技术在走廊管线交汇复杂节点进行碰撞检查，然后进行优化。应用 BIM 技术在结构梁内精确预留布置套管，让一些管道穿梁而过，进而提升管线安装高度。应用 BIM 技术在开阔的区域合理排布管线走向，将管线集中在对净高要求不高的区域，在保证整体效果的同时，获得比原设计更为合理的净高，如图 5-36、图 5-37 所示。

8）走廊综合管线检修操作空间优化

机电安装工程在整个建筑工程中所占比重越来越大，所包含的专业系统非常全面，在有限的安装空间里，各管线排布就变得非常紧凑。为了保证后期的运维检修操作，在管线施工过程中预留足够的检修操作空间，以便检修人员能进行维护操作。应用 BIM 技术在施工前对走廊综合管线进行优化设计，确定每个专业的安装高度，并让多个专业上下两层或三层进行布置，使多个专业管线共用一个支吊架。如图 5-38 所示，走廊综合管线预留检修操作空间为 530mm，在后期运维时方便检修操作人员进行维护。

 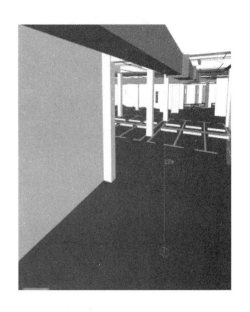

图 5-36 优化前净空高 2.37m　　　　　　图 5-37 优化后净空高 2.97m

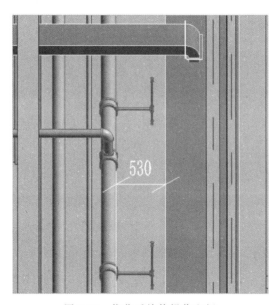

图 5-38 优化后检修操作空间

9) 支吊架出图深化设计

大型工程都包含复杂的管道系统，由设备工程师设计管道型号并布置走向。但其支吊架通常都是由安装方根据规范及经验现场布置，一般不做事前设计，图纸上也不作注明。因此支吊架安装比较随意，用量往往较规范要求偏多，常常造成较大浪费。特别在多层交叉等复杂部位，由于不进行计算复核，为了安全设置的支吊架数量常常偏多。应用BIM技术设计优化管道支吊架，创建各类支吊架模型族库，在管道优化模型上直接添加支吊架模型，将管道支吊架安全复核与三维实体布置结合，精准确定支吊架位置并直观显现，提高了施工的精细度。针对多层交叉等复杂部位应用BIM技术的出图导出机电综合剖面图，如图 5-39 所示，用于技术交底，指导施工，实现精细化管理，达到优化排布的目的。

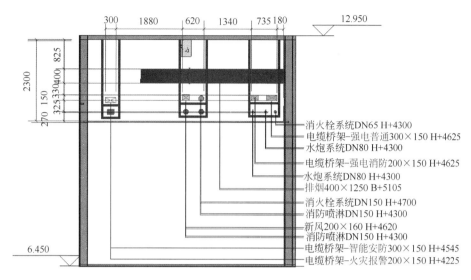

图 5-39 支吊架优化出图

10) 设备机房管线优化

消防泵房、空调泵房等设备机房，在机电安装工程中是一个复杂而又繁琐的施工项目，同时也是整个机电安装的重点和难点。在这些设备机房中有不同类型的机械设备，各类管线尺寸较大，造成管线交叉拥挤无法排布，无施工操作空间，个别管线支吊架无法生根等问题。为了解决这些问题，应用 BIM 技术对设备机房独立建模、重点优化。从设备基础、设备安装到设备机房的综合管线布置，进行整体优化部署。同时在 BIM 中进行优化后的试安装，确定最优方案后进行管线预制加工，打破传统模式，达到降本增效、缩短工期的目的，如图 5-40、图 5-41 所示。

5.1.5 基于 BIM 的危险性较大的分部分项工程方案优化

目前，由于我国施工企业的粗放式管理，导致建筑安全领域仍频频发生较大事故。主

图 5-40 消防泵房综合优化

图 5-41 空调设备机房综合优化

要事故类型为高大模架、深基坑及塔式起重机倒塌、施工升降机坠落等事故,这些事故造成了重大人员伤亡和财产损失。国家也不断规范和加强对危险性较大的分部分项工程安全管理,积极防范和遏制建筑施工生产工伤事故的发生。例如,2009 年 5 月 13 日建设部下发了《危险性较大的分部分项工程安全管理办法》(建质〔2009〕87 号),对基坑支护、模板工程及支撑体系、起重吊装及安装拆卸工程、脚手架工程、拆除、爆破工程、其他七大类危险性较大的分部分项工程项目明确了管理要求。

在不断提升行业监管能力的同时,建筑业有必要充分利用 BIM 技术提高对危险性较大的分部分项工程的管理能力。基于 BIM 的方案优化主要包括以下几步:

(1) 利用 BIM 技术可视化特点,按照设计提供的信息、图纸建立工程三维模型。

(2) 借助三维模型,召开项目全体技术管理人员策划会,确定该工程的危险源,对危险性较大的分部分项工程危险源进行辨识和确认。

(3) 利用 BIM 技术及有限元分析软件,对专项方案进行分析,并根据实际情况优化方案,形成多方案,将关键参数列出,进行安全、经济对比,从方案制定方面采取确实有效的措施,全力遏制工伤事故发生。

以下通过 BIM 技术在两个危险性较大的特殊部位的应用进行说明。

1) BIM 在连体钢结构施工方案优化

连体钢结构是连接在两个塔楼或者高层建筑之间,有多层多跨钢桁架组成的空间结构,其特点是跨度大、安装高度高、自身重量大、单个杆件截面大、安装难度大等。经过分析论证,钢桁架地面组装,采用四台大吨位液压千斤顶整体提升技术是最优施工方法。整体提升时需将原设计的连体钢结构在支座两端合适位置截断,支座部分提前与两侧的钢骨柱节点制作在一起。由于截断后受力更集中,中间提升部分在施工过程中与原设计受力大不相同,原设计状态为每榀桁架两侧均与支座连接,而施工过程中仅有两榀主桁架两侧与提升点连接,其余桁架的自重均需传到主桁架,由主桁架将荷载传递给提升点进而传递给千斤顶,从而实现整体提升。

由于施工过程中钢桁架与原设计受力状态明显不同，施工单位需要验算施工过程中连体钢结构各杆件的受力状态，以及千斤顶支撑点、悬吊点等重要节点的局部受力分析。这时候连体钢结构的深化设计分析成了施工前期确定施工方案的关键环节。

采用 ETABS 对中间提升部分桁架进行有限元分析如图 5-42 所示，取提升过程最不利施工状态验算，准确计算出各杆件内力图，如图 5-43、图 5-44 所示，从而确定提升过程中的临时加固措施，保证临时加固措施既经济又安全。对于千斤顶支撑点、钢绞线悬吊点位置采用 ANSYS 进行节点受力的局部验算，确定最大受力点的加固措施。利用 BIM 软件建立三维模型，结合力学原理以及现行规范，进行连体钢结构的深化设计，从而保证连体钢结构施工方案最优。

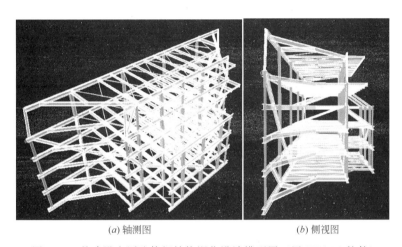

(a) 轴测图　　　　　　　　　　(b) 侧视图

图 5-42　某建设大厦连体钢结构深化设计模型图（用 ETABS 软件）

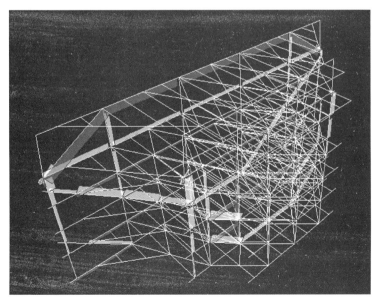

图 5-43　某建设大厦连体钢结构深化设计模型受力图（用 ETABS 软件）

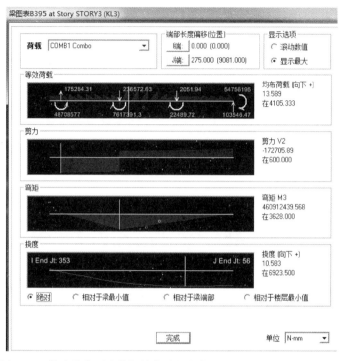

图 5-44 某建设大厦连体钢结构关键杆件内力图（用 ETABS 软件）

2）间冷塔 X 支柱脚手架搭设方案优化

间冷塔造型独特、曲线优美，其整体施工模型如图 5-45 所示。下部 X 支柱，径向、环向双向倾斜，并且柱子垂直高度 27.74m，实际斜长达 30 多米，满堂支撑脚手架属于高大模架，受力比较复杂，采用常规静力学方法和现行规范构造要求去搭设，造成单个工程用钢管量达 3000t，用钢量偏大。

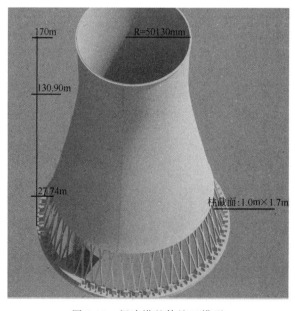

图 5-45 间冷塔整体施工模型

通过策划分析，确定了五种脚手架搭设方案，取出代表单元，采用MIDAS软件建立三维模型，对脚手架搭设方案分别进行有限元分析如图5-46所示，利用最不利钢管受到的最大应力和使用钢管量进行对比，确定最优方案。通过方案优化，使得相同规模的间冷塔X支柱脚手架较以前施工方案节省钢管270多吨。取得了良好的经济效益。

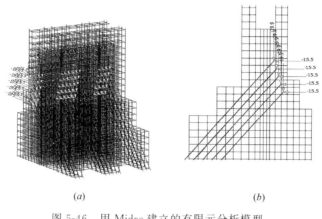

(a)　　　　　　　　(b)

图5-46　用Midas建立的有限元分析模型

5.2　基于BIM的施工模拟

5.2.1　概述

施工模拟主要包括进度模拟、方案模拟和工艺模拟。其中进度模拟将在第6章中详细论述，本章将重点论述方案模拟和工艺模拟。施工模拟是利用BIM技术的可视性、可分析性，在工程实际开工前，对项目工程的进度、方案策划、施工工艺进行分析、模拟和优化，提前发现问题，解决问题，直至获得最佳方案，从而指导真实的施工。施工模拟给项目管理带来的好处可以总结为以下3点：

(1) 施工方法可视化：应用BIM模拟工程施工，对施工过程进行可视化的模拟，包括工程设计、现场环境和资源使用状况，使施工过程具有更大的可预见性，从而改变传统的施工计划、组织模式。施工方法的可视化是使所有项目参与者在施工前就能清楚地知道所有施工内容以及自己的工作内容，促进施工过程中信息有效交流。它是目前用于评判施工方法、发现施工问题、评估施工风险的最简单、经济、安全的方法。

(2) 施工方法可验证：BIM技术能全真模拟整个施工过程，项目管理人员、工程技术人员和施工人员可以了解每一步施工活动。如果发现问题，工程技术人员和施工人员可以提出新的施工方法，并对新的施工方法进行模拟验证。通过施工人员可以提出新的施工方法，并对新的施工方法进行模拟验证。通过施工模拟能在工程施工前识别大多数的风险和问题，并有效地进行解决。

(3) 施工组织可控制：施工组织是对施工活动实行科学管理的重要手段。在施工模拟的过程中模型可以与施工进度、资源相结合，实现施工场地、进度和资源的优化及动态管理，提前发现施工中将要遇到的重点、难点，对拟建工程提高可预见性和工程可控性。同时，可对施工的重点和难点部分进行可见性模拟，按进度计划进行施工方案的分析和优化，能够降低返工成本和管理成本，降低风险，增强管理者对施工过程的管控能力。

目前，基于BIM施工模拟的软件主要包括三大类：一是与建模有关的软件，例如Revit或者其他的专业建模软件，主要支持对施工模拟所需要的建筑、设备、临时设施等所有构造进行模型建造；二是侧重于进度、成本等方案模拟的软件，这部分软件需要导入模型进行模拟。目前应用较多的专业施工模拟软件有清华大学4D-BIM软件，广联达BIM5D软件，欧特克Navisworks软件，RIB公司iTWO软件等，这些软件功能侧重点虽有不同，但都能实现施工模拟的部分功能；三是侧重于工艺和专项方案模拟的软件，模拟的过程展示出来，例如利用Lumion和3Dmax软件可以对模型进行动画模拟的制作，完成专项方案模拟和施工工艺模拟。

通过施工模拟，可以得到的成果文件有施工过程演示模型，包含施工模型的施工顺序、相互关系及影响、施工资源、施工措施等施工管理信息，这些信息可以用于各相关方信息沟通传递，并得到可用于现场施工指导和技术交底的过程图、动画视频等资料，得出结论性的施工方案可行性报告。包括通过三维建筑信息模型论证施工方案的可行性，记录不可行施工方案的缺陷问题和注意事项。

5.2.2 方案模拟

施工方案是根据一个施工项目的特点和要求而制定的实施方案，其中包括组织机构、人员组成、技术方案、安全方案、材料供应方案等。方案模拟指对技术方案进行三维动态化的展示，通过模拟优化进行虚拟建造，可以进行多方案对比，发现有可能存在的技术问题，并把过程信息进行收集展示，向相关责任人进行沟通传递和协同解决，有助于提升施工质量和交流效率，减少返工的发生。通过对施工全过程或关键过程的施工模拟，以验证施工方案的可行性，以便指导施工和制定出最佳的施工方案。由于建筑工程的多样性、施工环境的不确定性，因此各项施工方案模拟具有针对性，主要解决工程所面临的具体技术问题。

1）临建场地规划方案模拟

在传统施工现场临建工况布置中使用CAD绘图，工作量大、效率低，且不直观、不形象。为合理使用施工场地，避免施工过程中多个工种在同一场地、同一区域相互牵制、互相干扰，施工平面布置应有条理，布置紧凑合理，尽量减少占用施工用地。同时做到场容整齐清洁、道路畅通，符合防火安全及文明施工的要求。特别是建筑工程施工的特殊性，需要在一定的施工场地内完成工程不同阶段施工任务，因而场地的合理规划布局就显得尤为重要。施工现场的整个空间中的三维活动在CAD中很难表现，而采用BIM对临建场地进行模拟可以很好地解决此问题。

基于已建立的各种施工机械、临时设施等BIM模型，利用专业的BIM软件可以对施工场地快速地进行布置，合理安排塔吊、库房、加工场地和生活区等的位置，解决现场施工场地划分问题。通过与业主的可视化沟通协调，可快速对施工场地进行优化，选择最优施工线路。

利用Revit软件进行临建场地的布置，在已有族库的情况下，可以很好地完成任务。随着中国BIM技术软件的发展，已经出现了更加专业化的临建场地BIM软件，如广联达的施工现场三维布置软件GCB，品茗的三维BIM施工策划软件等。

例如基于BIM技术进行的各个施工阶段的临建场地规划，如图5-47～图5-49所示。临建工况模型建造完毕后，可以在后期按照工程进度的实际情况进行各个施工阶段工况调整和布置临建工况的模型展示是一项贯穿于项目施工过程的工作。临建工况模型包含拟建工程的施工场地现场布置，施工机械的布置和进出场时间，办公区生活区的布置，各种所需的材料的规划布置等。临建工况模型还要根据实际的施工进度对现场的道路、机械布置、材料堆放等进行合理的调整，以此满足临建工况对施工现场的提前策划。

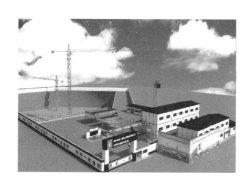
图 5-47 某工程办公区

图 5-48 某工程鸟瞰图

图 5-49 某工程现场图

2）多塔防碰撞方案模拟

在有多栋主楼组成的多塔施工现场，必须要进行多塔碰撞检查，防止发生塔吊的相互碰撞事故。原有的CAD平面进行多塔布置时，只能进行简单的塔臂旋转半径的检查，不能反映出塔吊和周边空间的相互关系。利用BIM技术对多塔施工现场进行碰撞方案的模拟，能找出塔吊的合理布局，并在不同的施工阶段进行塔吊之间的相互碰撞检查，找出各个主楼之间的相互影响关系。多塔方案模拟时，塔吊模型的型号规格、旋转半径等技术参数要与实际塔吊的参数一致，这样模拟的数据真实有效，对实际工作才具有指导意义。

另外利用BIM可以进行塔身与地下车库的梁板进行模拟碰撞检查，找出塔身与主体结构的交叉部位，尽量避免与车库顶板的大梁相互交叉。遇到多层地下车库时，利用BIM技术对塔吊的定位进行检查，更容易找出碰撞点，从而提前进行预控防止影响主体结构安全。

例如在高低层的裙楼小区进行施工时，塔吊附着在高低不同的主楼之上时，会因为主楼的施工进度不同，塔吊的高度也会不尽相同，会发生塔吊碰撞到主楼的状况，这就需要借助 BIM 技术的三维模拟来合理计划各个主楼的施工高度，合理布置施工资源，避免现场存在资源浪费和停工现象的发生，如图 5-50、图 5-51 所示。

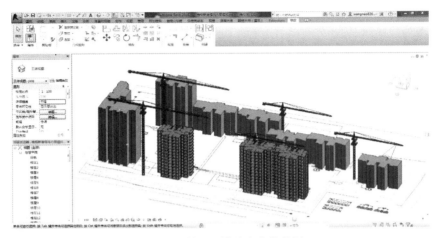

图 5-50 某工程塔吊定位模拟图

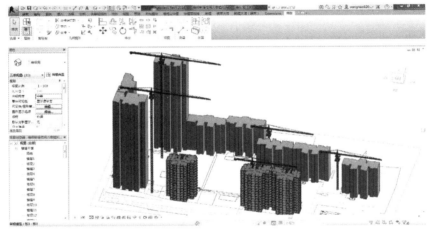

图 5-51 某工程多塔碰撞模拟图

3）基坑施工方案模拟

建筑工程基坑施工过程中，包含土方开挖、基坑支护、桩基施工等分项工程。由于基坑施工包含的施工环节众多，牵涉很多机械设备，因此利用 BIM 技术进行模拟时需要搭建不同的模型，并根据各分项工程施工存在的逻辑联系，以及整体考虑相互交叉施工，分阶段进行施工模拟展示。对模型的分解需要根据实际的施工情况进行，并对不同的施工模拟阶段也要分开进行，以此展示基坑施工中的内在施工顺序，如图 5-52～图 5-54 所示。

通过 BIM 技术对基坑模型的综合应用，可以提取所需要的各种材料工程量，提前做好现场施工的各种资源需要计划。同时，利用对模型的施工模拟，可以对整个施工工艺进行展示，突出基坑工程施工中的重点和难点，向项目管理人员和作业施工班组进行标准要求和技术交底。

在现有的技术条件下，基坑的变形监测也可以把监测点与模型相互关联起来，对基坑的应变提前进行预警,对基坑的模型应变设定一定的应变值,然后通过监测点的传感器把现场的基坑应变数值发送到模型中进行对比分析,当应变超过设定的应变值时给出预警。

图 5-52 某工程土方开挖模拟

图 5-53 某工程护坡桩支护模拟

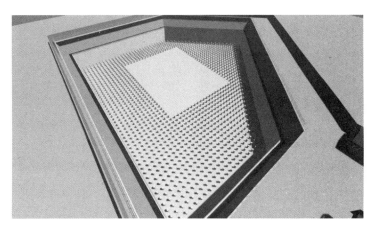

图 5-54 某工程桩基施工模拟

4）模板工程方案模拟

模板脚手架的 BIM 模型搭建严格按照施工规范进行布置，提前对此框架类型结构的支撑体系进行设计。模板规格尺寸按照构件的大小进行定型制作，并考虑框架柱头模板和梁模板之间的交接关系。按照设定工程实例由于井字梁的分割，顶板之间的模板按照木工施工时的实际尺寸进行布置。模板设置完毕后，开始进行方木的设置，方木的规格可以按照现场实际的 90mm×45mm 进行布置。

满堂脚手架的立杆底部设置有垫板，立杆的布局依照结构梁的走向进行定位。立杆底部按照纵下横上的次序设置双向扫地杆，扫地杆与立杆进行扣接。立杆上的上下层的水平杆的间距不大于 1.8m，并在扫地杆和水平杆处加设水平剪刀撑。在立杆的纵横方向按照一定的间距加设连续竖向剪刀撑。大梁侧模板的加固形式采用竖向短钢管支撑加固，外侧的大梁支设方式采用斜向悬挑钢管支撑，如图 5-55～图 5-57 所示。

图 5-55　模板脚手架效果图

图 5-56　模板脚手架搭设示意图　　　图 5-57　框架梁外侧支撑示意图

在 Revit 软件中得到的建筑模型，体现出了现场实际施工时的模板搭设状态，达到与实际效果相一致的布置，整体效果好。并借助于 BIM 技术的可出图性，可以出任意剖面的施工图纸，并且各构件的逻辑关系尺寸符合实际情况，指导具体的现场施工。

针对模板工程施工方案的策划，广联达和品茗公司都针对性地发布有此类的专业建模计算软件。通过自动化的参数设置，可以依据楼体模型进行自动钢管支撑体系的配置，并且直接得出所有模板钢管支撑体系的计算书，提取较为准确的工程量，工作效率高。

5) 二次砌体方案模拟

在进行二次构件施工方案策划时，采用原有的 CAD 工具也可以完成砌体排布，但可视性效果差。采用 Revit 软件对二次砌体构件进行方案策划时，更能体现出砌体工程现场的空间布局，特别是对有丁字角的墙体交接的部分，更能体现出砌体之间的相互咬合关系，如图 5-58～图 5-63 所示。

图 5-58 二次砌体的效果图

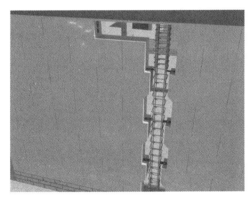

图 5-59 二次砌体构造柱示意图

图 5-60 二次砌体顶部示意图

图 5-61 构造柱马牙槎示意图

图 5-62 构造柱模板支设图

利用 Revit 搭建好的二次砌体模型，通过构件勾选，很容易提取每道墙的砌块数量，方便施工现场的材料控制和在施工中对工人进行技术交底。Revit 模型还可以出二维 CAD 图纸，现场使用起来更加方便。

利用广联达 BIM5D 软件也可以对二次砌体结构进行排布。软件的该部分功能采用模块化的数据输入，在输入相关的墙体加气砌块的尺寸规格、排布方式、过梁布置、构造柱布局等信息后，软件本身就能直接生成砌体工程的排布图，计算出每道墙体各种规

图 5-63 砌体构成品示意图

格的砌块数量，以砌体排布图和表格的形式体现出来。此种方法的砌体排布方案策划效率更高，操作更加简便，更适合在建筑砌体工程的大范围推广应用。

6) 外脚手架方案模拟

在建筑工程施工中，外脚手架工程是一项重要的分项工程，它是施工现场的重要安全保证措施。外脚手架搭设规范、整齐、美观也将提升项目工程的整体效果，是现场文明施工的重要组成部分。在项目施工时利用 CAD 软件绘制脚手架的立面效果图，效果非常凌乱，层次关系不清晰。而采用 BIM 技术提前对外脚手架施工方案进行详细策划，可以清晰地反映出外脚手架的逻辑层次关系，使外脚手架搭设有了更好的依据，为项目管理和班组交底提供更好的标准要求，并且外脚手架模型也可以为项目工程提供准确的材料用量，如图 5-64～图 5-69 所示。

进行技术交底和出效果图时，可以采用 Revit 软件进行建模并提取信息，也可以提取相应的工程量。另外利用广联达和品茗的 BIM 模架软件，按照规范要求，输入建筑模型，输入一定的技术参数，可以自动地进行外脚手架的一键生成工作。通过软件进行排布计算，得出外脚手架施工的具体搭设布局，并能够按照此种搭设方式进行外脚手架上的力学计算，校正各搭设节点是否满足规范设计要求，具有很好的拓展应用。采用此软件进行的外脚手架施工方案策划，可以提高工作效率，并提高外脚手架力学验算的科学性。

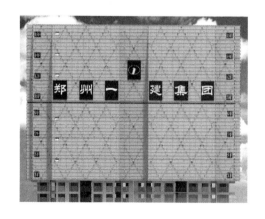

图 5-64 某工程悬挑架效果图

图 5-65 某工程落地式脚手架效果图

图 5-66 脚手架阴阳角效果图

图 5-67 脚手架阴阳角内部构造图

图 5-68 卸料平台效果图

图 5-69 外脚手架首层内部构造图

7) 复杂关键节点方案模拟

在建筑工程的施工过程中，时常遇到复杂的施工节点，有时要采用辅助的施工措施。在进行方案设计和展示时，采用原有的技术展示有困难，不容易表现和沟通，对非专业的管理人员更难理解。当采用 BIM 技术时，通过一系列复杂节点工艺的展示，可以解决遇到的技术难题。在此类大型复杂节点的模拟中，通常牵涉技术方案的完善，并要对方案的安全性进行验算验证。

在采用 Revit 软件对所需的复杂节点进行建模后，可以在 3Dmax 软件中进行模拟动画的生成，并把模型导入 Ansys 软件中进行有限元力学分析，保证辅助施工措施的安全性。

例如在上海中心大厦和武汉绿地中心的顶部皇冠和穹顶钢结构施工过程中，都采用了 BIM 技术对该部位的施工进行模拟，通过模拟展示顶部钢结构的施工过程和塔吊的拆除过程，是施工模拟的经典应用案例。武汉绿地中心工程顶部钢结构模拟施工如图 5-70～图 5-75 所示。

8) 装饰装修方案模拟

在对建筑物内部的装饰装修出效果图时，可以采用不同的软件得到相同的结果。例如采用 3Dmax 软件得出的建筑物内部的装修效果图，具有逼真的效果，但是不能反映工程模型的各种信息，并且建模效率不高。在采用 Revit 搭建的土建模型基础上进行装饰装修

图 5-70 大塔吊拆除小塔吊

图 5-71 辅助钢结构安装

图 5-72 钢结构穹顶安装

图 5-73 采用小塔吊拆除大塔吊

图 5-74 拆除辅助钢结构部位

图 5-75 拆除塔吊完成穹顶的安装

的深化应用和部分装修细节的展示更具效率,并且也可以体现出装修效果和细部节点展示。另外,可以通过模型信息转换,把 Revit 模型转化到 3Dmax 软件中对模型进行装饰装修的应用。

在采用 Revit 软件对土建模型进行装饰装修的深化应用中,可以对室内房间进行各种布置、粘贴图片、放置家具、设置灯具,以身临其境的效果来体现实际的空间装修效果。并且可以通过不同的角度对室内装修成品进行渲染,得出需要的图片和视频,把室内部分的细部节点进行展示,还可以出相关的施工图纸,方便向工人技术交底和指导现场的实际施工,如图 5-76~图 5-79 所示。

图 5-76 某工程地下室装修效果图

图 5-77 某工程室内装修效果图

图 5-78 某工程室内走廊效果图

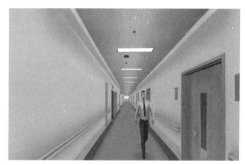
图 5-79 某工程装修图

9）大型复杂构件吊装模拟

在大型建筑中，出现了众多造型奇异、结构复杂的钢结构工程，在此部位进行吊装安装时，会出现众多的技术难题。在原有的施工过程中，技术人员需要进行很多信息收集和技术准备，在实际的操作中也会出现各种状况，返工的情况时有发生。在采用 BIM 技术对此类工程进行策划模拟时，可以集成建筑工程的设计信息，并模拟复杂钢构的吊装现场环境，提前发现问题，为实际的吊装做足充分的方案准备。

在进行此类大型构件吊装模拟时，一般钢结构都采用 Tekla 软件建模，土建工程采用 Revit 建模，吊装的机械设备采用 3Dmax 模型。拟建工程的钢结构、土建工程建好后，在 Revit 软件中进行构件的碰撞检查，查找设计缺陷。当结构设计没有问题时，把钢构模型和土建模型通过文件格式的转换，导入 3Dmax 软件中，然后导入相关的机械设备模拟。通过构件关联，明确吊装的先后顺序，进行钢构吊装的虚拟施工模拟。

例如在中国建筑第三工程局承建的某公司北京总部大楼时，外围设计有巨型的钢桁架，切角部位钢结构最大悬挑长度为 81m。利用可视化的 3D 施工模拟，以此论证吊装方案的可行性，将钢结构吊装施工方案模型化、动漫化，进行形象直观的技术交底，很好地体现了 BIM 技术可视化模拟的优越性，如图 5-80 所示。

5.2.3 工艺模拟

施工工艺是指建筑施工过程中利用各类生产工具对各种原材料、半成品进行加工或处理，最终使之成为成品的方法与过程。工艺模拟是指利用 BIM 技术对工艺过程进行模拟，并提取整个工艺过程中的信息资料，供相关方获取应用。工艺模拟具有通用性、普及性、

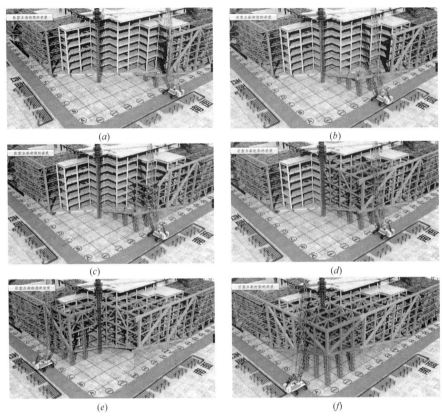

图 5-80 某大楼钢构吊装模拟图

专一性等特点。工艺模拟的成果对整个行业都有借鉴意义,各个企业的各种工艺模拟进行积累并相互分享,不仅可以用来指导相关施工活动,而且对整个行业都将具有重要意义。

1) 定型化设施加工工艺模拟

越来越多的施工企业在追求精细化管理,施工现场临建设施的标准化、定型化越来越普及。通过临建定型化设施 BIM 模型的搭建,并对临建设施进行建造模拟,可以更好地向各相关方传递信息,并对临建设施进行材料提取、计算造价。

利用 Revit 软件制作出凉茶亭、钢筋木工加工车间、水电材料堆放货架、分区格栅、安全通道、临建防护、洞口防护等定型化设施模型,指导现场的实际施工。临建定型化设施的配置,需要根据现场临建模型和危险源查找的部位进行施工数量的确定,然后进行加工预控,并按照整体策划的防护位置进行各种防护用品安装,使现场的定型化设施达到预定的效果,并实现工地现场临建设施的可拆卸、可周转,如图 5-81～图 5-83 所示。

2) 雨水回收利用工艺模拟

绿色施工是建筑施工的最新应用技术,在工程中进行节水技术是绿色施工的重要组成部分。利用 BIM 技术对施工现场的雨水回收系统进行策划,在临建道路一侧设置排水沟,把雨水收集在集水坑内,然后经过沉淀过滤,用于现场的景观和道路降尘喷洒用水,使临建现场达到绿色节水的效果。雨水回收系统主要考虑隐蔽工程中的预埋预留设施位置和连接方式,以及集水坑、沉淀池的标高尺寸,并配备电源和加压泵来满足水系要求,如图 5-84 所示。

图 5-81 钢筋加工车间模拟图

图 5-82 凉茶亭模拟图

图 5-83 材料货架模拟图

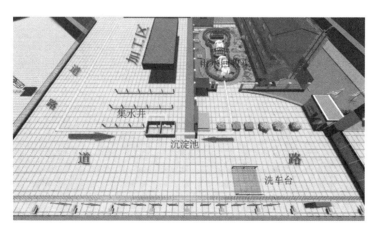

图 5-84 某工程雨水回收系统

对临建场地的所有景观用水和喷淋用水需要进行统筹的安排策划，使景观植物都能被水源覆盖，现场的道路都能被喷淋设施覆盖，门后的冲洗车辆有可循环的水系供应。在临建施工策划中，使用BIM技术提前对雨水回收系统进行应用模拟，并对回收的雨水进行综合利用，指导现场节水系统的应用，如图5-85所示。

图 5-85 某工程雨水回收剖面图

3) 降水管的暗敷工艺模拟

在基坑降水过程中,把井点降水的排水管线放置于砂石垫层中,隐蔽在混凝土垫层的下方。这样可以避免基础施工阶段的排水管线交叉作业施工,为基层钢筋的绑扎创造良好的工作面。通过 Revit 软件对基坑降水暗敷工艺的所有相关联的设备、基坑等进行模型建造,然后把所建造的模型导入 3Dmax 软件中,通过策划好的工艺进行步骤展示。

通过利用 BIM 可实现对该工艺模拟,可以展示降水管暗敷管件的连接方式、材质,并通过模型可以提取暗敷管道的材料用量,如图 5-86 所示。通过该工艺,制作的相关工艺视频可以向更多的项目进行普及交底,具有很强的推广价值。

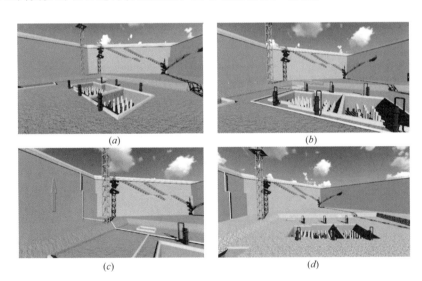

图 5-86 降水管的暗敷工艺模拟图

4) 梁板后浇带施工工艺模拟

后浇带的模板支撑体系要独立支设是模板施工的强制性要求,采用传统的 CAD 软件绘制后浇带模板支撑系统,层次不清楚,交底不明确。借助于 BIM 技术进行可视化展示,可以清晰地查看到模板的支撑连接方式和连接节点。利用 Revit 软件对梁板后浇带模板支撑体系进行建模,然后把模型导入3Dmax软件中进行构件关联,制作梁板后浇带施工工艺模拟视频。

具体的施工工艺是先确定后浇带位置后,弹线搭设排架,后浇带二次立杆与其他立杆相互错开100mm,后浇带两侧立杆间距控制在1.2m以内,接着放置垫板,搭设排架,在后浇带部位搭设两排辅助短立杆。后浇带支撑单独架设,与整体排架既连在一起又相互分开,搭设完成后铺设后浇带部位木方龙骨和平台板。后浇带部位模板根据后浇带位置铺设,铺设平台模板。后浇带部位木方、模板与整体平台模板相互分开,拆模时确保后浇带支撑的完整性,如图5-87所示。

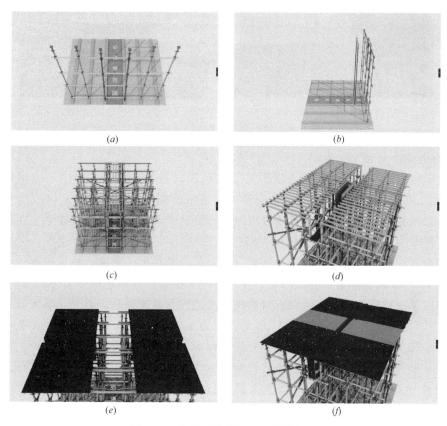

图5-87 梁板后浇带施工工艺模拟图

5)塔吊循环水喷淋工艺模拟

塔吊循环水喷淋工艺是绿色施工技术,能对周边的空气环境进行降温除尘,还可对施工操作面的混凝土进行洒水养护,并能实现对水资源的循环节约利用。该工艺的具体操作步骤(以某工程为施工案例),首先利用Revit软件建造所需的塔吊、循环水设备、沉淀过滤池等模型,然后把模型导入Lumion软件中,进行工艺的模拟展示。

具体的塔吊循环水喷淋工艺是首先在楼层作业面浇筑混凝土时,把冲洗混凝土泵管的废水通过专设的下水管道进行收集,把废水收集到集水坑中,经过沉淀过滤,使用加压设备把水送到塔吊大臂的喷淋设备上,对楼层混凝土进行洒水养护,并对周边环境进行降尘降温洒水,如图5-88所示。

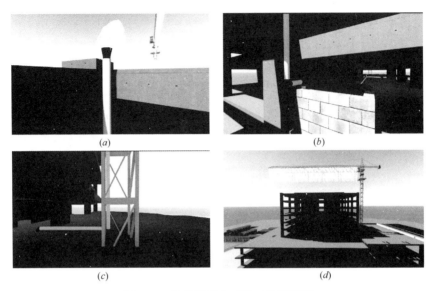

图 5-88 塔吊循环水喷淋工艺模拟图

6) 管线综合安装工艺模拟

建筑工程的设备安装是重要的分部工程,而 BIM 技术在设备安装中的应用是最有价值的应用之一。利用 BIM 技术对设备安装工程进行模拟施工,可以展示出管线安装的先后次序,为相关方的信息沟通和对项目班组进行安装交底都具有很好的效果。在管线综合安装工艺模拟中首先利用 Revit 软件对拟建的工程进行安装管线的综合建模,在进行相应的碰撞分析后调整管线的综合排布,达到合理布局,满足施工要求。然后把相关的所有模型都导入 3Dmax 软件中进行管线的先后安装顺序的模拟,并输出视频文件。

例如以某工程标准层管线综合安装的施工工艺进行模拟展示。首先是确定安装综合槽钢支架,然后安装喷淋干管,加设 U 形卡固定喷淋管线。安装抱箍,进行风管和电缆桥架的安装。之后进行空调水管的安装,并加装保温保护层。风管支管安装定位,最后完成喷淋支管及喷头的安装。通过上述工艺视频展示,可体现出安装工程施工中的先后顺序,方便对整体标高的控制和对作业班组人员进行可视化的技术交底,如图 5-89～图 5-96 所示。

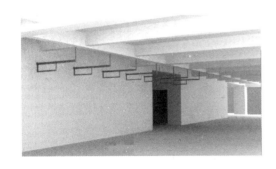
图 5-89 安装槽钢支架模拟图

图 5-90 安装抱箍模拟图

图 5-91 安装风管模拟图

图 5-92 安装桥架模拟图

图 5-93 安装空调水管模拟图

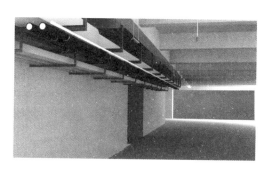
图 5-94 安装空调水管保温模拟图

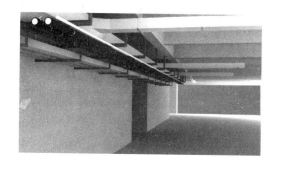
图 5-95 安装风管支管模拟图

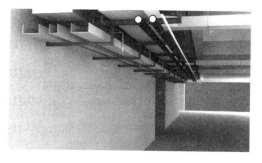
图 5-96 安装喷淋头模拟图

7）石材幕墙施工工艺模拟

石材幕墙的施工，有许多需要注意的施工事项，采用原有的文字进行交底，工人的接受度不高。对该分项工程进行策划模拟，可以体现出 BIM 技术的可视化特性。在模拟过程中首先是利用 Revit 软件对石材幕墙的各个构件、配件、墙面等物品进行模型建造，所建造模型要与工程实际相一致。把各个模型构件导入 3Dmax 软件中进行构件关联，然后依据施工工艺进行先后次序的施工模拟展示，输出视频成品向相关方进行传递。

以某工程的石材幕墙安装施工为例，模拟展示施工工艺如下：根据排版要求，首先在主体结构上，弹出主龙骨安装十字线，作为石材安装的十字控制线，并在墙面上确定竖向杆件的锚固位置。锚固钢板，四角钻孔，用锚索将其固定在相应位置。将角码连接件与锚固钢板焊接连接。根据所弹立柱垂线安装立柱，用不锈钢螺栓穿过角码和立柱，拧紧螺帽。立柱间通过连接钢板螺栓固定的方法将竖向龙骨连接在一起，并留置伸缩缝。根据石材高度，在主龙骨上弹出标高控制线，安装横梁连接角码，一端用镀锌角码与立柱焊接连接，横梁再与角码螺栓连接，另一端直接焊接固定在主龙骨上。龙骨安装完成后，采用满粘法将保温岩棉板粘贴在结构墙上，并用锚栓固定。石材采用不锈钢挂件与次龙骨固定，每块板上下各挂两点，先用挂件临时固定石材，在石材调平后，挂件一端填塞结构胶，另一端紧固于次龙骨上。石材安装完成后在板缝两侧粘贴保护胶带，在缝隙处注胶、勾缝，最后将保护胶带清理干净，完成整面石材安装工作，如图5-97～图5-102所示。

图5-97　锚固钢板模拟图

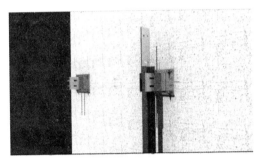

图5-98　安装立柱模拟图

图5-99　立柱连接模拟图

图5-100　安装横梁模拟图

图5-101　安装保温板模拟图

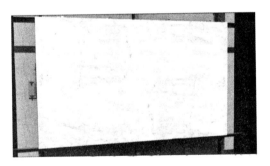

图5-102　安装石材模拟图

8）卫生间防水施工工艺模拟

卫生间防水施工一般都是建筑工程施工中的重点部位，要保证卫生间施工不渗水，需要有严格的施工工艺要求。在原来的卫生间防水施工中，强调的部分施工人员由于没有引起足够的重视，还会出现不合格的现象。借助 BIM 技术，可以对卫生间防水工艺进行更加详细的展示，重注施工中的细节处理，对这些处理措施进行更加严格的要求，可以有效提高合格率。卫生间防水施工工艺模拟首先是利用 Revit 软件对卫生间防水工艺所能涉及的建筑部位、材料、工具等进行建模，然后把所建的模型导入 3Dmax 中，按照施工步骤进行工艺的策划展示，最终输出交底视频向相关方进行传递。

对卫生间防水施工工艺描述如下：首先采用上翻防水台与主体混凝土同时浇筑。卫生间的管道吊洞施工，分 2 次进行。后期的防水施工中，采用新型的 JS 防水涂料，加强墙和管道根部的防水处理，杜绝关键部位渗水的可能。进行闭水试验确保卫生间防水质量，如图 5-103～图 5-108 所示。

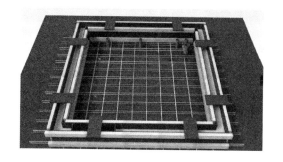

图 5-103　防水台施工模拟图

图 5-104　洞口处理示意图

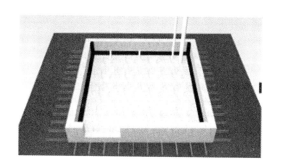

图 5-105　卫生间阴角防水模拟图

图 5-106　卫生间防水施工模拟图

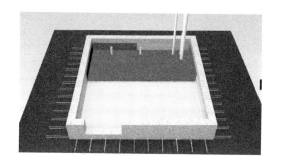

图 5-107　卫生间二遍防水模拟图

图 5-108　卫生间闭水试验模拟图

参考文献

[1] 张同波.建筑工程中影响施工的部分设计问题的研究与思考[J].施工技术,2011(1):41-47.

[2] 杨震卿等.BIM技术在超高层建筑工程深化设计中的应用.建筑技术,2012(2):115-118.

[3] 王陈远.基于BIM的深化设计管理研究.工程管理学报,2012(8):12-16.

[4] 郝亚琳,徐广.基于BIM的大型工程信息管理研究.科技前沿,2012(35):551-552.

[5] 魏小朝,洪文霞,杨帆,姜振尧.谈BIM技术在建筑工程信息管理中的应用.山西建筑,2015(30):254-255.

第6章　BIM 在生产管理中的应用

6.1　基于 BIM 的进度管理

6.1.1　概述

1) 进度管理基本概念

进度管理是通过管理手段实现项目进度目标的一种管理活动，包括进度计划编制和进度计划控制。施工准备阶段编制进度计划，施工阶段通过进度控制来有效执行计划，实现进度目标。建设工程项目是在动态条件下实施的，因此进度控制也就必须是一个动态的管理过程。它包括：

(1) 进度目标的分析和论证，其目的是论证进度目标是否合理，进度目标有否可能实现。如果经过科学论证，目标不可能实现，则必须调整目标。

(2) 在收集资料和调查研究的基础上编制进度计划。

(3) 进度计划的跟踪检查与调整，包括定期跟踪检查所编制进度计划的执行情况，若其执行有偏差，则采取纠偏措施，并结合实际情况调整进度计划[1]。

进度管理的目的是通过管理以实现工程的进度目标，因此在控制过程中，需要找到影响整个建设工程项目进度目标实现的主要因素，正确处理工程进度和工程质量的关系，明确各参与方在整个建设工程项目进度目标实现中的地位和作用，运用正确的方法、措施和手段，方能确保进度目标的实现。

2) 目前存在的问题

进度管理是项目管理的核心工作之一，非常重要。但目前进度管理依然存在很多的问题，这主要包括以下内容：

(1) 专业工具不够形象化，门槛高：无论是横道图还是网络图，都无法从中得到对项目进度计划最直观的理解。横道图和网络图成为一种专业工具，只有具备一定的专业知识，才能够合理运用它，这就造成了专业人员与非专业人员沟通方面的障碍，最终影响到进度目标制定、实施、执行等方面。

(2) 资源关联复杂、专业关联复杂，编制困难：进度最终的落脚点是时间，每项工作的时间和资源都是相关联的。比如浇筑某层某施工段的混凝土，混凝土工程量一定，浇筑时间越短，投入的机械、劳动力、原材料就越多，反之亦然。一个工程项目，要把每项工作的时间-资源关系说清楚，不是一件容易事，很多工程把进度计划写在纸上而无法执行，就是没把时间-资源关系搞清楚。

多专业进度计划多人编制，结构复杂，整合难，现在建筑智能化程度越来越高，一个工程项目具备很多种专业，多专业分别编制各自的进度计划，很难整合到一起，互相协调配合度较差，由此带来的工种交叉、专业交叉、工序交叉多，很难达到协调一致。

(3) 过程管控复杂，优化调整难：施工过程中，进度优化调整难。进度计划与实际施工总是存在差距，当差距较大时需要调整进度计划来达到预定的工期目标。进度计划的优化调整往往又和人、材、机的投入相关联，调整后人工、材料、机械都带来哪些变化？这需要强大的计算才能搞清，不清楚时，进度计划调整就会变为一纸空文。

3）基于 BIM 的进度管理概念

基于 BIM 的进度管理是利用计算机辅助手段，通过建筑信息模型为进度管理提供数据支撑，来进行进度管理。基于 BIM 的进度管理的模型基础就是 4D 进度模型，利用 BIM 模型的可视化、参数化、可模拟性等功能，辅助解决进度管理中的"一高两难"问题。

4D 进度模型是基于四维模型（4 Dimension，以下简称 4D 进度模型）的计算机辅助设计技术。它是在三维模型（3 Dimension，以下简称 3D 模型）的基础上，附加时间因素，将模型的形成过程以动态的 3D 方式表现出来的图像化模型，并对进度实现可视化的过程管理与控制。基于 4D 模型可进行 4D 进度管理、4D 资源管理和 4D 场地管理[2]。

利用 4D 进度模型，可解决专业工具不够形象化、门槛高的难题。即使是非专业人员，通过查看动态的 3D 方式表现出来的图像化模型，可直观理解进度计划，无需具备横道图、网络图的专业知识。除此之外，利用 4D 进度模型还可以进行进度模拟，优化进度，用于辅助施工计划管理等。

6.1.2 应用流程及内容

1）工作流程

进度管理工作划分为进度计划编制和进度计划控制两个阶段。一个是前期施工准备阶段，需要编制进度计划并进行优化，形成能够指导全局施工的施工总进度计划，这叫进度计划编制；另一个是进度计划执行过程中，搜集进度实际值，进行计划值与实际值比对，出现偏差及时纠偏，这叫进度计划控制，周期性地进行这项工作形成季、月、周进度计划。

基于 BIM 技术的进度编制是在进度计划基础上，将计划项与相应的模型构件进行关联，明确不同计划完成的建筑内容。其核心工作是将进度计划与 3D 模型进行关联，从而建立 4D 进度模型，帮助专业人员以及非专业人员共同审阅进度计划。然后，将 4D 进度模型关联人员、材料、机具等资源信息，帮助审阅人员查看任何时间段、任何工作所需的资源，分析进度计划的合理性，完成进度计划审批。

基于 BIM 技术的进度控制是在进度计划执行过程中，通过 BIM 进度管理系统填报现场实际进度，与计划进行比对，分析进度计划完成情况，通过模型直观展示进度提前、正常与延迟，针对延迟的进度，采取措施进行纠偏。在进度计划调整时，同样可通过查看 4D 进度模型帮助审阅人员查看任意时间段、任一项工作所需的资源，分析进度计划的合理性。

由此确定的基于 BIM 技术的进度管理工作流程包括进度模型的建立、进度计划审批、进度计划执行、进度计划检查、进度计划调整和竣工进度模型的交付 5 大步骤，见图 6-1。

2）进度模型的建立

进度模型的建立是基于 BIM 技术的进度管理的基础性工作，进度模型建立的深度直接影响到 BIM 应用的效果。4D 进度模型可实现进度管理的可视化，让进度计划脱离纸上谈兵，真正地指导施工。

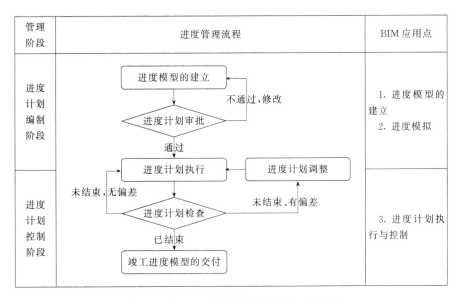

图 6-1 基于 BIM 技术的进度管理工作流程

进度模型的建立工作流程如图 6-2 所示。其具体工作有：3D 模型的建立、进度计划编制、模型进度关联、资源关联、4D 模型建立等。

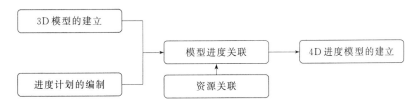

图 6-2 进度模型建立工作流程

3D 模型的建立请参考第 4 章。

进度计划编制时，首先创建工作分解结构，也可以称之为 WBS 工作分解，就是将项目按整体工程、单位工程、分部工程、分项工程、施工段、工序依次分解，最终形成完整的工作分解结构。然后针对每项工作赋予时间，确定进度计划。

模型进度关联就是将进度计划中的每项工作与 3D 模型建立逐一对应的关系，关联后可建立 4D 进度模型。资源关联就是将 4D 模型中每项工作赋予定额、工程量，关联后的 4D 进度模型用于进度计划管控中的资源优化，以及在 5D 成本管理中进行延伸应用。

进度模型建立过程中的输入进度计划、3D 模型、定额、工程量，输出 4D 进度模型。

进度计划编制软件应能够与进度模型建立的软件实现数据互通互联，方能实现模型的建立。模型建立完成后，需将 3D 模型与进度计划进行关联，关联方法有：

(1) 手动关联：利用人工操作的方式，将工程构件与 WBS 工作节点建立对应关系。

(2) 自动关联：利用 BIM 软件自动将工程构件与 WBS 工作节点建立对应关系。

手动关联出错率低，但是受到人为操作影响，软件操作者需要具备一定的软件操作知识和工程专业知识，同时效率很低。自动关联速度快，但是需要相应的对应规则和对应机制，这就需要在 3D 模型建立以及进度计划编制过程中，按照统一的建模标准来进行。一一般情况下,先进行自动关联,对于自动关联不能识别的部分,再进行手动关联,如图 6-3 所示。

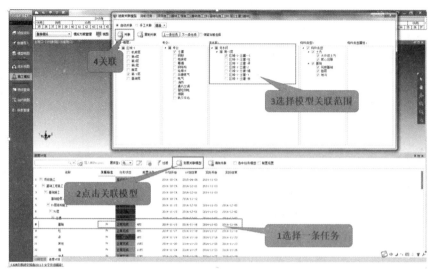

图 6-3　3D 模型与进度计划的手动关联

进度模型建立工作一般由掌握专业网络计划知识的人员完成,应用岗位包括项目计划员、BIM 建模人员等。

3) 进度模拟

进度计划审批是传统进度管理一项必不可少的步骤,基于 BIM 技术的进度管理同样需要进行审批,与传统的进度管理相比,在进度模型建立以后,进度计划审批更加直观、科学。基于 BIM 技术的进度计划审批主要手段有进度模拟和资源优化。

(1) 进度模拟

进度模拟是采用动态的 3D 方式查看进度计划,也就是通过观看模拟动画,像看电影一样观看整个项目的建造过程。模拟时,通过选择不同的进度计划的 WBS 节点、不同时间区间以及模拟时间间隔,软件可以动态显示施工进展情况,形象直观地反映工程的施工计划和实际进度等。进度模拟的方式如表 6-1 所示。

进度模拟的方式　　　　　　　　　　　　　表 6-1

模拟方式	模拟方法	优点	缺点
BIM 软件直接模拟	采用 BIM 软件直接模拟	直观,清晰,调阅查看灵活,可查看计划与模型相互关联关系	在没安装 BIM 软件的计算机上无法查看。操作人员要有软件操作技能
动画模拟	BIM 软件生成视频动画进行模拟,如图 6-4 所示	直观,快速,可大致了解进度计划安排。在没安装 BIM 软件的计算机上仍可查看	无解说,不够详细,时间节点不清晰。无法查看计划与模型相互关联关系
视频模拟	BIM 软件生成动画,加上解说,制成视频进行模拟	直观,较快,关键节点工期可说明清楚。在没安装 BIM 软件的计算机上仍可查看	细部节点工期不清晰,无法查看计划与模型相互关联关系

针对阶段性施工分解计划,在可视化项目管理平台中按施工任务的时间先后顺序,在

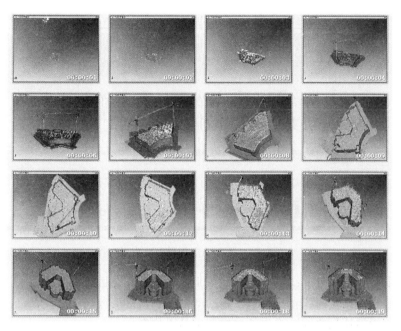

图 6-4 动画模拟

施工实施前,进行更精细化的施工过程模拟,及时发现可能出现的问题,制定相应的解决或规避办法,从而更好地开展施工前预防和施工中指导工作,不仅有效掌控施工进度,同时也能够减少工程变更,提高工程的整体质量。

进度计划模拟可根据不同需要选择不同的模拟方式。通过进度模拟,可检查的内容有:

①进度计划安排逻辑关系是否合理;
②进度计划安排工作是否有遗漏;
③关键节点工期是否符合要求。

建筑物模型建立后在进行施工进度模拟中,可以选用的软件较多。在投标阶段要想得到较好的、逼真的渲染效果,可以采用 3dmax 和 Lumion 软件进行施工进度模拟;在施工阶段进行施工进度模拟并与实际的工程进度和工程信息相结合的情况下,可以选用欧特克 Navisworks 和广联达 BIM5D 软件进行。

(2) 资源优化

资源优化需要在 4D 进度模型建立的基础上进行,通过进度计划生成各种资源曲线,查看每项资源在各个时间段的需求量,用其来检验进度计划是否合理。资源查看的方式很多,比如查看劳动力曲线、查看商品混凝土用量曲线(图 6-5)、查看资金曲线等。例如:某工程安排了 1 台固定泵进行混凝土浇筑,该混凝土泵日生产量 800m^3,通过查看混凝土用量曲线,某日需浇筑混凝土 1900m^3,1 台固定泵不可能完成,此时应对进度计划进行调整。

通过资源优化,检验进度计划与资源配置是否匹配,使进度计划更加切合实际。如此一来,就需要查看大量的资源曲线,耗时严重。不过由于项目管理具有共性,通过查看关键的资源曲线,就可将主要问题解决。一般情况下有以下几种:

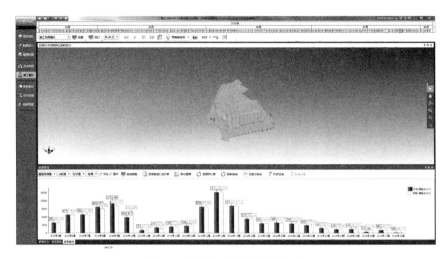

图 6-5 混凝土需用量资源查看

①查看混凝土需用量曲线,看商品混凝土供应与浇筑是否符合要求。
②查看模板需用量曲线,看配置模板的套数是否与进度计划相匹配。
③查看钢管需用量曲线,看周转材料匹配是否均衡。
④查看钢管、模板、钢筋综合曲线,看塔吊运输能否满足要求。
⑤查看砌体材料需用量曲线,看施工电梯等垂直运输设备是否满足要求。
⑥查看劳动力曲线,看是否均衡以及雨期、冬期、农忙、节假日能否合理削峰。
⑦查看资金需用量曲线,看资金调配是否在力所能及的范围内。
⑧其他关键曲线的查看。

通过进度模拟和资源查看发现的问题应记录,提出调整意见,交进度计划编制人员进行进度计划修改,修改后仍需进行进度模拟和资源查看,发现问题再修改,直至满足要求。在策划阶段多下点功夫,执行的时候就会更轻松,这种投入可以起到事半功倍的效果。一个优秀的进度计划需要反复多次的修改才能够最终形成。

基于 BIM 技术的进度计划审批采用会议审批的模式效果较佳,参与人员有项目经理、项目生产经理、项目总工、监理人员以及建设方人员等。通过进度计划审批,应形成进度计划审批表。

4) 进度计划执行与控制

进度计划执行与控制包括:实际进度填报、进度计划跟踪检查、进度计划分析与调整三部分内容。

(1) 实际进度填报

进度计划审批完成后,进入执行阶段。进度计划执行过程中需要上传实际进度,实际进度填报方式如表 6-2 所示。

实际进度填报方式 表 6-2

方式	方　法	举　例
手机端拍照,PC 端录入	现场人员利用手机端安装的 APP,拍摄现场照片,附简短文字说明,办公室人员在 PC 端录入	某工程混凝土浇筑过程中,现场人员利用手机 APP 拍照,说明浇筑部位,办公室人员在 PC 端看到后,录入实际进度

续表

方式	方 法	举 例
手机端上传，软件直接录入	现场人员利用手机端安装的APP，直接上传，软件自动完成录入	某工程预制构件进场，现场人员利用手机APP直接上传进场验收情况，软件自动完成录入
手机端扫描二维码录入	通过手机扫描构件二维码完成进度录入	某工程钢结构杆件加工在工厂进行，工厂人员扫描二维码录入实际加工进度，上传云端，施工现场人员可查看杆件加工情况
其他	如：PC端直接录入、通过信息化平台录入等	某工程项目部人员通过电脑登录BIM云平台，直接录入进度

实际进度填报是基于云平台的协同应用，需要建立项目参与各方或全公司的BIM云平台，从而实现单个项目参与方的信息资源共享，同时，可实现同一施工单位不同项目之间的信息资源共享，如图6-6所示。

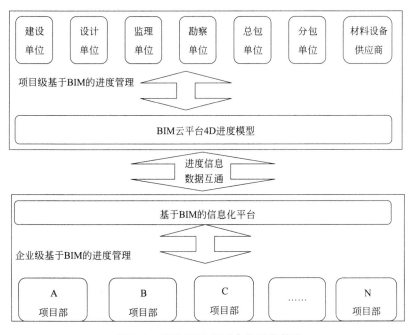

图6-6 基于BIM云平台的进度管理

实际进度的录入岗位有施工工长、施工员、工区负责人、预制加工单位人员等。录入实际进度的主要作用是进行进度计划检查，因此，进度计划录入应该实时进行，及时上传，才能及时发现问题，采取措施纠偏，滞后上传有可能错过纠偏的最佳时机。

（2）进度计划跟踪检查

在进度管理过程中，对于那些实际进度与计划进度相接近的工作不需要太多的关注，应该重点关注与实际进度不相符、已经延迟的工作，这叫"做没有意外的施工"。进度计划检查的作用就是找出延迟的工作，并对这些工作采取措施。

进度计划检查讲究时效性，往往某项工作已经延迟，但知道得太晚，或主要决策者知道得太晚，错过了进度纠偏的最佳时机。基于BIM技术的进度计划检查能够在延迟发生的最佳时机进行提醒，从而保证预警的时效性。

上传实际进度后，BIM 软件可自行进行比对，对提前、正常、滞后的进度采用不同的颜色进行区分，使查看人员能一目了然地找到延迟的进度，如图 6-7 所示。

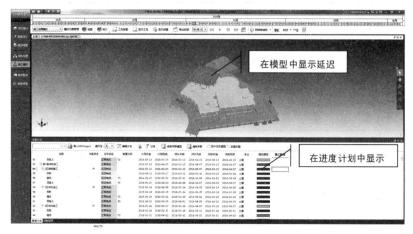

图 6-7　进度计划检查

进度计划检查应定期、经常进行，便于在最佳时机采取纠偏。查看方式有网页端查看和 PC 端查看两种。一般情况下，施工现场人员采用 PC 端查看较为合适，而公司总部人员可采用网页端查看的方式，无需额外安装软件，查看十分方便。

有些 BIM 软件同时具备预警功能，当进度延迟时，即使相关人员没有来得及查看进度情况，BIM 软件向相关人员的手机 APP 上发送通知。进度预警前，应制定预警规则，明确预警提前量和预警节点，并根据进度分析信息，对应规则生成项目进度预警信息。

需要进行进度计划检查的 BIM 应用岗位有公司总部人员、项目经理、项目生产经理、计划员等。

（3）进度计划分析与调整

当检查发现实际进度与计划进度出现偏差时，需进行进度计划的分析与调整。基于 BIM 技术的进度计划分析与调整工作流程如图 6-8 所示。

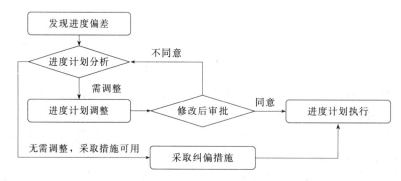

图 6-8　进度计划分析与调整工作流程

进度计划分析是进行调整前的一项重要工作，基于 BIM 技术的进度计划分析是建立在 4D 进度模型数据基础之上的分析，其分析讲究科学性，分析方法包括形象进度分析、关键路径分析、任务关联性及滞后分析、进度冲突分析等。

①形象进度分析：某项工作的延迟有可能带来整体形象进度的延迟，此时需要调整进

度计划。也可能只是某项工作的延迟,而整体进度正常,此时只需采取纠偏措施而无需调整进度计划。BIM 软件具有自动分析计算功能并加以显示,通过形象进度看板直观地查看目前形象进度是否正常。

②关键路径分析:当形象进度延迟时,进度调整首先应该考虑关键线路。BIM 软件可自动计算关键线路,查看时可将关键线路的工作及其对应的模型用颜色加以区分,使进度计划调整更为方便,可操作。

③任务关联性及滞后分析:当某项工作滞后时,需要对其紧前、紧后工作进行分析。BIM 软件可基于各进度任务之间的紧前紧后关系自动分析计算,使调整更加方便。基于 BIM 技术的进度管理可根据 4D 进度模型包含的进度信息、任务节点的逻辑关系等信息,对各里程碑节点的开始和结束时间进行预测,并与进度计划进行对比分析,预测可能出现的进度冲突,辅助管理人员更好地进行进度计划调整和资源的配置[3]。

④进度冲突分析:当一个工程项目涉及多个参与方、分别制定不同的进度计划时,协调组织难度随之加大。基于 BIM 的进度管理可模拟各个专业交叉施工的施工效果,找到互相之间的冲突和矛盾并加以解决。同时,相同专业进度计划中的进度冲突也可基于 BIM 技术进行分析。

进度计划调整时,需要对进度模型进行修改。模型更新的意义在于当进度计划执行过程中被调整时,相关人员能够及时知悉调整的内容,后续工程实际进度与计划进度的比对也能实时更新,提供正确的数据支持。

关于进度计划调整可参考 6.1.2 的第 2) 部分:进度模型的建立;进度计划审批调整后的进度计划同样需要审批,关于修改后审批可参考 6.1.2 的第 3) 部分:进度模拟,此处不再赘述。

5) 竣工进度模型的提交

进度计划执行完成后,BIM 软件将进度管理的全过程完整地记录与保存下来,此时,可将进度计划编制、执行、修改数据完整保存。一方面为本工程保存数据,另一方面,为项目总结中的进度管理成果总结提供依据,也可为下个工程提供参考。

基于 BIM 技术的进度管理竣工后可保存的完整信息包括:

(1) 进度计划编制中进度管理模型包括的元素类型:进度计划编制中进度管理模型元素及信息。

(2) 实际进度信息:实际开始时间、实际完成时间、实际需要时间、剩余时间、状态时间完成的百分比等。

(3) 进度控制信息:包括进度预警信息、进度计划变更信息、进度计划变更审批信息。

①进度预警信息包括:编号、日期、相关任务等信息。

②进度计划变更信息包括:编号、提交的进度计划、进度编制成果以及负责人签名等信息。

③进度计划变更审批信息包括:进度计划编号、审批号、审批结果、审批意见、审批人等信息。

竣工进度模型的提交一般由 BIM 建模人员完成,项目总结人员一般为:项目经理、项目生产经理,可在总结时调取查看竣工进度模型。

6.1.3 应用价值

1) 应用价值

基于BIM技术的进度管理让非专业人员参与进度计划控制，知晓进度计划，提高进度计划合理性。通过BIM软件进行实时管控，把握进度纠偏的最佳时机，科学决策，把时间变成价值。

(1) 基于4DBIM管理系统实现多专业人员的计划协同

4D进度模型直观清晰的特点，可以让不懂网络图、横道图的非专业人员也可以参与进度计划编制与调整，知晓进度计划。在中国，施工行业的主力军仍然是农民工，其文化程度偏低，专业知识匮乏，BIM技术将其纳入到项目管理当中，使他们的班组长、劳务公司现场负责人明确了自己工作内容的具体完成时间，以及他们的工作对前后相关联工作、平行工作将会产生哪些影响，这是至关重要的。

基于BIM云平台的大数据协同，让进度计划执行与监督各方清晰直观地了解进度计划执行过程相互关联关系，当前进度的状态（延迟、正常或超前），给进度管理提供实时的数据支撑。

(2) 提高了进度计划合理性

把资源大数据引入进度计划当中，使得以前描述不清的事情清晰明了，难于理解的事情简单易懂，是BIM技术对进度管理最大的贡献。基于BIM技术审查进度计划、基于BIM技术进行资源平衡、基于BIM技术合理设置流水段等，在5D BIM模型建立以后都成为可能。同时，如工程变更，资源随之变化，工期是该延长还是提前，也能一目了然。

(3) 实时管控，把握最佳时机

进度控制过程中，往往某项工作已经延迟，但知道得太晚，或主要决策者知道得太晚，错过了进度纠偏的最佳时机。BIM软件通过实际进度与计划进度的比对，可轻松发现延迟的进度，施工人员不会错失纠偏的最佳时机。

(4) 科学决策，把时间变成价值

基于BIM技术的进度管理所管理的不仅是进度计划，还有支撑进度计划的大数据，这些大数据为科学决策提供了支撑。做工程项目，时间就是金钱，就是效益，时间体现了价值，BIM技术正是为时间增值的技术，它把进度计划变合理的同时，也可以把资源变均衡，发现闲置的工作面，合理穿插施工，同时也把时间变成了价值。

2) 目前应用的问题

基于BIM技术的进度管理尽管能够实现大数据支撑，然而4D进度模型的建立成本很高。这个高成本最直接的体现在4D进度模型集成需要3D模型，而设计出图大多是二维CAD图纸，施工单位需要付出人力、时间去翻模、建模。很好的BIM软件，往往因为建模工作量太大而无法建立4D进度模型。

4D进度模型的创建需要定额的支撑，而目前的预算定额是为算量套价而生的，基于这种定额的分析，在有些地方与实际施工投入的资源还是有出入的，而由企业编制的施工定额，往往是缺失的，这就给进度管理大数据带来不准确性。

基于BIM技术的进度管理需要准确的模型，精确的数据支持，而这些需要全行业共同努力，包括施工上游的设计BIM的推广应用，也包括施工定额的大数据。相信随着社会的发展进步，BIM技术逐步成为一种常用的管理工具，进度管理也因此离不开BIM，社会普及率逐步提高，它不再是一项高大上的技术，而是相当普及。也不再提基于BIM技术的进度管理，所有的进度管理都离不开BIM，相信这个大数据时代已经为时不远。

6.2 基于BIM的材料管理

6.2.1 概述

施工现场材料管理，就是通过科学的方法，采取相应的措施对施工现场的材料进行有效的管理。这一管理的目的就是通过制度，依靠科学控制原材料的使用，监督其质量和数量，保证工程质量、降低工程成本。材料在建筑工程成本中占有很大的比重，如何加强与搞好材料管理工作，对于降低项目成本，提高企业的经济效益具有重要意义。

传统材料管理模式是企业或项目部根据施工现场实际情况制定相应的材料管理制度，主要依靠施工现场的材料员、库管员、施工员来完成。施工现场环境的多样性、场地的固定性和材料种类数量的庞大，决定了施工现场材料管理难度。传统管理方式存在诸多问题：一是施工周期中现场材料品种繁多，小到一个螺钉、大到上百吨的大宗材料决定了施工现场材料管理的复杂性；二是现场施工情况变化多，往往材料计划不周全，出现材料现场积压、占用资金、成本上扬，停工待料等现象，最终导致延误工期；三是材料采购账目停留在纸质单据管理阶段，没有信息细化手段支撑，各工种之间对材料管理协同管理性差等问题。

为了解决以上问题，引进BIM技术进行材料管理，具有如下优势：

（1）在建筑材料的实际使用过程中，BIM技术使材料信息与相关的使用部位（构件）相关联，并集成相应材料用量、价格、领用等信息，通过模型追溯不同单位工程、分部、分项的材料信息，可实现现场材料需求计划的数据支持，更加准确合理地查询、使用、调拨和新购，确保无材料积压、占用资金等现象发生，并提高现场材料管理的协同效率。

（2）可实现材料信息动态管理。每位管理人员可使用基于BIM技术的管理软件随时了解情况，也可使用手机APP移动端现场扫码时时查询；对复杂工艺中的材料通过三维模型可视化交底，让作业人员对材料施工工艺更易理解。

6.2.2 应用流程及内容

1）工作流程

在整个建筑生命周期中，基于BIM模型，分专业导出施工材料表，细化到每层甚至每个构件，然后再对周转材料控制、材料计划管理、材料下料及交底、限额领料以及基于BIM技术材料分析等方面对材料资源有效地统一整合管理，对材料的参数信息及用量准确地提取、共享、动态监控，更好地对项目材料精确管理，并在工程竣工后的运维中便捷管理。图6-9为材料管理BIM应用操作流程图。

2）模型准备

模型准备主要包括两方面的工作：

（1）首先收集建模的相关资料依据。这主要包括：一是图纸/文件，用于材料建模的图纸/文件包括：图纸/设计类文件、总体进度计划文件、当地的规范和标准类文件、专项施工方案、设计交底方案、施工材料计划书；二是变更文件，用于材料建模的变更文件包括：设计变更通知单/变更图纸、当地的规范和标准类文件，以及其他特定的要求。

（2）构建材料BIM模型数据库。数据是材料管理的灵魂，在工程建设中是重中之重。首先分专业建立BIM模型，再对建筑材料的功能和生产信息、建筑架构设计模型信息、建

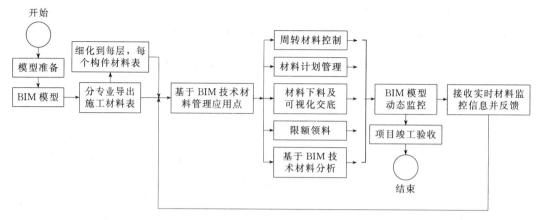

图 6-9 材料管理 BIM 应用操作流程图

筑材料评价信息等进行关联。利用基于 BIM 技术的 5D 平台进行建筑材料管理，时时对材料数据资料进行更新和存储，构建材料管理 BIM 模型基础库，为材料管理做好基础工作。

3）岗位应用要求

基于 BIM 的材料应用需建立专门的 BIM 组织，项目 BIM 小组做到全员参与管理和应用，应用人员及岗位要求如表 6-3 所示。

BIM 应用人员岗位分工表　　　　　　　　表 6-3

岗位	职责说明
BIM 团队	施工前按图纸对模型进行精细建模，对图纸中涉及的工艺进行优化，对图纸中涉及的下料方案进行优选，并分专业、分规格型号、分类别、细化到分层、分构件进行统计汇总，生成报告清单，提供给项目相关人员使用；对项目主材用量进行跟踪，按工期节点对比分析材料用量，有利于公司对项目资金的调配及安排，减少资金积压和成本浪费；定期核算项目材料计划，并做好现场图纸变更后材料的统计汇总工作，以及竣工后现场各种材料的编码工作
项目经理	利用 BIM 小组提供的数据用软件随时查看掌握材料情况（例如广联达 5D、鲁班 MC），掌握项目材料进场情况，材料需求量和材料损耗量
项目总工生产经理	对所涉及的图纸中的材料，根据 BIM 小组提供的各项数据进行把控，合理按时间进度节点进行材料申报计划，并做到心中有数，每个月对计划用量和实际用量进行对比，及时调整纠偏
项目安全经理	通过材料申报计划了解进场计划材料相关内容、时间，尤其是大宗材料、危险品材料的堆放及安置提前做好准备，确保安全
项目质量经理	过程中进场材料按批次进行验收，并做好相关记录，记录结果上传至基于 BIM 技术平台应用软件（例如广联达 5D、鲁班 MC），追溯性强
项目施工员	负责指导材料使用和交底落实工作，以及作业班组材料使用情况等现场管理工作
项目材料员	严格按照 BIM 小组提供的数据，及技术部门下达的采购计划进行采购，严格控制材料的采购量，确保材料到场及时性
项目库管员	严格按材料采购计划进行收料，与质量总监现场共同验收材料，并按 BIM 小组提供材料统计表及材料申报计划进行对比，对材料进行分类入库，对各班组长进行限额领料制度，对现场废弃材料进行统一管理
项目资料员	按 BIM 小组提供计划建立台账，对每批进场的按批次进行报验，与相关部门进行见证取样，结果上传至基于 BIM 技术平台应用软件（例如广联达 5D、鲁班 MC）

4）应用内容

基于 BIM 技术的 4D 关联数据库，可以实现：快速、准确获得过程中工程基础数据拆分实物量；随时为采购计划的制定提供及时、准确的数据支撑；随时为限额领料提供及时、准确的数据支撑；为现场管理情况提供审核基础。

（1）周转材料控制

周转材料控制 BIM 应用流程如图 6-10 所示。

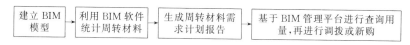

图 6-10　周转材料控制 BIM 应用流程

传统工作模式下，周转材料往往是项目最容易忽视的一个环节，也是最不好把控的一个环节，尤其是项目与企业之间的周转材料调配是个难点。当项目现场需求周转材料时，企业材料库与其他在施项目中是否存有周转材料，到底材料量有多少，对这些数据的统计反馈需要大量的时间和精力。由于项目在动态运营中，即使统计，材料数量也不会太精确。于是项目在工期紧、任务重的压力下，便重新购买或租用周转材料，导致企业材料库中周转材料不断增加，损耗率大。有的项目开工之初为确保周转材料应用，就把所有周转材料全部过溢积压到位，材料积压降低周转材料的使用率，损失可观的资金。

为此项目必须要加强周转材料管理，提高利用率。周转材料价值高、用量大、使用期长，对周转材料管理的要求是在保证施工生产的前提下，减少占用，加速周转，延长寿命，防止损坏。首先利用 BIM 软件（例如：Revit、广联达）建立 BIM 模型，然后利用 BIM 软件（例如品茗模板支架设计软件、广联达 BIM 模板脚手架设计等）按方案绘制基于模型的满堂脚手架体系，如图 6-11 所示，精确统计周转材料用量生成周转材料需求计划，如表 6-4 所示，并上传至基于 BIM 技术平台应用软件（例如广联达 5D、鲁班 MC 等），利用软件对周转材料进行统一平台管理，对整个企业的周转材料进行档案建设，由企业统一调配、统一管理，企业所有项目周转材料分别建立档案，在周转材料退回或调配时，基于 BIM 技术平台应用软件（例如广联达 5D、鲁班 MC 等）时时更新，企业也随时可查看周转材料的动态，并按节点工期提前申报周转材料计划，不会大量积压周转材料。待项目急需周转材料时，在平台上马上进行调配，如材料确实紧缺，再进行采购，把周转材料周转使用率发挥到最大功效。

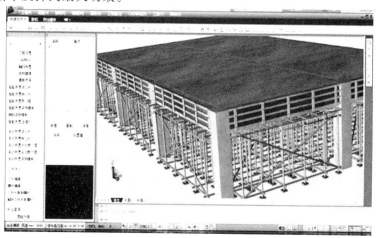

图 6-11　满堂脚手架搭设图

满堂脚手架周转材料统计表　　　　　　　　表 6-4

材料名称	用途	规格	单位	数量
48×3.5 钢管	剪刀撑	1.5m	根	6
		2.0m	根	10
		2.5m	根	15
		3.0m	根	88
		3.5m	根	60
		4.0m	根	28
		4.5m	根	32
		5.0m	根	12
		5.5m	根	9
		6.0m	根	27
	水平杆	0.5m	根	20
		1.0m	根	5
		1.5m	根	20
		2.0m	根	15
		3.0m	根	145
		3.5m	根	90
		4.0m	根	70
		4.5m	根	25
		5.0m	根	80
		5.5m	根	50
		6.0m	根	260
	立杆	3.4m	根	398
	合计		m	5874
主楞		80mm×80mm 木方	m	394
可调托座	承托主楞	T38×6	套	398
垫板	垫板	垫板		360
扣件	架体钢管间的连接	对接扣件	个	437
		旋转扣件	个	1676
		直角扣件	个	3495
次楞		100mm×50mm 木方	m	1147

（2）材料计划管理

材料计划管理应用流程如图 6-12 所示。

图 6-12　材料计划管理应用流程

施工项目材料计划是对施工项目所需材料的预测、部署和安排,是指导与组织施工项目材料的订货、采购、加工、储备和供应的依据,是降低成本、加速资金周转、节约资金的一个重要因素。材料计划分为:材料需要计划即供应计划、采购计划和节约计划。材料计划编制和执行中,常受到多种因素的制约,影响因素主要来自企业内部和外部两个方面。企业内部影响因素,主要是企业内部的衔接环节薄弱造成的。在项目现场管理中往往存在计划性不强、无计划性的现象,项目申报材料计划与企业脱节现象;项目现场材料使用情况乱,没有材料就申报,企业为了确保项目工期、确保施工,申报就采购,导致材料无计划性,浪费严重。外部因素主要表现在材料市场变化因素及施工生产相关因素。由于无材料计划,购买数量不合理,在材料市场变化阶段,信息价格浮动,会导致材料价差,造成施工成本变动。

首先利用 BIM 软件(如 Revit、鲁班土建、钢筋等)建立 BIM 模型,通过 BIM 软件(例如:Revit、鲁班 MC 等)对整个项目的材料用量进行统计,分专业、分单体、分层、分构件统计,如图 6-13 所示。并根据施工生产计划周进度、月进度、季进度材料编制计划,根据施工进度和要求导出所需要的材料计划,生成材料需求计划报告,落实各种材料的订货、采购和组织运输,如表 6-5 所示。材料计划以单项工程为对象,结合施工作业计划的要求进行施工前供料备料计划。直接供料、控制用料,是项目材料计划中的重要环节,要求全面、及时、准确。并按进度调整纠偏,时时动态调整纠偏,及时采购应用市场信息价的变化,编制计划时必须了解市场资源的情况,达到组织平衡,做好控制工作,促使材料计划更合理。

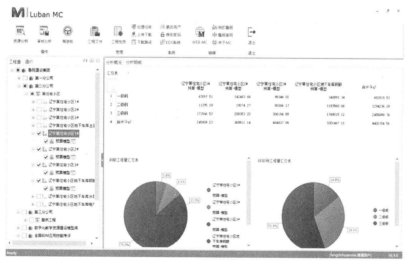

图 6-13 钢筋原材申报计划

(3)材料下料及可视化交底

材料下料及可视化交底应用流程如图 6-14 所示。

图 6-14 材料下料及可视化交底应用流程

节点钢筋进场计划表

表 6-5

规格 日期	一级 6.5	一级 8	一级 10	三级 8	三级 10	三级 12	三级 14	三级 16	三级 18	三级 20	三级 22	三级 25	三级 28	三级 32	合计	模型	备注
10.13	/	/	/	/	23.745T	43.469T	/	/	/	/	/	/	/	/	67.214T		
10.14	5.696T	1.720T	1.902T	1.958T	/	/	40.944T	/	/	/	/	/	/	/	52.22T		
10.15	/	/	/	/	/	/	7.677T	20.48T	2.988T	3.001T	2.977T	35.8T	38.987T	/	111.91T		
10.18	/	/	/	/	/	/	/	/	/	/	/	5.96T	/	/	5.96T		
10.29	1.910T	6.010T	1.950T	9.685T	11.65T	2.557T	7.677T	20.48T	3.006T	6.002T	2.977T	8.94T	/	/	82.844T		
10.30	/	/	/	5.945T	16.00T	/	5.118T	/	/	/	5.954T	/	2.999T	3.010T	27.693T		
11.2	/	/	5.915T	/	/	7.671T	/	/	3.006T	6.002T	/	11.92T	/	/	45.577T		
11.18	3.955T	7.945T	29.745T	/	/	/	/	40.96T	/	12.004T	/	5.96T	/	/	100.569T		
															494.257T	373.369T	至三层

现场钢筋班组之间调用混乱暂时无法统计使用量,现按预算至3层量总量。

备注:2次结构和裙楼结束计算。

材料下料是材料使用前,告诉作业人员有什么要求,有多少数量,可视化交底是告诉作业人员应该注意哪些问题,如何操作等,更加便于施工。

传统的工作模式下,往往依据一系列的二维图纸结合文字进行下料,有的班组"长料短用、整料零用",导致浪费严重。在材料使用交底环节更是薄弱,技术交底的内容枯燥难懂,往往流于形式,增加了施工人员对材料使用的理解难度,无法达到预期的效果,很多工人都只会使用,对于材料的功能、正确的使用方法并不了解。

基于BIM技术材料,具有可视化的显著特点,建立BIM模型建筑、结构、设备、管线等专业三维建模并碰撞后,利用BIM技术辅助软件(例如:鲁班钢筋、鲁班施工等)生成BIM三维图,导出下料单等形式,如图6-15、图6-16所示。再利用BIM技术辅助软件(Revit、Fuzor等)对材料应用生成动画,最后利用影视编辑软件(如SonyVegas等)对动画进行编辑制作视频进行可视化交底,如图6-17所示。这样项目管理人员能透彻理解BIM三维模型、理解设计思想,并按施工规范要求向作业人员进行技术交底,将BIM模型中用料意图交待给班组,做到物尽其用,减少浪费,把材料消耗降到最低限度。

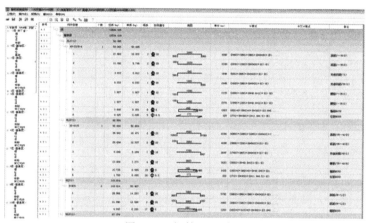

图6-15 钢筋下料详单

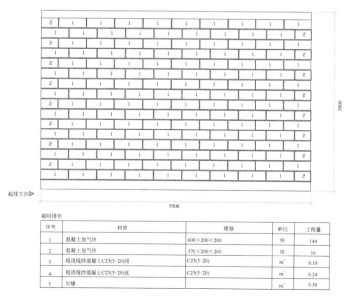

图6-16 砌体配料三维图及详单

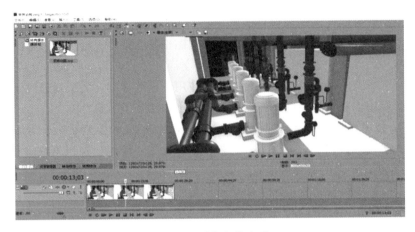

图 6-17 泵房安装动画

(4) 限额领料

限额领料 BIM 应用流程如图 6-18 所示。

| 利用 BIM 软件分专业统计材料并下达采购计划 | 基于 BIM 管理平台查询材料采购计划后进行调拨或新购 | 材料入库后,上传于 BIM 平台,各专业协同管理,进行限额领料,明确领用时间、数量及领用人 | 材料领用后立马上传 BIM 管理平台,时时更新材料数量 |

图 6-18 限额领料 BIM 应用流程

材料的出入库及限额领料管理一直是项目材料管理的难题,施工现场材料的浪费、积压等现象司空见惯,尤其是分包人员在领用材料时,往往都是领多少就用多少,即便是富余材料也无踪影,项目管理人员、项目库管人员没有准确的限额领料单可依据。

利用 BIM 软件(例如:Revit、鲁班 MC 等)分专业统计材料并下达采购计划,基于 BIM 管理平台软件(例如:广联达 BIM5D、鲁班 MC 等)查询材料采购计划后进行调拨或新购,然后材料入库后,上传于 BIM 技术平台应用软件,再结合(例如:广联达 BIM5D、鲁班 MC 等)按照部位、流水段、系统等结合 BIM 模型导出限额领料单,明确领用时间、数量及领用人等,如图 6-19、表 6-6 所示。对各班组限额发料,防止错发、多发、漏发等无计划用料,从源头上做到材料的"有的放矢",减少施工班组对材料的浪费,不仅能保证工期与施工的连续性,而且能用好用活流动资金、降低库存、减少材料二次搬运。同时,利用 BIM 技术平台应用软件中的插件(例如:广联达 BIM5D、鲁班 MC、手持标签生成打印机等)对每种材料生成二维码,如图 6-20 所示。领料时通过扫描二维码,快速定位材料信息,以及需求信息。材料领用后 BIM 技术平台应用软件(例如:广联达 BIM5D、鲁班 MC 等),时时更新材料数量,各管理人员可通过 BIM 技术平台应用软件或手机 APP 移动端随时查看材料使用情况,项目技术总工、生产经理根据工程实际进度、各阶段材料需求用量和库存用量,再次下达施工材料计划,项目经理批示后材料员进行采购,入库后库管员再传于 BIM 技术平台应用软件更新,然后按照部位、流水段、系统再生成限额领料单进行发料,直至竣工为止。

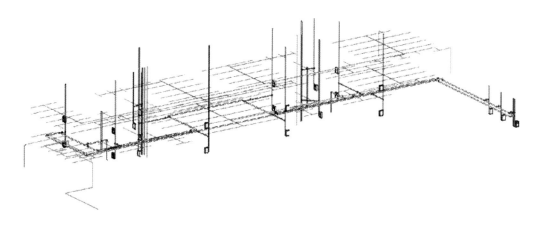

图 6-19 消防、给水系统图

消防、给水管件限额领用表 表 6-6

管道明细表						
系统类型	尺寸	合计	型号	领料时间	领料数量	领料人
消防喷淋	25mmφ	220	H1			
消防喷淋	32mmφ	180	H1			
消防喷淋	40mmφ	38	H2			
消防喷淋	50mmφ	25	H2			
消防喷淋	65mmφ	19	H2			
消防喷淋	80mmφ	40	H3			
消防喷淋	100mmφ	36	H3			
消防喷淋	150mmφ	2	H4			
消防水管	65mmφ	600	D1			
消防水管	100mmφ	285	D1			
消防水管	150mmφ	45	D1			
生活给水管	25mmφ	120	J1			
生活给水管	32mmφ	240	J1			
生活给水管	50mmφ	120	J2			
生活给水管	80mmφ	120	J2			
总计:1790		1790				

图 6-20 材料二码料生成插件

（5）基于 BIM 技术的材料分析

BIM 技术材料分析流程如图 6-21 所示。

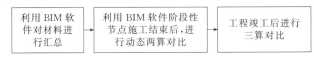

图 6-21 BIM 技术材料分析应用流程

"三算"中各自问题的解决方法进行实际对比，可以在工作运作中起到重要的作用，包括工程的前期核算，预算的投标、中标，后期结算等均有指导和理论作用。往往在传统施工中，此项工程进展缓慢，必须要有专职预算员常驻现场才能及时出量，两算对比不够精细化。

利用 BIM 软件（例如：Revit、鲁班 MC 等）分专业统计材料进行汇总，利用 BIM 管理平台软件（例如：广联达 BIM5D、鲁班 MC 等）阶段性节点施工结束后，进行动态两算对比，如表 6-7 所示。工程竣工后利用 BIM 管理平台软件（例如：广联达 BIM5D、鲁班 MC 等）进行三算对比，如图 6-22 所示。通过 BIM 的三算对比，数据准确，可随时根据需要提取任何分部、分项工程，任何部位、任何时间段所需要的量单。

两算对比分板表　　　　　　　　　　　表 6-7

序号	楼层部位	构件名称	混凝土强度等级	施工日期	供应商	BIM模型计划用量	现场实际用量	偏差率	原因分析
1	AB栋垫层	垫层	C15	2014.9.25	陕西中色混凝土有限公司	105.14	133	26.50%	
2	AB栋防水保护层	保护层	C15 细石	2014.10.9	陕西中色混凝土有限公司	69.49	55	−20.85%	
3	AB楼基础筏板	筏板	C40P6	2014.10.23	陕西中色混凝土有限公司	957.41	1175	22.73%	
4	负二层外墙	外墙	C45P6	2014.11.10	陕西中色混凝土有限公司	228.38	310	35.74%	

续表

序号	楼层部位	构件名称	混凝土强度等级	施工日期	供应商	BIM模型计划用量	现场实际用量	偏差率	原因分析
5	负二层内墙柱	内墙柱	C45	2014.11.10	陕西中色混凝土有限公司	141.2	134	-5.10%	
6	负二层梁板	梁板	C40P6	2014.11.10	陕西中色混凝土有限公司	143.38	112	-21.89%	
7	B负一层梁板	梁板	C40	2014.11.25	陕西中色混凝土有限公司	84.82	87	2.57%	
8	B负一层外墙墙柱	墙柱	C45P6	2014.11.24	陕西中色混凝土有限公司	82.94	90	8.51%	
9	B负一层内墙柱	墙柱	C450防冻	2013.11.29	陕西中色混凝土有限公司	63.63	49	-22.99%	

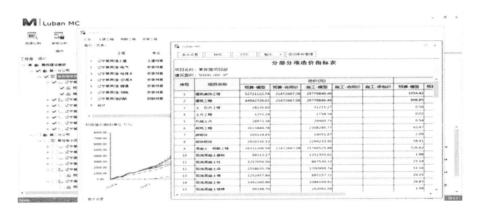

图 6-22 分部分项三算对比图

6.2.3 应用价值

基于BIM技术平台应用软件（例如：广联达BIM5D、鲁班MC等）进行材料管理，更加系统化、智能化地进行工程原材料、周转材料以及各种加工订货的计划、组织、采购、供应、出入库、调拨使用消耗与回收管理等建筑材料的管理，并合理使用建筑材料，对企业与各项目建筑材料互通互享，提高材料管理人员的工作效率，提高周转材料利用率、降低各种材料损耗和节约工程成本都起到至关重要的作用。

目前在BIM技术材料管理环节还存在不足，如：项目库管人员大多年龄偏大，其在智能设备的应用方面有所欠缺。而BIM技术材料管理基于web端的应用，如人工不录入材料出入库信息就不能时时更新；手机端缺乏应用软件，只能查看，不能修改平台数据；BIM材料管理软件众多，端口不能互通互享，数据处理方面还有许多事情要做。

当前社会中，建筑材料是实现建筑质量的重要条件和基础。对此，应当积极构建基于BIM技术的建筑材料管理体系，结合建筑材料的特性及其与BIM技术的关系，从而更好地实现建筑材料的管理，为建筑业材料更加智能化管理而努力，从而更好地为项目、企业创效，为社会主义经济建设增值而服务。

6.3 基于 BIM 的质量安全管理

6.3.1 概述

质量管理是在质量方面指挥和控制组织协调的活动，它是施工管理的重要组成部分。目前，国内建筑施工企业在质量管理中还存在着诸多问题，比如：质量管理的目的性不强；施工过程中质量管理的多方协调性不到位；质量管理的时效性脱节等。

基于 BIM 技术，可对施工现场质量管理进行策划，根据项目特点确定质量目标，施工过程中利用 BIM 技术进行多方协调，更快捷便利，提升质量管理的时效性和可追溯性，确保工程项目质量目标得以实现。

建筑工程项目安全管理，是指在工程项目的施工过程中，组织安全生产的全部管理活动。通过对施工现场危险源的状态控制，减少或消除事故的安全隐患，从而有效控制施工现场的事故发生率，使项目目标效益得到充分保证，也是施工管理的重要组成部分。目前，国内建筑施工企业在安全管理中也存在着诸多问题，比如：对危险源的辨识还缺乏针对性；对危险源的动态管理难度大，施工过程中的安全策划滞后等。

基于 BIM 技术，对施工现场重要生产要素的状态进行绘制和控制，有助于实现危险源的辨识和动态管理，有助于加强安全管理策划工作，使施工过程中的不安全行为、不安全状态得到减少和消除，确保工程项目安全目标得以实现。

BIM 技术在工程项目质量、安全管理中的应用目标：通过 BIM 模型信息化的技术手段全面提升工程项目管理水平，实现工程项目的精益化管理，更好地实现工程项目质量管理目标和安全管理目标。

6.3.2 应用流程及内容

1) 工作流程

基于 BIM 技术的施工现场质量管理主要流程如图 6-23 所示，主要步骤描述如下：

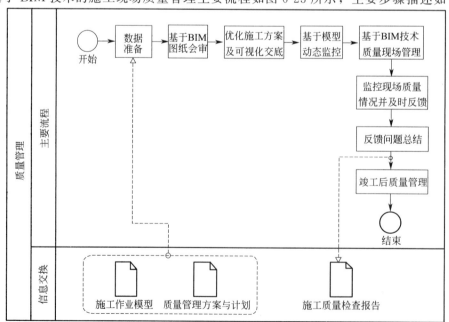

图 6-23 质量管理主要流程表

(1) 收集数据,并确保数据的准确性。

(2) 利用 BIM 技术软件(例如:Revit、Fuzor 等)进行模型碰撞、净高等,基于 BIM 图纸会审工作,对加强现场质量管理做好准备工作。

(3) 利用 BIM 技术软件(例如:Revit、Fuzor、SonyVegas、广联达 BIM5D 等)优化施工方案,对现场作业人员进行可视化交底,准确、清晰地向施工人员展示及传递设计意图。同时,通过 5D 施工过程模拟,帮助施工人员理解、熟悉施工工艺流程和质量控制要点。

(4) 利用基于 BIM 技术平台(例如:广联达 BIM5D、鲁班 BE)质量现场管理,时时监控现场质量情况并及时反馈,在建筑信息模型中通过现场相关图像、视频、音频等方式关联到相应构件上,记录问题出现的部位或工序,分析原因,进而制定并采取解决措施,及时组织相关人员利用模型进行碰头会议,实现多部门协同管理,并在第一时间解决质量问题,确保工程质量。

(5) 基于 BIM 技术平台(例如:广联达 BIM5D、鲁班 BE)中数据管理插件生成施工质量分析报告,对工程质量管理进行数据分析,并对报告进行备案,为日后工程项目的事前、事中、事后控制提供依据。

(6) 竣工后,业主在运维过程中基于 BIM 模型,利用相关设备及软件(HTCVR 眼镜、Fuzor、UE4 等)对楼体成品质量进行管理,管理更加高效。

基于 BIM 技术的施工现场安全管理主要流程如图 6-24 所示,主要应用步骤描述如下:

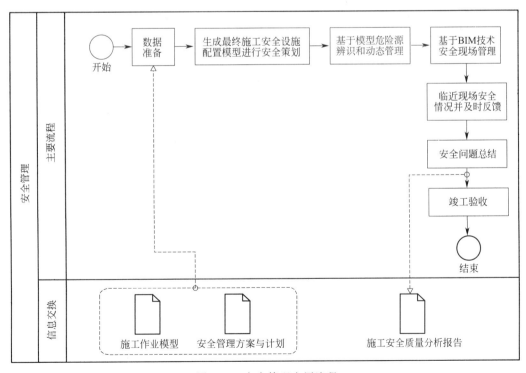

图 6-24 安全管理应用流程

(1) 收集数据，并确保数据的准确性。

(2) 利用 BIM 技术软件（例如：Revit、鲁班土建等）在模型基础上生成安全设施配置模型，并进行安全策划管理。

(3) 基于模型（例如：Revit 等）对现场危险源辨识动态管理，避免由于理解偏差造成安全问题。

(4) 利用基于 BIM 技术平台（例如：广联达 BIM5D、鲁班 BE）安全现场管理，时时监控现场安全情况并及时反馈，在建筑信息模型中通过现场相关图像、视频、音频等方式关联到相应构件与设备上，分析原因，进而制定并采取解决措施及时组织相关人员利用模型进行碰头会议，实现多部门协同管理，并在第一时间解决现场安全隐患，确保安全生产。

(5) 基于 BIM 技术平台（例如：广联达 BIM5D、鲁班 BE）中数据管理插件生成施工安全分析报告，对工程安全管理进行数据分析，并对报告进行备案，积累对类似问题的预判和处理经验。

2）模型准备

模型准备首先需要利用 BIM 软件（例如：Revit）分专业建立各模型，然后需设定质量、安全管理策划应用等级。BIM 技术在工程项目质量/安全管理中的应用等级可分为如下 3 个等级：1 级基础应用，较为成熟也较易于实现的 BIM 应用；2 级为扩展应用，需要多种 BIM 软件相互配合来实现；3 级为深度应用（涉及 BIM 技术的二次开发过程）和硬件投入，需要较为深入的研究和探索才能够实现，如表 6-8 所示。

项目质量/安全管理 BIM 应用技术用等级　　　　　　　　　　表 6-8

等级	名称	内容
基础应用	碰撞检查深化设计图纸会审	施工前基于 BIM 模型，进行深化设计，碰撞检查，净高分析等相关工作，对所有问题进行图纸会审，把图纸中的问题全部解决掉，全面提升图纸会审工作的质量和效率，确保施工质量一次成优，确保安全策划一次成优
	优化方案及可视化技术交底	采用 BIM 软件对专项施工方案和项目重点、难点部位进行优化，将各施工工序之间的逻辑关系直观及安全注意事项生成施工动画进行可视化交底，在降低理解难度的同时，进一步确保质量的可实施性及安全可靠性
	基于 BIM 模型应用平台	在质量、安全方面采用平台管理，对现场关键点进行把控，提高工作效率、将流程更清晰，更简单化
	安全策划	采用 BIM 软件，对需要进行安全防护的区域(如四口、五临边、外架体系等)进行精确定位，编制出相应的安全策划方案
	危险源辨识	利用 BIM 三维模型发现施工现场可能存在的危险源进行辨识和评价，三维可视化更直观地让各参与者提前做好防范措施，确保施工安全因素的明确性和重要性
扩展应用	预制装配式	基于 BIM 模型，在确保工程质量，施工安全的状态下可以将建筑的非承重部分的配件在工厂流水线标准化预制加工，在地上进行配件的装配，大大节约人力、时间和能耗成本
	运维质量管理	基于竣工 BIM 模型，提供运维平台数据接口，连接物业运维系统。实现设备定期维护提醒、设备监控等功能，可视化追溯出现问题并加以解决，运维更加高效化、安全化、智能化
深度应用	BIM 技术与三维激光扫描技术	BIM 模型与三维激光扫描技术相结合，实现施工图信息和施工现场实测信息对比分析，形成大数据支持，加强现场质量管理
	VR、AR 技术管理	借助 VR 技术，虚拟漫游、实现人机虚拟互动；借助 AR 技术，将虚拟的信息应用到真实世界，实现建筑智能管理

3）岗位应用要求

项目 BIM 小组做到全员参与管理与应用，应用人员及岗位要求如表 6-9 所示。

项目部 BIM 应用人员岗位分工表 表 6-9

岗位	职责说明
BIM 团队	负责 BIM 模型建立，BIM 技术平台应用软件(例如:广联达 BIM5D、鲁班 BE)将 BIM 模型同质量管理、安全管理相结合，交项目部进行现场质量、安全管理
项目经理	利用 BIM 技术平台应用软件(例如广联达 5D、鲁班 BE)，随时查看项目质量、安全管理的情况
项目总工 生产经理	负责落实 BIM 技术平台应用软件(例如广联达 5D、鲁班 BE)中项目质量、安全管理的情况，并利用 BIM 模型，对现场质量、安全进行方案优化、交底等工作
项目 质量经理	负责质量策划、质量管理规程的落实与实施，负责对工程项目质量执行情况进行监督检查，并将现场质量问题上传于 BIM 技术平台应用软件(例如广联达 5D、鲁班 BE)，配合技术总工做好工作
项目 安全经理	负责质量策划、安全生产的落实与实施，利用 BIM 模型对每日危险源进行辨识并配合技术总工进行可视化交底，并将现场安全问题上传于 BIM 技术平台应用软件(例如广联达 5D、鲁班 BE)
项目施工员	对现场质量问题上传于 BIM 技术平台应用软件(例如广联达 5D、鲁班 BE)，并对可视化交底进行落实工作
项目 资料员	对 BIM 技术平台应用软件(例如广联达 5D、鲁班 BE)内所有的质量、安全问题进行整理、归档工作，并生成质量、安全分析报告，做好工程资料收集工作

4) 应用内容

(1) 基于 BIM 技术的图纸会审

在质量管理工作中，图纸会审是最为常用的一种施工质量预控手段。随着现代建设的发展，大型、综合体、超高层、超复杂的建筑楼体层出不穷，日益增多，涉及的专业图纸数量较多，图幅较大，往往复杂的节点需要十余幅或更多的图纸才能表达清楚，这种现状增加了图纸会审的难度，会出现图纸会审问题浅显化、不能深入，容易遗漏大量的问题，从而导致施工错误或出现质量问题。同时，传统的图纸会审是基于二维平面图，对工程项目中各专业（建筑、结构、给排水、暖通、电气、消防等）在空间中存在的问题（错漏碰缺）进行检查是个难点，各专业人员只考虑自己图纸中的问题，比较片面，图纸之间缺乏必要的关联性，无法实现"一处修改、处处修改"的联动性，增加了碰撞检测工作的难度，项目质量管理预控是个难点。

为了确保施工成品质量，避免返工等现象，BIM 小组首先使用 BIM 软件（例如：Revit、广联达、鲁班等）建立模型，在模型建立的过程中就可直观发现图纸问题（如图 6-25 所示幕墙龙骨与压型钢板碰撞），在各专业模型完成后，把所有专业模型共同综合，利用 BIM 软件（例如：Fuzor、Navisworks 等）进行碰撞、净高分析等，生成数据报告（如图 6-26 所示管线净高分析），各专业根据报告进行会审，共同解决项目出现的问题。

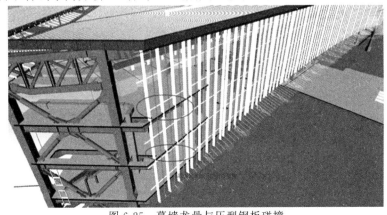

图 6-25 幕墙龙骨与压型钢板碰撞

再可借助虚拟漫游、基于 BIM 三维漫游软件（例如：Fuzor、Navisworks 等软件）进行体验，项目各参与方可对不符合要求、不合理的区域进行整体审核、洽商、变更（如图 6-27 所示地下室管线优化后漫游）。提升图纸会审工作的质量和效率的同时，在施工前解决影响施工质量的各项因素，确保工程质量。

图 6-26 管线净高分析

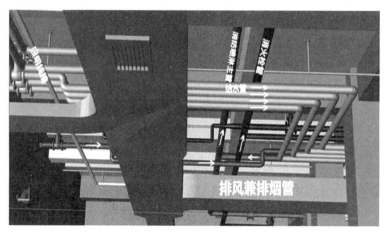

图 6-27 地下室管线优化后漫游图

（2）优化施工方案及可视化交底

优化施工方案及可视化交底对施工质量和安全管理有着重要的指导意义。现在项目高、大、难、深，施工工艺复杂，施工过程中涉及大量的新工艺、新材料，施工步骤、施工工序、施工要点等难度剧增，安全危险源越来越多。传统工作模式下，大多依据一系列的二维图纸再结合文字进行施工方案的编制，增加理解难度，更何谈工艺优化。交底更是枯燥难懂，往往有的就流于形式，千篇一律，没有针对性，造成交底不彻底、不详细，现场质量和安全管理在施工过程中无法达到预期的效果。

在模型完成后，使用 BIM 软件（例如：Revit、广联达 5D、鲁班 BE 等软件）对施工方案进行优化、模拟，要面面俱到，尤其是对质量、安全管理方面（如图 6-28 外墙预留洞口图、图 6-29 脚手架塔设方案图），同时再配合简单的文字描述，降低理解难度。采用 BIM 技术软件（例如：Revit、广联达 BIM5D、鲁班 BE 等软件）对交底进行可视化制作（如图 6-30 钢筋节点可视化交底），在质量、安全管理方面对作业人员进行指导。

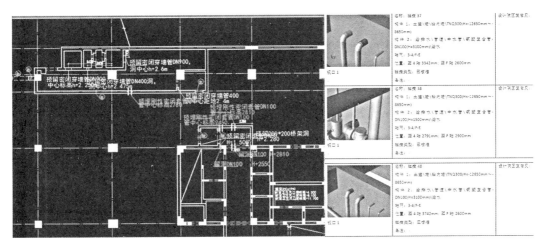

图 6-28　外墙预留洞口图

图 6-29　脚手架搭设方案

（3）安全策划管理 BIM 应用

安全策划管理基于工程项目的规模、结构、技术、环境等特点，给出危险源辨识和评价结果，同时结合法律法规、资源配置等方面的要求，对工程项目进行施工安全策划。

传统工作模式下，如果安全管理人员对工程项目不熟悉，无法实现事前策划，很多情况下，往往是现场检查发现危险源后才进行安全防护，容易造成安全策划、安全防护工作的滞后，在施工过程中存在极大的安全隐患。

基于 BIM 模型，使用 BIM 软件（例如：Revit、广联达、鲁班等软件）生成安全配置模型，开工前进行现场安全整体策划，如图 6-31 所示。安全管理人员可以很容易地对需

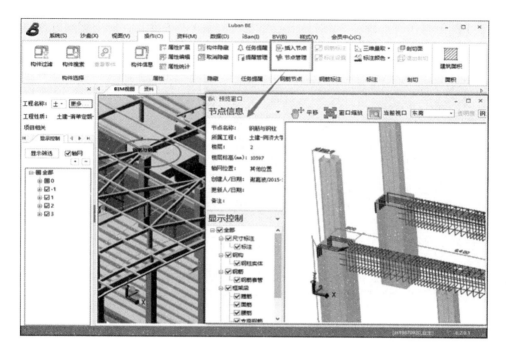

图 6-30 钢筋节点可视化交底

要安全区域进行策划,例如:进行安全防护的区域进行精确定位,同时将安全防护模型绘制到 BIM 模型中,如图 6-32 所示。在提升安全策划管理工作的精确性和效率的同时,也有助于对技术人员、质量管理人员、施工人员等进行安全教育工作。面向新入职的年青员工进行安全策划培训,可显著提升他们的管理水平,做到事先警示,防患于未然。

图 6-31 现场安全整体策划

(4) 危险源辨识和动态管理 BIM 应用

危险源辨识是施工现场安全管理的基础性工作。危险源辨识的基本目的是:对施工过程中可以引发人员伤害、设备设施损坏的危险源进行辨识。

传统工作模式下,大多依据安全管理人员的经验对施工现场的危险源进行辨识和评

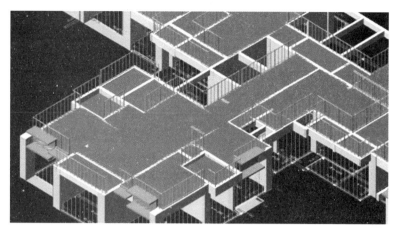

图 6-32 安全防护策划

价,如果安全管理人员对图纸、施工组织设计理解不彻底,容易造成危险源辨识的不全面、不准确,此外,多数情况下是施工过程已经开始后,才根据施工现场的实际情况,对危险源进行辨识和评价。可见,对危险源的动态管理的滞后和不到位,也是无法实现事前预警的主要原因之一。同时,危险源是随着施工过程动态变化的,不同的施工阶段,危险源的数量也会有所不同,传统的工作模式下,大多只是进行一次总的危险源辨识和评价,无法依据施工阶段的变化进行危险源的动态辨识和动态评价。

基于 BIM 模型,使用 BIM 软件(例如:Revit、广联达、鲁班等软件),安全管理人员可将各施工阶段中的危险源进行动态辨识和动态评价。例如在作业施工中有诸多危险源,其中楼板电梯井落物控制是个危险源,采用 BIM 软件对需要防护的电梯井及洞口进行智能动态辨识,并加设防护设施(如图 6-33 所示),可在施工开始前就实现危险源的全面、准确、提前,能够进一步确保安全管理工作的完备性和可实施性。

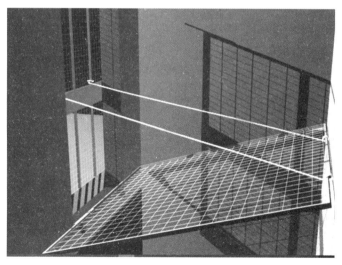

图 6-33 电梯井及洞口危险源辨识

(5) 基于 BIM 的现场质量、安全管理质量验收工作是工序管理工作中的重中之重,传统工作模式停留在管理人员三检测制,程序比较繁琐,只能解决隐蔽前的检查,但在成品完成后不能检验隐蔽是否正确,只能借助简单的检测工具去检测。质量、安全管理现阶段还只停留在管理人员现场管理阶段,现场发现问题,形成书面文件,再下达命令整改,时效性差,管理效率低,各专业较多不易管理。

针对现场问题将基于 BIM 模型,利用 BIM 平台应用软件(例如广联达 5D、鲁班 BE 等软件)可将 BIM 技术的应用范围从办公室扩展到施工现场。当质量经理、安全经理及每位管理人员每天对现场所有关键点进行日常安全隐患排查时,以及质量员在每道工序进行验收检查时,使用手机 APP 移动端口(例如:鲁班 IBAN、鲁班 BIMView 软件)与 BIM 平台应用软件互通,发现问题及时上传照片、语音及视频资料,问题的具体位置三维空间显示,一目了然,到办公室后第一时间召集分包班组开碰头会对现场出现的质量问题进行分析,三维平台展示问题所在,马上下达整改,整改后照片视频通过手机 APP 上传进行闭合,追溯性强,效率高,时效性强,如图 6-34、图 6-35 所示。

图 6-34　质量问题

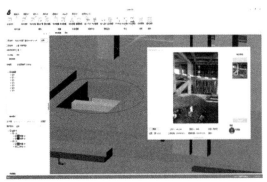

图 6-35　安全问题

质量验收后利用 BIM 模型同其他硬件系统相结合,如使用三维激光扫描仪[8](如图 6-36 所示),扫描后可以用来保存建筑数据,还可以用于虚拟展示,这就是所谓的"数字博物馆"。借助数字博物馆,既可浏览到建筑的全貌,也可对隐蔽后管线进行三维测量,检测复杂形状的管路形位误差(如图 6-37 所示)。采用金属检具检测方式可对施工现场实体进行实测实量分析、管线路线比对等,精度高、快速简便、适用性高,大大加强了事后控制。

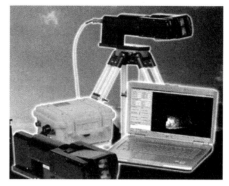

图 6-36　三维激光扫描仪

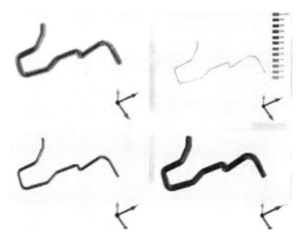

图 6-37　管道扫描成像图

（6）基于 BIM 的竣工验收后运营管理

传统工程竣工验收后运营管理上存在不少的问题。工程移交业主后，如现场出现质量问题，查询数据时只停留在图纸与文字层面，信息量巨大，查询问题时花费大量的人力和精力，效率很低，更不宜保存。

基于 BIM 技术软件（例如广联达 BIM5D、鲁班 BE 等软件）进行运维管理，并对施工过程中涉及的海量施工信息进行存储和管理，作为施工现场质量校核的依据，在查询方面非常快捷便利。例如厂家信息查询，保养和报废提醒功能（如图 6-38、图 6-39 所示），再将与其他设备（例如：HTCVR 眼镜等）相结合（如图 6-40 所示），可在竣工后辅助业主进行运维，容易便利，如现场出现质量问题，不用再去翻找大量的图纸，基于 BIM 模型，马上定位，提取数据信息，第一时间解决，事半功倍。

6.3.3　应用价值

质量、安全管理一直是项目最难管理的环节。基于 BIM 模型，通过模拟减少设计错误，降低质量风险，加强了工程质量，加强了安全的策划。基于 BIM 技术 5D 平台管理，数据支撑，可视化效果策划交底，时时了解施工过程和结果，实现人机互动，减少施工过程中事故的发生，确保了工程质量，更增强管理人员对质量、安全施工过程的控制能力。

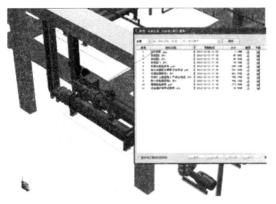 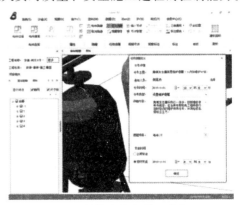

图 6-38　厂家信息查询　　　　　　　图 6-39　保养和报废提醒功能

图 6-40　VR 业主运维

目前基于 BIM 技术的质量、安全管理也存在着瓶颈。虽然基于 BIM 技术软件众多，但用于现场质量、安全管理的 BIM 应用软件并不多。从软件数据不能共享，局限性较大，政府在基于 BIM 的质量、安全监管方面依然没有太多的对应措施等。

但相信不久的未来，BIM 技术成熟后将端口全开，所有模型数据将互通互享，共创未来。基于 BIM 技术现场质量、安全管理将越来越被重视，将更加智能化管理。

参考文献

[1] 全国一级建造师执业资格考试用书编写委员会．建设工程项目管理［M］．北京：中国建筑工业出版社，2013，P118.

[2] 倪江波等．中国建筑施工行业信息化发展报告（2014）：BIM 应用与发展［M］．北京：中国城市出版社，2014，P104-106.

[3] 倪江波等．中国建筑施工行业信息化发展报告（2014）：BIM 应用与发展［M］．北京：中国城市出版社，2014，P119.

[4] 崔明华．上海市建筑信息模型技术应用指南［M］．上海市：上海市城乡建设和管理委员会，2015.

[5] 毛志兵，李云贵．建筑工程施工 BIM 应用指南［M］．北京：中国建筑工业出版

社，2014．

[6] 汪振双，王立国．基于 BIM 技术的绿色建筑材料管理体系研究［J］．建筑经济，2015．

[7] 陈小波．"BIM & 云"管理体系安全研究［J］．建筑经济，2013（7）．

[8] 崔明华．上海市建筑信息模型技术应用指南［M］．上海市：上海市城乡建设和管理委员会，2015．

[9] 段艳慧．关于 BIM 技术在安全管理中应用的浅谈［EB/OL］．

[10] 武永峰．2004-2012 我国建筑施工事故统计分析［J/OL］．中国期刊网，2014-12-16．

[11] 广联达．BIM 软件在施工技术岗位的落地应用介绍［EB/OL］．

第7章 BIM 在商务管理中的应用

7.1 概　　述

工程项目的商务管理是一种综合性的管理模式,其贯穿于项目管理的全过程,从项目的前期接触、招投标过程、施工合同的签订、项目管理的前期策划、方案的比选、分项合同的签订、施工过程成本管理、月进度结算、进度款的支付、竣工结算的整理,再到竣工结算的核对及确定、质保金的回收、财务决算等全过程均体现特别重要的作用。

本书我们将摘取 BIM 在项目商务管理中应用相对成熟的成本管理做深入探讨。

作为行业从业主体的施工企业,在行业发展大环境和新形势下,以往依靠"以关系为竞争力"、依托于以低价的劳动力和巨大的固定资产投资的市场机会作为发展动力的现象将一去不复返。因此,成本管控成为施工企业提高企业盈利能力的关键所在。

传统的成本管控也往往是在项目结束时或项目阶段性工作结束时才对已经发生的成本进行统计、归集和计算,陷入"不算不知道,一算吓一跳"的被动局面。近几年来,通过信息化手段进行成本管控开始普及,但是依然存在事前成本计划编制难、过程成本控制不力、成本核算不清等突出问题。同时,还存在施工企业成本管理体系及管理制度不健全、成本管理手段方法比较落后等问题。

基于 BIM 成本管理的基础是 BIM 建立的可实时更新的五维关联数据模型(几何模型 3D+时间进度模型 4D+成本造价模型 5D)。结合 BIM 强大的数据管理能力,项目管理人员可随时对成本数据进行统计、拆分和汇总,轻松满足各种成本分析需求。尽管现阶段施工单位和设计单位之间信息共享不足导致施工企业在应用 BIM 时需要重新建模,但总体上 BIM 应用可实现成本节约。SalmanAzhar 等人对美国 10 个应用 BIM 的项目的研究结果,很好地证明了这一点,如表 7-1 所示。

BIM 的经济性　　　　表 7-1

时间 (年)	总成本 (百万美元)	项目名称	BIM 的实施成本 (美元)	BIM 产生的直接收益 (美元)	净收益 (美元)	BIM ROI (%)
2005	30	阿什利写字楼	5000	135000	130000	2600
2006	54	尖端数据中心	120000	395000	232000	140
2006	47	罗利酒店	4288	500000	495712	11560
2006	16	佐治亚州立大学图书馆	10000	74120	64120	640
2006	88	桃树大厦	1440	15000	6850	940
2007	47	水族馆酒店	90000	800000	710000	780
2007	58	1515 温库普写字楼	3800	200000	196200	5160
2007	82	惠普数据中心	20000	67500	47500	240
2007	14	萨凡纳大厦	5000	2000000	1995000	39900
2007	32	北亚利桑那大学科学实验室	1000	330000	329000	32900

施工企业的成本管理可以划分为成本预测、成本计划、成本控制、成本核算、成本分析和成本考核6个环节[1]。施工企业成本管理中BIM应用方法与流程如图7-1所示。

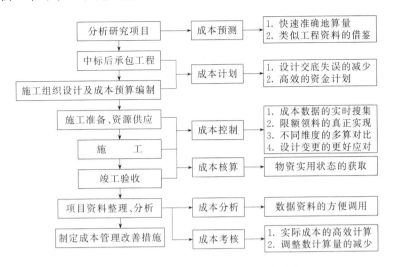

图7-1 施工企业成本管理中BIM应用方法与流程

(1) 成本预测

成本预测是指利用已经取得的历史数据资料，采用经验总结、统计分析和数学模型等方法对成本进行推测和判断。施工企业通过成本预测对项目实施过程中各种费用及其变化趋势做出预判，能够有效避免成本管理的主观性及盲目性。基于BIM的成本管理在成本预测阶段主要有如下3个优势：

①基于BIM的自动化算量方法比传统的算量方法效率更高。在CAD图纸中为了实现自动化算量，造价人员往往需要花费大量时间来指定相应线条的属性，即实现了三维算量的半自动化。而基于BIM平台设计的基本元素本身就是具有一定功能属性的构件，如梁板柱等，这样就实现了三维算量的全自动化，大大提高了工程量计算的效率。

②基于BIM的自动化算量方法比传统的算量方法更加准确。首先，由于工程量计算比较繁琐，造价人员在手工计算工程量的过程中难免会出错。而基于BIM的自动化算量方法能大大减少人为因素对算量准确性的影响。其次，传统的算量方法对于复杂构件往往按照规范要求进行计算，这种计算方法本身就存在误差。而基于BIM的算量方法根据实际立体模型进行算量，得出来的工程量数据更加客观。

③更加方便地参照类似工程数据。无论是工程估价还是工程造价的审核，类似工程的成本数据都具有非常大的参考价值。应用BIM管理的工程，几乎所有工程数据都可以以电子形式保存在BIM模型中，在以后类似工程的成本预测过程中需要用到这些数据时，就可以很方便地对这些数据进行抽取和分析，从而提高类似工程成本预测的效率和准确性。

(2) 编制成本计划

成本计划是工程成本管理的一项重要工作，通过成本计划的编制以选择经济上合理、技术上可行的最优方案，通过成本计划把项目目标逐层分解到每一个具体环节，甚至每一个具体的人，由此更大限度地调动员工成本管理的积极性，以提高成本管理效率。BIM

在编制成本计划阶段的应用价值主要体现在以下两个方面：

①减少设计交底阶段各方的配合失误和理解错误。在传统的工程项目管理过程中，设计交底和图纸会审主要是基于二维图纸进行的，且各专业分别交底然后再通过人工检查的方式来发现设计的不合理之处，很难保证设计质量以及施工计划的完善性。而BIM管理平台将工程的各个参与方整合到统一的BIM平台上，克服了传统的工程管理中各自设计缺乏合作的缺点。同时BIM软件的可视化模拟功能不仅使设计成果更加直观，减少了各方的配合失误和理解错误，而且可以有效地进行碰撞检查，发现二维图纸中不易发现的不合理之处，大大减少了设计错误。

②快速制订项目的资金计划。在BIM建立的三维模型中各构件都被赋予了时间信息，结合BIM的自动化算量功能以及BIM数据库中的人工、材料、机械等相关费率，管理者就可以拆分出任意时间段可能发生的费用，为项目资金计划的快速制订、资源的合理调配提供有力支持。

（3）成本控制

成本控制是指在项目的成本形成阶段对所要发生的人工费、材料费、机械使用费以及其他相关费用进行监督、指导、修正以及限制，及时发现偏差并纠正偏差，从而使成本计划得以落实，保证成本目标的实现。在施工阶段能否做好成本控制对整个项目成本管理的成败具有决定性作用。BIM在成本控制方面主要有以下3个方面的应用价值：

①工程成本数据的实时搜集和获取。基于三维模型的BIM数据库包含了项目从投资策划到运营、报废的全部相关造价数据，这些数据会随着工程的进展以及市场条件的变化而及时更新，保证项目管理人员及时准确地获得成本管理所需的数据。

②限额领料的有效实施。限额领料是控制材料费的有效手段，但在现阶段由于受到配发材料的时间和配料人员掌握的工程数据量的限制，配料人员只能根据经验或有限的数据来判断报送的领料单上各项消耗是否合理，因而限额领料的落实情况并不理想。而在基于BIM的项目管理过程中，借助BIM数据库中记录的同类项目的材料消耗数据以及BIM的多维模拟施工功能，审核人员能够快速、准确地拆分、汇总并输出任意工序的材料需求量，真正实现限额领料。

③更方便地进行多算对比。从时间、工序、空间等维度进行多算对比，对及时发现成本管理过程中的问题并解决问题至关重要。在传统的成本管理过程中，靠造价人员的人工计算很难完成从三个维度对成本进行分析所需要的工程量的统计和计算的工作量。而BIM管理平台对BIM模型中的各个构件赋予时间、工序、造价等方面信息，借助BIM强大的计算功能，成本管理人员可以在最短的时间内花费最少的精力来对工程成本进行任意的拆分、统计和分析，轻松实现不同维度的多算对比。

④更好地应对设计变更。在传统的工程建设过程中一旦发生设计变更，造价工程师往往需要动手对变更进行检查并计算变更引起的工程量和成本的变化，过程繁琐且可靠性不高。而BIM管理平台通过将成本数据与空间数据建立一致性关联，自动检测发生变更的内容并直观地显示成本变更结果，从而为变更决策提供及时、准确、可靠的依据。

（4）成本核算

成本核算是把工程建设过程中所发生的费用按其性质和发生地点，分类归集、汇总、核算，计算出该过程中各项成本费用发生总额并分别计算出每项活动的实际成本和单位成本的管理活动。及时准确的成本核算不仅能如实反映施工企业施工过程以及经营过程中的各项耗费,也是对施工企业成本计划实施情况的检查和控制。

BIM在成本核算中的应用价值主要体现在及时准确地获取各项物资财产实时状态上。各财产物资的收发、领退、转移、报废、清查、盘点等是成本核算的基础工作,在传统的工程管理中施工现场的这些统计和记录工作都是依靠手工填写表格,再把表格信息报告给项目管理部,这样的现场跟踪报告很难保证成本信息的及时性和准确性。而BIM和RFID(无线射频识别、电子标签)的结合很好地解决了这一难题。RFID采集的构件信息通过网络传输到BIM的信息处理中心,若RFID信息设定和BIM模型中对所有构件的信息设定是一致且唯一的,那么这些RFID采集的各构件的现场信息就可以在BIM模型中表现出来,再利用BIM的自动化算量功能,项目管理人员就可以很方便地计算出成本核算所需要的各种数据,从而保证核算数据的及时性和准确性[2]。

(5) 成本分析

成本分析就是根据统计核算、业务核算和会计核算提供的资料,对项目成本的形成过程和影响成本升降的因素进行分析,以寻求进一步降低成本的途径。成本分析能大大增强对项目成本的把握及控制水平,为提高成本管理水平、实现成本管理目标创造有利条件。

BIM在成本分析中的应用价值主要体现在数字资料的有效存储及方便调用上。目前成本数据大多以纸质或Word、Excel、PDF等形式保存在档案室或硬盘里,因缺乏关联性而难以调用、查找。而BIM数据库中的数据资料都设置了一定的BIM参数,可以方便地进行分类、存储、调用,为成本分析提供了极大的便利。

(6) 成本考核

成本考核的目的,在于贯彻落实责权利相结合的原则,促进成本管理工作的健康发展,更好地实现项目的成本目标。理论上讲在制订成本计划时就为工程项目的所有参与人员(项目经理、各施工队以及各个班组)制订了具体的成本管理目标,对其进行定期或不定期的考核及督促是调动其成本管理积极性的有效手段。

将某岗位的累计成本收支数与该岗位的原始考核指标和岗位成本考核的调整数之和进行对比,对成本考核工作的准确性和有效性有着决定性作用。BIM依托其强大的数据采集、处理、存储以及自动化算量功能,为实际成本的收支数的计算提供了极大的方便。另一方面BIM的出现减少了施工阶段的设计变更,从而大大减少了调整数的计算量。

7.2 在投标阶段的应用

7.2.1 图纸问题梳理

传统二维图纸说明检查作业应交付给有经验的工程师或绘图员检核,在施工图纸说明下方有绘图、设计、复核、技师等至少四个签核字段,需经过四位以上有经验的工程师核准确认并签名负责,经过四位工程师确认后完成新版的施工图纸说明,但因为此动作需要完全藉由人为检查图面,且变更图纸说明繁琐且工程项目杂乱,故难确保在频繁修改的频率与牵扯到大量图纸说明情况下完全修改正确,因此也无法保证图纸说明所显示的信息为完全正确。

BIM模型内的构件皆可三维可视化、联动性、参数化、信息化,同构件虽然分布于不同视图中,但因视图为同一个三维模型剖切而直接产生,故同构件只需修改一次即可,可减少相关构件变更次数,也可将修改过的构件进行冲突检测,提前仿真发现有无构件碰撞问题,确认此修改是否合适或有更好的方案选择,可克服传统二维图纸说明检查时人为疏失或难以察觉的缺失,确保图纸说明数据正确性。

通过三维建模,查找设计图纸的问题,并将这些问题归纳汇总,如图7-2所示,反馈给设计院进行修改,可避免现场返工,节约工期和成本。

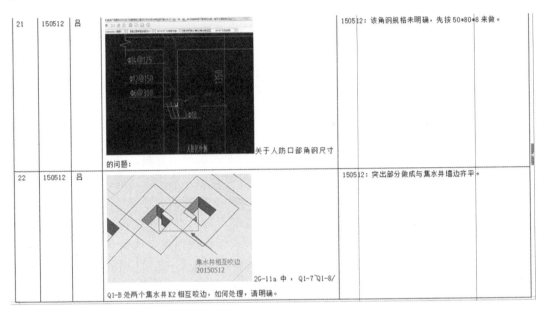

图7-2 图纸问题汇总

7.2.2 工程量计算

在招标控制环节,准确和全面的工程量清单是关键。而工程量计算是招投标阶段耗费时间和精力最多的重要工作。而BIM是一个富含工程信息的数据库,可以真实地提供工程量计算所需要的物理和空间信息。借助这些信息,计算机可以快速对各种构件进行统计分析,从而大大减少根据图纸统计工程量带来的繁琐的人工操作和潜在错误,在效率和准确性上得到显著提高[3]。

1) 建立或复用设计阶段的BIM模型

在招投标阶段,各专业的BIM模型建立是BIM应用的重要基础工作。BIM模型建立的质量和效率直接影响后续应用的成效。模型的建立主要有三种途径:

(1) 直接按照施工图纸重新建立BIM模型,这也是最基础、最常用的方式。

(2) 如果可以得到二维施工图的Auto CAD格式的电子文件,利用软件提供的识图转图功能,将dwg二维图转成BIM模型。

(3) 复用和导入设计软件提供的BIM模型,生成BIM算量模型。这是从整个BIM流程来看最合理的方式,可以避免重新建模所带来的大量手工工作及可能产生的错误。

2) 基于BIM的快速、精确算量

基于BIM算量可以大大提高工程量计算的效率。基于BIM的自动化算量方法将人们从手工繁琐的劳动中解放出来,节省更多时间和精力用于更有价值的工作,如询价、评估风险等,并可以利用节约的时间编制更精确的预算。

基于 BIM 算量提高了工程量计算的准确性。工程量计算是编制工程预算的基础，但计算过程非常繁琐，造价工程师容易因各种人为原因而导致很多的计算错误。BIM 模型是一个存储项目构件信息的数据库，可以为造价人员提供造价编制所需的项目构件信息，从而大大减少根据图纸人工识别构件信息的工作量以及由此引起的潜在错误。因此，BIM 的自动化算量功能可以使工程量计算工作摆脱人为因素影响，得到更加客观的数据，如图7-3 所示。

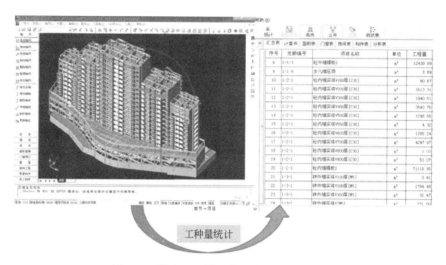

图 7-3 利用 BIM 模型快速实现工程量统计

7.3 在施工阶段的应用

7.3.1 项目目标成本制定

项目目标成本是企业效益的根源，是保证企业市场竞争的命脉。在项目实施中，采取有效控制措施进行项目目标成本管理，是消化市场压价让利因素，实现企业创效、创牌的重要手段，是控制消耗、降低成本的有效途径。

通过 BIM 模型，精准提取工程量，配合合理的工程合同、优化的组织设计和严格的限额领料，可制定出合理的目标成本，配以健全的目标成本管理制度，可最大程度发挥 BIM 在目标成本管理上的优势。

7.3.2 工程变更与索赔管理

工程变更常常会导致工程量变化、施工进度变化等情况发生，进而有可能导致项目的实际造价超出原来的预算造价，因此，必须严格控制、密切关注其对工程造价的影响。例如，将某工程所有"C1515 金属平开窗"改为"C1818 塑钢窗"，并且窗台高度由 900mm 改为 600mm，此处微小改动将牵涉到砌体工程量、墙面装饰工程量、保温工程量等一些相关信息的调整，并时刻影响着工程造价。利用 BIM 技术，则可直接按照工程师确认后的工程变更凭证，修改 BIM 模型中"C1515 金属平开窗"的属性，由于 BIM 支持构建几何运算和空间拓扑关系，系统将自动扣减相应工程量，快速汇总工程变更所引起的工程造价变化，及时反映工程变更的经济含义。

就对工程造价影响角度而言，索赔与变更的处理都是由于施工企业完成了工程量清单中没有规定的额外工作,或者是在施工过程中发生了意外事件,由发包人或者监理工程师按照合同规定给予施工企业一定的费用补偿或者工期延长。所以其处理方式与工程变更相似,在此不再赘述。

7.3.3 工程进度款支付

我国现行工程进度款结算有多种方式,如按月结算、竣工后一次结算、分段结算、目标结算等方式。以按月结算为例,业主需要在月中向施工企业预支半个月工程款,月末再由施工企业根据实际完成工程量,向业主提供已完成工程量报表和工程价款结算账单,经业主和监理工程师确认,收取当月工程价款,并通过银行结算。在传统模式下,建筑信息都是基于2D—CAD图纸建立的,工程基础数据掌握在分散的预算员手中,很难形成数据对接,导致工程造价快速拆分难以实现,工程进度款结算工作也较为繁琐。随着BIM技术的推广与应用,尤其在进度款结算方面,一些BIM平台软件实现了框图出价、框图出量,更加形象、快速地完成工程量拆分和重新汇总,并形成进度造价文件,为工程进度款结算工作提供技术支持。

7.3.4 分包工程量核算

传统模式下,当承包方按照合同约定的时间向发包方提交已完工程量的报告后,发包方项目管理机构需要花费大量时间和精力去核实承包方所提交的报告,并与合同以及招标文件中的工程量清单核对,查看工程量是否准确,同时还需现场核查已完工程质量是否合格。承包方编制已完工程报告时,也需要花费大量的人力和时间去计量已完工程,其效率和准确性都很难得到保障。

BIM技术在工程计量工作中得到应用后,则完全改变了上述工作现象。由于BIM技术整合了时间信息,将建筑构件与时间维度相关联,利用BIM模型的参数化特点,按照所需条件筛选工程信息,计算机即可自动完成相关构件的工程量统计并汇总形成报表。根据施工进度和现场情况变化,实时动态更新BIM模型数据库,利用互联网或者局域网技术实现数据共享,这样造价工程师便可以在自己的授权端口快速、准确地统计某一时段或者某一施工面的工程量信息,快速汇总形成工程计量报告,如图7-4所示,为及时办理工程进度款结算赢得时间,同时达到对分包单位施工进度情况实时监督的目的。建设单位项目管理机构在收到承包方的工程计量报告后,利用所掌握的BIM模型数据库,亦可快速核查工程计量报告的准确性。通过按时计量,工程师便可及时把握施工企业工作的进展情况和工程进度。

图 7-4 分包合同与分包工程量核算

7.3.5 资金使用管理

资金管理的实质是控制资金流入流出：流入主要是公司的项目拨款、银行贷款以及项目进度款等，流出主要是项目建设成本支出。BIM 应用点：①基于模型对阶段工程进度精确计量计价确定资金需求，并根据模型支付信息确定当期应收、应付款项金额；②预测短期或中长期资金，减少资金缺口，确保资金运作；③通过 BIM 系统管理各部门项目活动资金预算的申报与分配，财务部门根据工作计划审核各部门资金计划；④通过 BIM 模型实时分析现金收支情况，通过现金流量表掌控资金。

正确编制资金使用计划和进行投资偏差分析，在工程造价管理工作中处于重要而特别的地位，BIM 技术在编制资金使用计划上也有较大优势。5D—BIM 模型整合了建筑模型、时间维度以及造价信息，可以伴随建设过程动态展示资金使用状况，更为直观地体现建设资金的动态投入过程，方便建设单位或者施工单位合理安排资金计划，如图 7-5 所示。

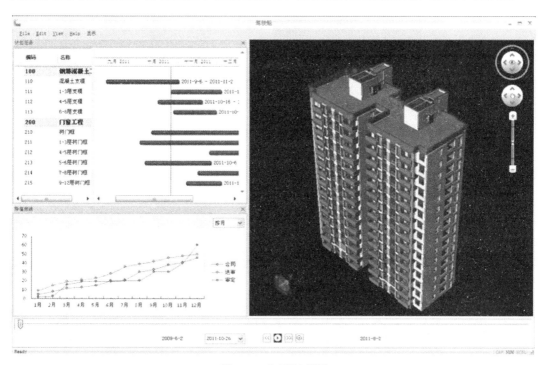

图 7-5　5D-BIM 模型

7.4　在竣工阶段的应用

7.4.1　分包结算

在传统模式下，基于 2D—CAD 图纸的工程结算工作相当繁琐。就工程量核对而言，双方造价工程师需要按照各自工程量计算书逐梁逐板地核对工程量，当遇到出入较大的部分时，更需要按照各个轴线各个计算公式去核查工程量计算过程，其工作量极其庞大。特别是老的预算员基本上都是手工计算，而且计算书的格式还不尽相同，导致核查难度很大，资料丢失或不全亦屡见不鲜。BIM 技术的引入，将彻底改变工程竣工阶段的被动状况。BIM 模型的参数化设计特点，使得各个建筑构件不仅具有几何属性，而且还被赋予了物理属性，如空间关系、地理信息、工程量数据、成本信息、建筑元素信息、材料详细清单信息以及项目进度信息等。随着设计、施工等阶段的进展，BIM模型数据库也不断完善，设计变更、现场签证等信息的不断录入与更新，到竣工移交阶段，其信息量已完全可以表达竣工工程实体。BIM模型的准确性保证了结算的效率，减少双方的扯皮，加快结算速度，同时也是双方节约结算成本的有效手段，如图7-6所示。

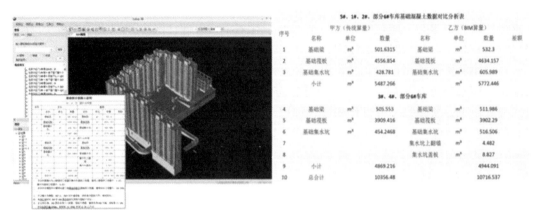

图7-6　分包工程量计算

7.4.2　多算对比

施工阶段的工程造价控制基本原理，可以总结为：把计划投资额作为造价控制的目标值，在工程施工过程中定期地进行造价实际发生值与目标值的比较，发现其中的偏差，并分析偏差产生的原因，采取有效措施加以控制，以保证造价控制目标的实现，即进行短期多算对比。

基于BIM技术，可以快速搜索构件信息并组合相关联成本信息，快速生成多算对比文件，为偏差分析提供基础数据，以便及早发现问题并改正问题。工程虚拟合同价、实际支付价、实时结算价，利用广联达BIM5D平台基于BIM技术的"三算对比"，可以实现实时偏差分析与纠正，如图7-7所示。

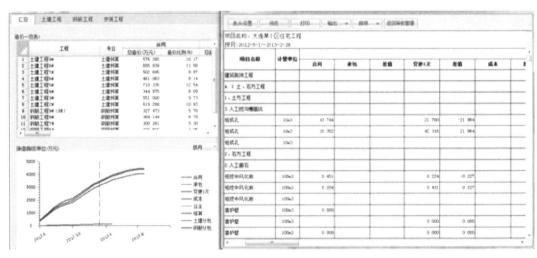

图7-7　计划用量与实际用量对比

7.5 展　　望

7.5.1　投标阶段辅助报价策略

招投标是一个博弈过程，施工企业可以利用BIM技术，对业主方清单的准确性进行分析后运用不平衡报价来提升结算价，精明的施工企业可获得最高可达10%以上的结算利润，这要依赖于熟练掌握BIM技术，实现快速的建模算量，否则当前极短的投标报价时间是难以完成的。事实上，现在的建筑企业由于BIM技术应用还不够深入普及，这些机会未能利用[5]。

7.5.2　竣工阶段成本分析与考核

工程项目竣工结算阶段，是工程造价全过程控制的最后环节，最终结算的工程造价直接关系到建设单位和施工单位的切身利益。

竣工结算后，形成的BIM竣工模型中，收集了项目建设过程中各阶段的工程相关资料及数据，通过建筑信息模型自动生成各种表格、图纸与文档，为施工企业进行成本分析和成本考核提供了依据，同时，也为建设单位日后的运营提供了巨大的帮助[6]。

随着BIM技术的发展，技术的深刻革命会引起整个建筑行业的商业模式、管理方法等方面的变革，可能BIM对竣工结算阶段会有更多、更直接的应用。

参考文献

[1] 杨立群. 基于BIM的建设工程项目成本管控过程研究. 浙江工业大学硕士学位论文，2015（12）.

[2] 刘尚阳，刘欢. BIM技术应用于总承包成本管理的优势分析. 建筑经济，2013（6）（总第368期）.

[3] 陶双东，肖东彩. 鲁班BIM技术在工程造价管理中的应用[J]. 建材与装饰，2015（12）.

[4] 汪萍，刘刚，张临胜. BIM技术在工程招投标管理中的应用[J]. 实践交流，2014（7）（总第23期）.

[5] 基于BIM的造价全过程管理解决方案. http://blog.sina.com.cn/s/blog_9556b39c01017a8m.html

[6] 苏永奕. 建筑信息模型在建设项目全过程造价控制中的应用研究[J]. 洛阳理工学院学报（社会科学版），2012（3）.

第8章 案 例

8.1 BIM技术在郑州新郑国际机场T2航站楼的综合应用

8.1.1 项目概述

1) 工程简介

郑州新郑国际机场二期扩建工程T2航站楼工程是河南省新中国成立以来最大的单体工程，也是国家重点工程，自立项以来受到河南省政府的高度重视，引起社会各界的广泛关注，建成投入使用后将成为国内大型枢纽中心。T2航站楼完工效果如图8-1-1所示。

图8-1-1 郑州新郑国际机场T2航站楼完工效果图

本工程位于郑州新郑机场航站区东侧，T1航站楼的东北处。T2航站楼平面呈"X"布置，局部地下一层，地上三层，结构形式为框架结构。T2航站楼东面为机场机坪区，西面通过西侧高架与航站楼到达层衔接，西侧通过空中连廊与现有T1航站楼连接。T2航站楼南北两面为四个机场指廊，地下城铁、地铁横穿而过；T2航站楼与GTC轨道交通站厅层平层连接，实现了地铁、城铁、公路的无缝换乘。航站楼采用"三层式"旅客流程，航站楼自上而下分别为出发层、候机层、达到层、行李处理层和地下机房共同构成。

项目管理目标概括为"6+3"，即6个国家级奖项：鲁班奖、国家"AAA级安全文明标准化工地"、住房和城乡建设部绿色施工科技示范工程、中国建筑业协会绿色施工示范工程、中国绿色建筑三星级认证、创LEED金奖（绿色能源与环境设计先锋奖）；3个河南省省级奖项："中州杯"、河南省绿色施工示范工程、河南省安全文明工地。

2) 项目重难点分析

(1) 平面管理协调难度大

整个二期工程涉及参建单位众多，单层施工面积大、区域多，基坑开挖造成施工现场临时道路多变，现场平面管理难度大，协调难度高。

(2) 管线排布复杂、错漏碰缺多

管线设计的专业众多，各专业管线排布错综复杂、管线密集，很容易产生位置冲突及标高重叠等，且墙面、地面预留洞很难准确预留，容易造成后续返工，增加项目成本。

(3) 装饰空间难以保证

一层办公区域设计管线众多，单层结构空间有限，若不能合理地进行管综综合排布，会影响后期吊顶，造成吊顶标高达不到设计要求，影响装饰效果。

(4) 三维空间定位难度大

主楼大空间吊顶设计为双曲面翻板吊顶，吊顶板材下料及施工空间点位控制难度大。每个板块的外形尺寸都不相同，相应的设计、加工、安装难度极大，同时因施工过程变形等因素影响造成螺栓球实际空间位置与设计模型数据存在误差。

(5) 关键工序施工技术难度高

对关键施工技术及难以理解的施工过程，如钢结构网架吊装及屋面龙骨安装，直接进行现场安装，施工难度大，需提前进行三维动态施工模拟分析，优化施工工序流程及施工流水节拍，提高安装效率。

(6) 样板投入费用高

本工程涵盖分项工程多，各分项工程均需制作样板，且需制作整体样板间，以便向业主进行展示，样板制作复杂，较普通工程样板制作投入费用大大增加。

(7) 材料管控难度大

本工程场地多变、工期紧，造成工序穿插难度大，现场材料调运相互制约，且道路施工与现场主体施工同时进行，材料堆场变化大，材料管控及运输困难，影响进度。

8.1.2 BIM 应用策划

1) BIM 应用目标

项目开工阶段编制了 BIM 技术应用实施计划，在 BIM 技术应用的多个方面进行尝试，利用 BIM 平台指导项目施工。基本目标如下：

(1) 利用各专业模型进行碰撞测试，确保后期施工时不发生 5000 元以上的碰撞返工，其他碰撞控制在 2 处/万 m^2。

(2) 利用建筑信息模型进行施工组织模拟及方案论证。各工序施工前，首先进行方案的模拟，进行方案优化，已确保方案在施工现场得到有效落实；危险性较大的分部分项工程需专家论证时，首选利用信息模型进行演示，提高论证效率。

(3) 进行物料跟踪及工程量统计，开工前首选进行工程量概预算，与商务对比偏差，过程中对进场混凝土、钢筋等工程量进行管控，降低损耗量 70%。

(4) 合理进行施工部署及现场动态控制，确保不因施工组织问题发生材料二次转运。

(5) 实现数字化建造及数字化应用，由模型来指导施工、以施工来调整模型。模型提前跟进，对现场进度、安全、物料管控进行跟踪管理。后期运营维护阶段，对各构件进行定点分析，节省人力物力，以达到全生命周期的数字化应用。

2) BIM 的应用点

(1) 施工准备阶段

本阶段主要进行信息资料的积累和解读，把更多的问题消灭在施工前，减少施工中不必要的难题和被动的局面，优化整个建设过程，进行高效的项目管理工作。

① 基于BIM技术的图纸会审。应用BIM技术，把二维图纸转换成三维立体模型，可视化展示下，图纸问题一目了然，省时省力，提高图纸会审效率。通过BIM技术可以使各参与方之间沟通交流更直接，利用各软件工具，定期进行3D协同会议，项目团队各方更方便查看、穿越模型，更好地理解图纸信息，促进各方沟通，提升决策效率。

② 基于BIM技术的施组编制。利用虚拟动画，进行动态优化分析，得出更合理的施工进度计划，调整施工顺序，合理配置资源。在建筑物内部，还可进行工序专项规划，避免返工；还可进行专项方案的编制，采用立体动画方式，精确描述专项工程的概况、场地等情况，模拟进度计划、劳动力计划、材料与设备计划，找出薄弱环节，有针对性地编制安全保证措施。

（2）施工过程阶段

① 基于BIM技术的深化设计。二维设计软件本身具有局限性，即信息量少、可视能力差，因此，不可避免出现错误、遗漏、交叉碰撞等，而BIM技术采用数字化建立信息模型，涵盖了空间关系、建筑信息、机电系统信息等，具有实际物体模型参数化、信息量大、可视化能力强、准确放映各部件空间关系等优点。

从参数检测、管线综合、碰撞检测、多角度自由剖切、实时自动计算、机房工程优化等方面，BIM技术大大提高了深化设计效率。

② 基于BIM技术的施工组织管理。合理进行施工顺序的安排，精确进行物资管控。提前进行工程重点、难点分析，减少协调和返工成本。设计变更时，利用手持终端导入模拟方案，进行可视化交流。施工质量管理方面，在现场利用手持终端，直接提取模型，找出问题所在，简化以往繁杂的组织协调管理工作。

③ 基于BIM技术的施工技术管理。BIM技术可以模拟整个施工技术流程，并在需要注意的地方特别提示，例如设备安装高度的要求、维修空间的要求等。对于一些特殊的施工情况，各方专业工程师可以一起通过模拟施工过程，及时提出意见，确保专项施工技术在实施过程中细节上的可靠性。BIM技术在施工技术管理中的应用，降低了管理难度，同时有效促进了施工技术的规范化，提高了施工人员的技术能力。

3）BIM应用软件介绍

BIM应用软件，见表8-1-1。

BIM应用软件　　　　　　　　　　　　　　　　　表8-1-1

序号	软件名称	功能	备注
1	CAD2014	辅助阅读设计图纸，进行节点及变更图纸的设计，同时为revit建模提供基础数据	
2	Revit2014	结构及机电安装三维模型的建立，进行可视化操作；工程量的计算，协助进行材料管控和商务预算	
3	Navisworks2014	模型漫游，增强视觉感受；碰撞检测，出具检测报告；施工模拟，加强过程管控	
4	3Dmax	施工工序模拟	
5	Rhino	建立屋面吊顶曲面模型，对现场吊点复核后进行曲目重建，导出下料单进行工厂化加工	
6	BIM5D	工期管控与预警，质量安全过程管控，物资管理	

4）BIM 组织介绍

以公司技术中心为主导，集合公司、分公司及项目部优秀 BIM 管理人才，组建专业的 BIM 管理团队，从工期管理、技术管理、安全管理、物资及商务管理等全方位对项目进行管控，BIM 管理组织机构图如图 8-1-2 所示。

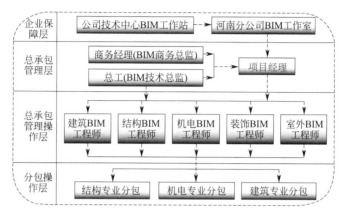

图 8-1-2　BIM 管理组织机构图

8.1.3　BIM 实施过程

项目部在工程开工伊始便树立以 BIM 管理平台为核心的项目信息沟通管理理念，项目管理人员充分了解和掌握与 BIM 相关的工具和技术，使其为项目管理的一种硬技术。在工程施工各阶段工作中应用 BIM 技术，方便、快捷、高效地进行规划和安排，提高施工过程中管理效率，减少项目管理风险。

1）施工准备阶段的 BIM 应用

（1）施工现场平面布置

应用过程：现场环境资料收集→现场各方平面布置资料收集→平面模型绘制→根据现场情况动态模拟分析→输出分析数据→实施动态调整。

新郑机场 T2 航站楼工程总占地面积约 14 万 m^2，且涉及周边工程及施工单位较多。在施工阶段前期，先对现场进行实地勘察，收集施工现场周边环境信息，为平面布置做现场资料支撑。而后召开现场平面布置协调会，汇总相关方平面布置需求，形成书面及平面布置初步材料。项目 BIM 工程师根据收集的资料，运用 Revit2014 绘制各阶段平面布置模型，如图 8-1-3 所示。再根据周边工程施工情况、施工进度情况对施工现场材料堆场、临时道路、大型机械等进行规划和布置，并对复杂环境下材料运输通道进行三维动态模拟分析，输出动态模拟分析数据，提供给项目平面管理工程师。平面管理工程师根据模拟分析数据，提出合理化平面布置修改意见，反馈 BIM 工程师，对现场平面布置模型实施动态的调整，最终反馈现场实施。通过对材料运输、施工工序穿插等进行模型模拟分析，对现场临时道路、材料堆场及大型机械运行进行实时调整，实施动态管理，使现场平面布置高效运转。

（2）基于 BIM 技术的图纸会审

应用过程：整理二维平面图纸→核对图纸→绘制各专业模型→模型自审→模型互审→各方会审→形成图纸会审报告。

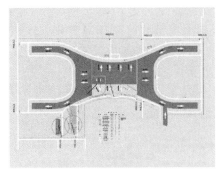
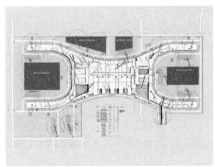

(a) 土方开挖阶段平面布置图　　　　(b) 主体施工阶段平面布置图

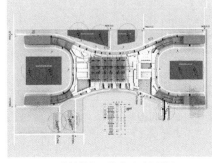
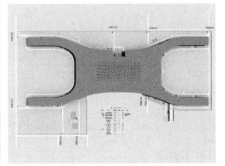

(c) 钢结构施工阶段平面布置图　　　(d) 幕墙及装饰施工阶段平面布置图

图 8-1-3　各阶段平面布置模型

本工程涉及土建、机电安装等各专业图纸 4000 余张，图纸会审工作如采用传统二维平面（Auto CAD）图纸和纸质图纸的图纸会审方式，不但工作量大、图纸会审周期长，而且很难满足工期要求。施工前期整理由业主方提供的施工蓝图及 Auto CAD 电子版图纸，与设计单位一一核对，图纸数量核对无误后，再进行蓝图与电子版图纸核对，确保电子版图纸与施工蓝图的一致性。而后分发各专业图纸，由各专业 BIM 工程师绘制本专业模型文件。模型绘制完成后，由各专业技术人员在三维可视化模式下对本专业模型进行自审，形成自审报告。在总包单位协调下，各专业交换模型，将本专业模型与各专业模型通过 Revit 进行链接，进行专业间互审，查找专业间图纸问题并形成互审报告。将图纸自审报告及专业互审报告提交业主、设计单位及监理单位，由业主单位组织图纸会审。通过各专业现场模型展示，由设计单位对图纸问题进行一一解答。

基于 BIM 技术的图纸会审，打破了传统施工图会审的工作流程，解决了会审效率低、时间长的问题，尤其对专业间互审，图纸问题更是一目了然，如 C4 区一层走廊，采用传统图纸会审方式，在各专业图纸中均未发现问题，然而将各专业模型链接到一个模型中就会发现，走廊内各专业管线层层叠加，不但会给施工带来极大的困难，而且施工完成后标高也无法满足吊顶标高的设计要求，如图 8-1-4 所示。通过采用基于 BIM 技术的三维可视化图纸会审方式，作为项目各参与方之间进行沟通和交流的平台，使图纸会审内容更直接，使会审结果有了质的飞跃。

（3）施工方案（工序）模拟

应用过程：核对图纸、确定方案→绘制方案模型→方案（工序）模拟→编制施工方案→方案交底→现场实施。

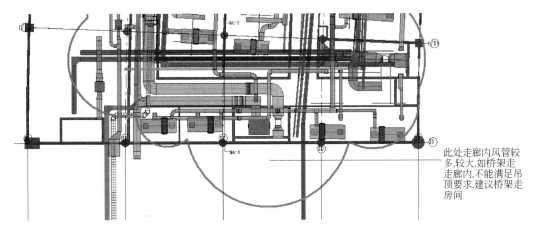

图 8-1-4 C4 区一层走廊局部模型

此处走廊内风管较多,较大,如桥架走走廊内,不能满足吊顶要求,建议桥架走房间

T2 航站楼工程结构设计复杂,施工技术要求高,施工难度也越大,这就对施工方案编制提出了更高的要求。为此,项目在编制重要的施工方案或关键的工序施工前,由项目总工牵头组织技术人员,对施工图纸进行核对,确定出切实可行的施工方案(或工序),BIM 工程师根据施工图纸运用 Revit 软件绘制方案所需模型,在模型中输入工序穿插时间信息,模拟施工内容,输出模拟动画,并挖掘施工过程中可能会遇到的施工技术难题以及可能会发生的安全质量问题,再由技术人员提出切实可行的解决方案或防治措施。技术人员在传统方案编制的基础上,通过插入三维效果图片,以及关键部分或关键工序模型截图,编制出基于 BIM 技术的专项施工方案。采用可视化施工模拟动画的方式,配合基于 BIM 技术编制专项施工方案,如图 8-1-5 所示。对施工技术人员和施工操作人员进行方案交底,可精确地描述其施工工艺流程,使方案更生动形象、易于理解,也使施工安全质量保证措施的制定,更直观,更具有可操作性,现场实施效果良好。例如混凝土斜柱施工,保证了混凝土斜柱的倾斜度和架体搭设安全。

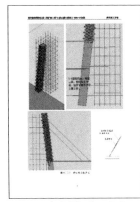
(a)混凝土斜柱施工方案

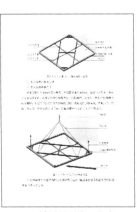
(b)斜面吊顶施工方案

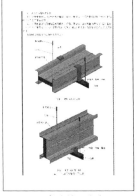
(c)机电施工方案

图 8-1-5 基于 BIM 技术的专项施工方案

对一些影响施工工期和施工质量的关键部位的关键工序,如独立柱混凝土浇筑、楼层混凝土浇筑等,如图 8-1-6 所示,BIM 工程师运用 3Dmax 软件,编制施工动画,对施工

过程进行三维动态施工模拟分析，优化施工工序流程及施工流水节拍，从而合理安排现场施工，提高工作效率，节省施工成本与工期。

(a) 独立柱混凝土浇筑　　　　　　　(b) 指廊楼层混凝土浇筑

图 8-1-6　施工工序模拟视频截图

（4）虚拟样板间（段）制作

应用过程：样板间（段）位置选取→模型绘制→输出展示视频及样板施工图纸→模型样板验收→现场实体样板实施→现场实体样板验收

为确定建筑施工材料、制定施工质量标准，施工现场往往会制作大量的展示样板，但这样的展示样板一旦验收不能通过就必须拆除重做，既费时费力，又不利于成本控制。项目根据施工需求，合理选取施工样板间（段），通过 Revit 绘制虚拟样板间（段）模型。绘制过程中，对于确认的材料赋予材质及颜色等信息，通过 Revit 或 Navisworks 的漫游功能，输出漫游展示视频，如图 8-1-7 所示，并导出样板间（段）施工图纸，如图 8-1-8 所示。通过模型展示、漫游展示等方式，组织业主、设计单位及监理单位进行虚拟样板间（段）验收，验收通过后进行实体样板施工。现场实体样板验收通过后组织大面积施工，现场 BIM 样板验收如图 8-1-9 所示。

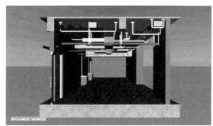 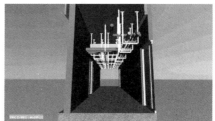

(a) C1区业务用房样板模型视频展示截图　　　(b) C1区走廊样板模型视频展示截图

图 8-1-7　样板间（段）漫游展示视频截图

通过这种先制作虚拟样板间（段），后制作实体样板间（段）的方式，既达到样板引路效果，提高了样板间（段）验收通过率，又减少了样板间施工的投入，节省了工期和施工成本。

2）施工过程阶段的 BIM 应用

（1）钢结构节点深化

应用过程：核对图纸→绘制模型→输出节点图及加工料单→构件加工→现场安装。

在钢结构施工前，为提高构件加工精度及安装精度，由项目技术人员首先对施工图纸

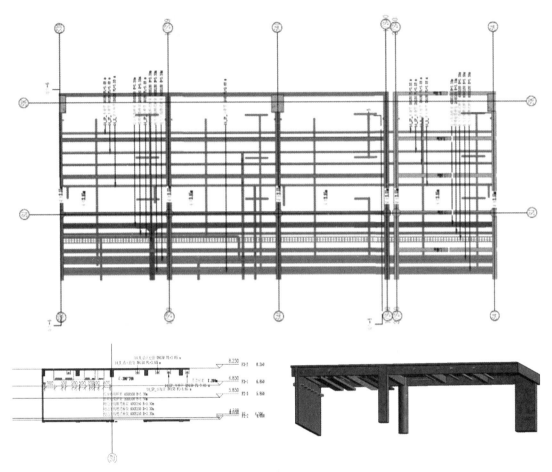

图 8-1-8 C1 区实体模型 BIM 设计图

图 8-1-9 现场 BIM 样板展示与验收

进行核对,核对无误后交由 BIM 工程师运用 tekla 软件绘制钢结构模型如图 8-1-10、图 8-1-11所示,对各构件及节点进行深化设计,输入精确的数据信息。模型绘制完组织技术人员进行核对,核对无误导出深化设计图及构件加工材料单,用于工厂加工及现场施工。项目通过提前绘制 BIM 模型,对构件节点进行深化,确保了构件加工一次成优,避免钢结构加工偏差,现场施工通过模型跟踪控制,确保了工程施工质量。

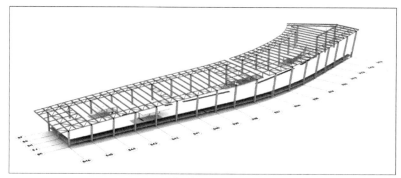

(a) C1区指廊钢结构BIM模型图

(b) 十字交叉梁支座　　(c) T字交叉梁支座　　(d) 梁梁节点

图 8-1-10　指廊钢结构及节点模型图

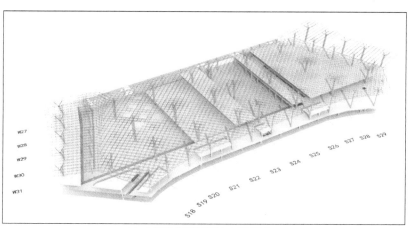

(a) 主楼部分网架结构BIM模型图

 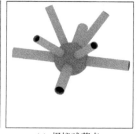 

(b) 螺栓球节点　　(c) 焊接球节点　　(d) 支座节点

图 8-1-11　主楼网架结构及节点模型图

(2) 机电综合管线排布

应用过程：核对图纸→模型绘制→模型链接→碰撞检测→输出碰撞检测报告→模型修改与调整→输出施工图纸→现场实施。

核对图纸及模型绘制工作在图纸会审前已完成，该处只需对图纸会审内容在模型中进行调整即可，此部分工作由各专业 BIM 工程师自行完成。模型调整完成后，由总部单位牵头，将 Revit 模型文件转换成 Navisworks 文件，运用 Navisworks 对模型进行碰撞检测并导出碰撞检测报告，如图 8-1-12 所示。对预留洞、预埋件出现的偏差、遗漏，管线碰撞，综合标高过低未达到建筑空间使用要求等问题，在 Revit 软件工作环境下进行修改与调整，而后将各专业模型链接到一起，完成综合管线排布，如图 8-1-13 所示，最后按需求输出施工所需平立剖图纸，用于现场施工，如图 8-1-14 所示。

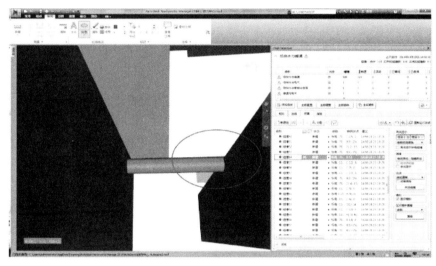

图 8-1-12　NavisWorks 软件硬碰撞检测

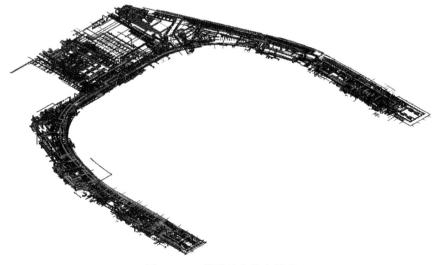

图 8-1-13　管线综合排布模型

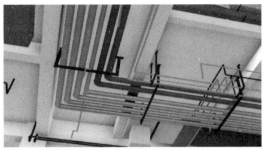 

图 8-1-14　BIM 模型与现场施工效果对比图

（3）机电节点及构件深化设计

应用过程：数据收集→模型绘制→输出节点图及加工料单→构件加工→现场材料验收及安装。

根据管线综合排布模型，收集走廊管线密集且上部空间狭小位置的管线排布信息，对支吊架进行综合设计，绘制模型，输出节点模型及材料料单，现场严格按料单尺寸进行加工并安装，如图 8-1-15 所示，从而节省材料用量，降低施工成本，且很好地利用了上部有限空间。

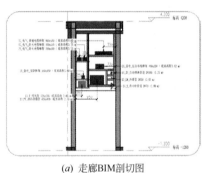 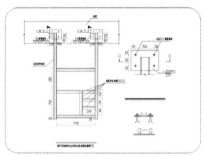

(a) 走廊BIM剖切图　　　　　　　(b) 支吊架BIM深化图

(c) 现场支吊架安装　　　　　　　(d) 现场管道安装

图 8-1-15　综合支吊架深化设计

对复杂的安装节点，截取出来绘制节点模型，如图 8-1-16 所示，通过机电模型展示给操作工人进行交底，避免安装过程中发生错误。

（4）大空间吊顶综合应用

应用过程：数据采集与处理→模型重建→吊顶排版→材料加工→吊顶板安装→跟踪调整。

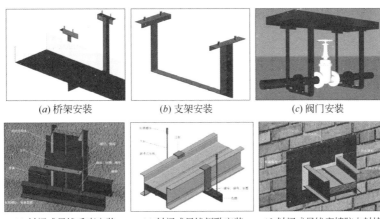

(a) 桥架安装　　　(b) 支架安装　　　(c) 阀门安装

(d) 封闭式母线垂直安装　(e) 封闭式母线侧卧安装　(f) 封闭式母线穿墙防火封堵

图 8-1-16　机电安装节点设计

主楼钢结构网架是蛋壳双曲面造型，因施工过程变形等因素影响造成螺栓球实际空间位置与设计模型数据存在误差，设计曲面模型已不能满足现场施工要求，需根据现场实际数据进行曲面模型调整。

使用无棱镜全站仪等精密仪器实施网架球节点坐标测量，得出钢结构网架螺栓球节点三维坐标，如表 8-1-2 所示。采用 Rhino 软件绘制实测球节点三维模型，如图 8-1-17 所示，链接至设计吊顶三维模型中，采用 ICP 自动模型比对算法。对吊顶点三维空间坐标数据进行比对分析，自动生成比对偏差分析表。通过对本工程模型比对分析可知，实测数据与设计模型数据不吻合，需对曲面模型进行重建。

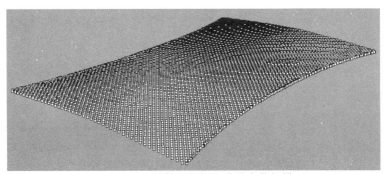

图 8-1-17　钢结构网架螺栓球节点数据模型

现场实测网架球节点数据成果（网架施工区域）　　　表 8-1-2

节点号	设计 X	设计 Y	设计 Z	测量 X	测量 Y	测量 Z	dX	dY	dZ
WJ-1-A466	-195.750	74.250	26.845	-195.651	74.281	26.802	0.099	0.031	-0.043
WJ-1-B372	-168.750	74.250	24.358	-168.663	74.274	24.329	0.087	0.024	-0.029
WJ-1-B394	-177.750	74.250	25.187	-177.671	74.27	25.133	0.079	0.02	-0.054
WJ-1-B408	-182.250	74.250	25.601	-182.183	74.271	25.538	0.067	0.021	-0.063
WJ-1-B424	-186.750	74.250	26.016	-186.686	74.272	25.952	0.064	0.022	-0.064
WJ-1-B619	-218.250	74.250	28.917	-218.2	74.289	28.863	0.05	0.039	-0.054
WJ-1-B656	-222.750	74.250	29.332	-222.704	74.289	29.269	0.046	0.039	-0.063

续表

节点号	设计 X	设计 Y	设计 Z	测量 X	测量 Y	测量 Z	dX	dY	dZ
WJ-1-B717	−236.250	74.250	30.575	−236.223	74.301	30.49	0.027	0.051	−0.085
WJ-1-C707	−231.750	74.250	30.161	−231.713	74.289	30.093	0.037	0.039	−0.068
WJ-1-D445	−191.250	74.250	26.43	−191.187	74.273	26.378	0.063	0.023	−0.052
WJ-1-D687	−227.250	74.250	29.746	−227.209	74.292	29.681	0.041	0.042	−0.065

为了满足曲面重建的需要，测量的点云数据需要进行预处理。主要过程包括：去除噪声点、数据插补、多视拼合、点云数据优化和数据平滑、光顺等。曲面模型重建过程主要是为了消除球节点 Z 轴坐标数据偏差对曲面曲率及光滑度的影响。调整过程中遵循以下原则，如图 8-1-18 所示，对球节点 Z 轴坐标进行微调，使得吊顶曲面模型曲率及光滑度满足设计及视觉效果要求。调整完成后效果如图 8-1-19 所示。

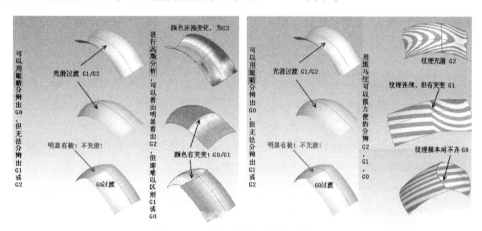

图 8-1-18 模型重建的光滑度标准

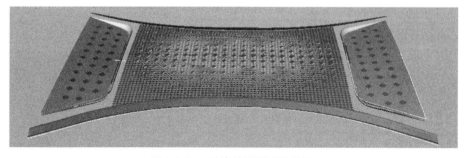

图 8-1-19 重建吊顶模型效果图

将实测球节点 XOY 平面坐标数据投射至重建吊顶曲面模型中，完成对曲面模型初步分割，如图 8-1-20 所示。

在分割线同时满足曲面光滑性要求和单元板外观形态要求的条件下，曲面分割直接影响铝板的加工难度和成型后的外观效果，因此曲面分割线的形成必须同时满足两个条件，即曲面分割线符合光滑性要求，曲率变化均匀，曲面分割线满足单元外观形态，通过调整完成双曲面吊顶排版，如图 8-1-21 所示。

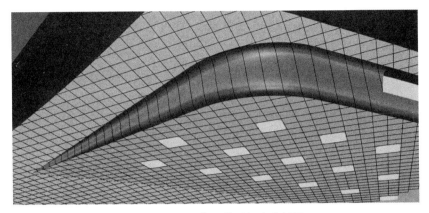

图 8-1-20　双曲面模型初步分割图

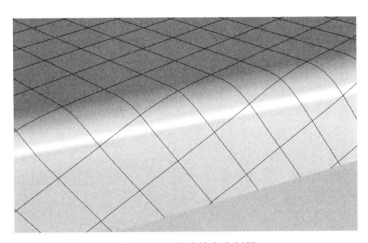

图 8-1-21　最终排布分割图

通过犀牛软件对吊顶模型不断重建与调整，最后导出单元板块指定料单，如图 8-1-22 所示，用于工厂加工。

新郑国际机场T2航站楼双曲天花单元深化设计

类型号：	PB-01	设计单号：	1	版本：	A
单　位：				日期：	2014/11/5

单元信息

室内/室外	室内	轴线位置	
类型	不翻转单元	安 装 区号	1区
单元形状	完整四边形	小区内编号	1
A点指向	东		
角度信息		长度信息	
单元角A(度)	89.94	d1(mm)	3183.52
单元角B(度)	90.05	d2(mm)	3183.45
单元角C(度)	89.95	d3(mm)	3183.47
单元角D(度)	90.05	d4(mm)	3183.50

模型定位点信息				实测点位信息			偏差值			
点号	X(m)	Y(m)	Z(m)	x(m)	y(m)	z(m)	dx(mm)	dy(mm)	dz(mm)	dl(mm)
A点	592.785	64.142	32.889							
B点	590.535	61.892	32.988							
C点	592.785	59.642	33.085							
D点	595.035	61.892	32.987							

注：1. dx，dy，dz为对应模型与实测点坐标差值，dz为安装吊杆长度，dl=(dx^2+dy^2)^0.5。
2. dl<=100mm时，用转接件一；dl>100mm时，用转接件二。

单元内铝板信息

颜色	白色			材质	铝
穿孔率				材料厚度	3mm

加工尺寸

b1铝板	b1-L1(mm)	b1-L2(mm)	b1-L3(mm)	b1-L4(mm)	b1-L5(mm)	b1-L6(mm)
	1565.26	1565.24	1565.25	1565.25	2214.65	2212.52
b2铝板	b2-L1(mm)	b2-L2(mm)	b2-L3(mm)	b2-L4(mm)	b2-L5(mm)	b2-L6(mm)
	1565.22	1565.25	1565.24	1565.26	2212.52	2214.65
b3铝板	b3-L1(mm)	b3-L2(mm)	b3-L3(mm)	b3-L4(mm)	b3-L5(mm)	b3-L6(mm)
	1565.23	1565.24	1565.25	1565.22	2214.65	2212.52
b4铝板	b4-L1(mm)	b4-L2(mm)	b4-L3(mm)	b4-L4(mm)	b4-L5(mm)	b4-L6(mm)
	1565.25	1565.25	1565.24	1565.23	2212.52	2214.65

单元内龙骨信息

长度信息

ZL1(mm)	ZL2(mm)	ZL3(mm)	ZL4(mm)
3033.52	2953.45	3033.47	2953.50
CL1(mm)	CL2(mm)	CL3(mm)	
2977.76	2977.76	1200.00	

切角信息

s1(mm)	s2(mm)	s3(mm)	s4(mm)
40.04	40.04	40.04	40.04

审定：　　审核：　　设计负责人：　　校对：　　设计：

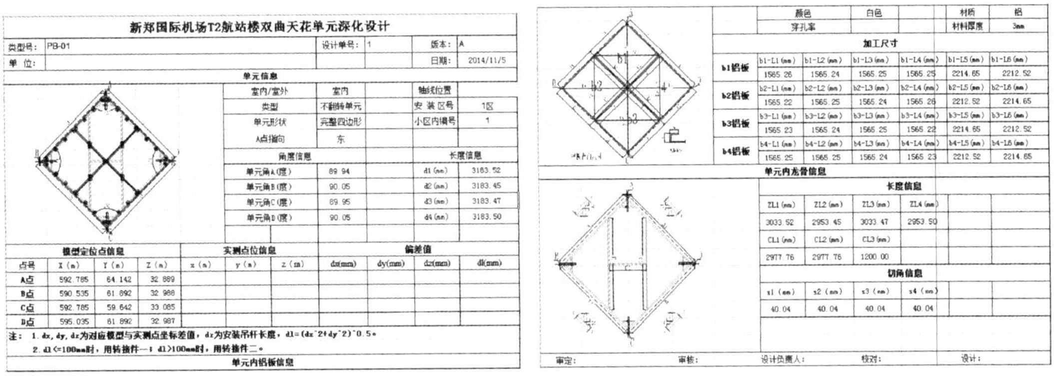

图 8-1-22　单元板块指定格式料单

铝板安装过程中，用全站仪对每块单元铝板四角吊点三维空间坐标进行实时测量，得出安装坐标数据，提供给模型设计技术人员进行校核。将现场实测单元铝板四角吊点安装坐标数据导入曲面施工模型中，进行偏差对比计算（方法同数据分析），得出每块单元铝板四角吊点安装误差数据，反馈现场对安装完成的单元铝板四角进行测量控制，指导现场操作人员对吊杆长度进行调节，直至消除点坐标误差，达到与模型匹配，如图 8-1-23 所示。

图 8-1-23　现场跟踪测量调整

（5）技术质量、安全过程跟踪管理

① 设计变更跟踪控制。设计变更也是在工程中需要协调配合的重要因素，因其设计变更的原因有很多，例如，设计的错误、各专业间协同的不及时、建筑信息的流转缺失、各方人员的理解偏差、业主新的需求等。现场协同因各专业的立场和人员自身能力的差异，往往非常困难。如果能够利用 BIM 技术模型提前模拟可行的方案及造成的影响，然后在现场利用手持终端（ipad、手机等，如图 8-1-24 所示）将方案模拟结果导入，随时随地进行可视化沟通交流，会让协调组织工作更加容易。

② 安全、质量问题跟踪控制。运用广联达 BIM5D 软件配合移动设备终端，现场进行质量、安全施工指导，如图 8-1-25、图 8-1-26 所示，并可对现场安全、

图 8-1-24　手持终端现场跟踪设计变更情况

质量实施情况进行跟踪检查，将不符合要求的施工部位标注至模型相应部位，下发整改通知并形成施工日志记录于模型中。

如果先施工的专业施工完成后，出现施工质量问题而造成后续专业无法施工，BIM 参数化模型包含的信息更加容易正确传递，在施工现场随时拿出手持终端，可以很方便地通过提取模型查阅、讲解，与实际施工情况一一对比，找出问题所在，为各专业的协调提供有力的支持，避免问题胶着。

8.1.4　BIM 应用效果

1）BIM 应用为本项目解决的问题

BIM 技术在新郑机场 T2 航站楼项目的应用，有效提升了企业总承包管理能力和管理

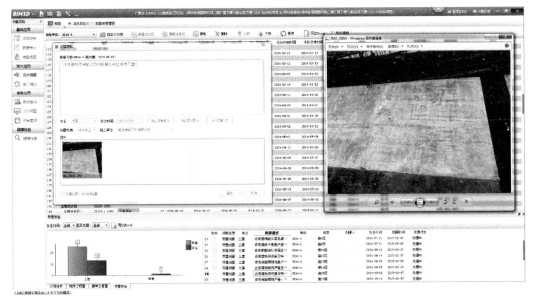

图 8-1-25 现场跟踪质量情况

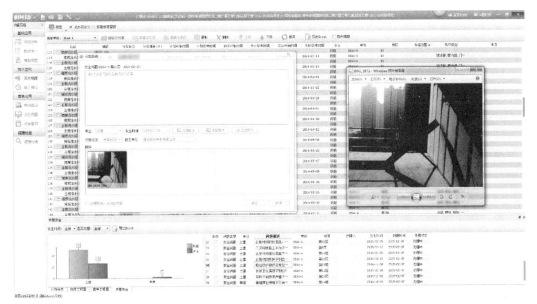

图 8-1-26 现场跟踪安全情况

水平,同时优化了管理效率和管理流程,节省了工期,降低了施工成本。

通过施工进度模拟,提前发现施工中可能出现的平面布置、施工组织、安全文明等易错点,进而优化场地平整方案;利用三维模型和视频进行技术交底,更为直观、易懂;施工管理内部协同载体,促进部门间协作;可实现施工管理经验的可视化传承;节约工期和成本,辅助商务算量,指导物资进场计划。

BIM 技术平台作为一个前瞻性技术平台,能够通过施工前的虚拟模型施工,有效避开施工中的冲突及碰撞问题,对施工企业来说具有革命性的突破,有着广阔的应用前景。我们将秉承发展 BIM 技术的理念,不断探索 BIM 技术的各项运用,不断推动 BIM 技术在本工程中的应用。

2）BIM 应用为项目创造的效益

（1）土建与机电安装碰撞分析

通过运行土建结构模型及机电安装模型进行碰撞实验检测，共发生碰撞 592 处；对碰撞部位返工需发生费用多少大致划分四个等级（一级碰撞返工需花费 10 万元以上，二级碰撞需花费 2.5 万元以上，三级碰撞需发生费用 0.5 万元以上，四级碰撞需发生费用 0.1 万元），一级碰撞共计 4 处，二级碰撞共计 32 处，三级碰撞共计 167 处，四级碰撞共计 389 处，返工需发生费用共计为：$10\times4+2.5\times32+167\times0.5+389\times0.1=242.4$ 万元。

（2）机电安装与机电安装碰撞分析

通过运行机电安装各专业（给排水、消防、空调、强弱电等）模型进行碰撞试验检测，共发生碰撞 1241 处；对碰撞部位返工需发生费用多少大致划分四个等级（一级碰撞返工需花费 10 万元以上，二级碰撞需花费 2.5 万元以上，三级碰撞需发生费用 0.5 万元以上，四级碰撞需发生费用 0.1 万元），一级碰撞共计 17 处，二级碰撞共计 63 处，三级碰撞共计 407 处，四级碰撞共计 754 处，返工需发生费用共计为：$10\times17+2.5\times63+0.5\times407+0.1\times754=606.4$ 万元。

（3）大空间翻版吊顶深化

通过对关键节点深化和对关键工序模拟、三维方案交底，加快了施工进度，实现综合经济效益达到 30 万元。

（4）钢结构节点深化

对屋面钢结构复杂节点进行深化，工厂定型加工，减少现场加工环节，实现效益达到 20 万元。

（5）曲面吊顶排版下料

整合现场实测数据与设计模型数据，优化吊顶排版与材料下料，确保吊顶一次成型，实现经济效益达到 20 万元。

（6）施工模拟

通过施工模拟，使各专业之间沟通更顺畅、工序安排更合理，设备材料进场、劳动力配置、机械排班等各项工作的更高效，实现综合经济效益 80 万元。

（7）缩短工期

运用 BIM 技术进行工期模拟，实现工期动态管理。本工程主楼屋面斜面吊顶约 10 万 m^2，吊顶工程需要 9 个月。采用 BIM 技术进行动态管理仅 3 个月即完成吊顶安装任务，以正常施工 100 人计算，单个项目可节省费用 100 人×180 天×200 元＝360 万元。

BIM 技术在机场航站楼施工中的成功应用，不仅取得良好的经济效益（累计经济效益达到 1400 万元），同时很好地为机场二期工程建设缩短了工期，节约了成本，受到郑州机场二期建设指挥部及设计单位、监理单位一致好评，大大提升了公司在行业内的口碑及影响力。

8.2 BIM技术在河南建设大厦工程中的应用

8.2.1 项目概述

1）工程简介

河南建设大厦工程位于河南省郑州市，是一座集办公和商业为一体的综合建筑。工程总建筑面积119695m^2，建筑高度91.10m。其中地上21层建筑面积87654m^2，功能以办公为主；地下2层建筑面积31804m^2，以车库、餐饮为主。主体结构由2座平面为七边形的钢筋混凝土塔楼和6层57m大跨度钢结构连廊组成，建筑外立面为面积约45000m^{2}的装饰幕墙。本工程空间结构、装饰、安装体量大，工艺复杂，质量目标为"鲁班奖"，如图8-2-1所示。

图8-2-1 河南建设大厦效果图

2）重点难点分析

（1）新的结构形式对施工技术、工艺等提出了更高的要求。建设大厦外观为"门"字形，寓意"建设之门"与环境对话，是河南省标志性建筑，其结构形式新颖，质量要求高，施工难度大。

（2）本工程建筑体量大、结构复杂。地下室面积大，层高高，结构复杂且不规则，标高变化多，人防复杂；地下水位高，基坑最深达14m；承台单体体量大、数量多，高度普遍超过2.4m。按照沉降及变形后浇带划分为8个平面及空间交叉作业区组织施工，如图8-2-2所示，施工管理难度大，需提前对图纸和工艺进行优化和协调，减少返工和浪费，达到缩短工期、降本增效的目的。

（3）本工程为异形结构，地上2座塔楼为七边形，梁柱为非正交轴线，要求两座塔楼标高、轴线相互呼应，主体混凝土误差控制在5mm之内，钢结构误差控制在3mm之内，质量要求高，施工难度大。

（4）安装工程涉及面广，包括给排水系统、暖通系统、强电系统、建筑智能化系统、电梯等安装体量大，机电设备管线错综复杂，排布纵横交叉、布置密集，过道净高控制困难，需提前对图纸和各专业间施工工序优化和协调，如图8-2-3所示。

（5）地下室外墙厚度大（300～500mm），重力排水预留孔洞位置要精确。

（6）16层以上型钢混凝土梁柱、钢连廊桁架为40～60mm厚钢板焊接或栓接；型钢梁柱高空安装、节点复杂，且安装精度要求控制在3mm以内。钢桁架连廊为6层结构，

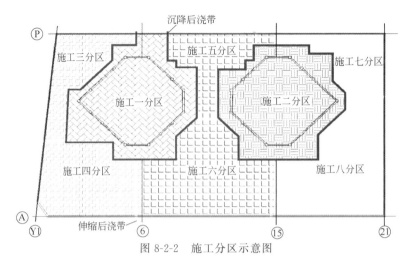

图 8-2-2 施工分区示意图

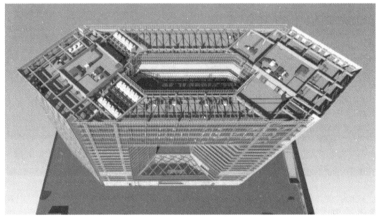

图 8-2-3 屋面层设备安装

外侧最大跨度达 57.0m，中间最小跨度为 22.9m，如图 8-2-4 所示，重量约 1440t，采用地面整体组装、大吨位千斤顶整体液压提升、高空就位连接的施工技术。同时构件变形、高空对接精度等控制要求高，施工难度大。

图 8-2-4 钢连廊施工

（7）幕墙由铝合金框架式半隐玻璃幕墙、开缝式石材-隐框玻璃混合幕墙、铝单板幕墙等构成，幕墙总面积约 41900m²。由于建筑外形为不规则七边形，且分格大小不一，位于 18 层的连廊底幕墙施工难度极高。

8.2.2 BIM 应用策划

1) BIM 应用目标

通过 BIM 技术应用，河南建设大厦项目要实现施工过程的可视化展示，并致力于实现造价控制、进度控制、质量控制的三大管理目标。以 BIM 技术控制工程造价，提早发现问题，减少变更，提高对工程造价的控制力。在工程进度管理中应用 BIM 技术，以实现不同参与方之间的信息结构化管理和信息交换共享，利于更好地沟通协调与论证。合理优化各专业施工工序，缩短工程施工周期。通过 BIM 技术三维可视化特性及"查漏碰缺"功能，并结合 iPad 全自动全站仪，以确保施工质量，实现"鲁班奖"的质量目标。

2) BIM 的应用点

河南建设大厦项目为河南省住房和城乡建设厅直管工程，质量目标为"鲁班奖"，各项管理工作要在河南省乃至全国发挥示范和引领作用。BIM 技术的应用，为各参建方提供了直观的沟通平台，解决了施工难题，实现了项目造价、质量、进度的管控。BIM 具体应用点主要包括：施工场地设计、土建节点深化、机电工程优化、钢结构深化设计、BIM 全自动全站仪测量、幕墙深化、辅助工程量计算、移动设备现场支持、VR 技术展示、施工过程文档信息集成系统等。

3) BIM 应用软硬件介绍

本工程采用 Revit2013、Tekla、NavisWorks 2013 等软件搭建、优化、整合 BIM 模型，如表 8-2-1 所示；项目采用的硬件设备如表 8-2-2 所示。

工程中应用到的 BIM 技术软件　　　　表 8-2-1

序号	模型和应用内容	相关软件	应用情况
1	建筑模型	Revit 2013	良好
2	结构模型	Revit 2013	良好
3	机电模型	Revit 2013	良好
4	幕墙深化模型	Revit 2013	良好
5	钢结构深化模型	Tekla、Revit 2013	良好
6	模型整合、专业协调	NavisWorks 2013	良好
7	施工进度模拟	NavisWorks 2013	良好
8	移动手持设备现场管理	BIM 360 Glue	良好
9	大跨度大吨位钢结构提升模拟	NavisWorks 2013	良好
10	施工过程文档信息集成	NavisWorks 2013 二次开发	良好
11	钢结构提升定位监测	Trimble LM80 Desktop	良好
12	施工安全管理	Revit 2013、NavisWorks 2013	良好

工程中应用到的硬件设备 表8-2-2

类型	品牌	型号	CPU	内存	数量
台式机	DELL	ALWADR-1728 X51-R2	i7-3770	16G	2
笔记本	DELL	Alienware 18(ALW18D-1768)	i7-3770	16G	6
笔记本	Lenovo	Y410P	Y410P	32G	6

在配置的软硬件基础上，基于CAD图纸，利用Revit进行建筑、结构和水、暖、电BIM模型的建立；利用NavisWorks，进行建筑、结构、安装各专业的模型整合与协调，同时优化排布；利用我单位基于NavisWorks二次开发的施工信息集成管理系统进行信息管理。

工程中应用的各项软件其特性及功能如下：

（1）Autodesk Revit：应用该软件建立水、电、暖模型，并进行综合深化设计，调整管线综合模型，导出优化后的二维和三维图纸。

（2）Autodesk NavisWorks：应用该软对全专业模型进行碰撞检查、施工进度模拟和施工工序模拟，并进行施工现场可视化技术交底以及施工信息集成管理。

（3）Etabs：利用该软件进行结构有限元分析，确定连体钢结构施工过程中的结构加固措施。

（4）Tekla：应用该软件建立钢结构模型，并与Autodesk Revit软件进行模型转换以及和其他专业模型进行整合。

（5）BIM 360 Glue：该软件强化了基于云计算的协作和移动接入，有助于确保整个项目团队参与协调过程，缩短协调周期，为团队成员提供可以随时随地查看文件的工具。除此之外，项目设计和建造相关的所有团队还能更方便地查看最新项目模型并实时进行冲突检测，节省项目设计和建设项目所需的时间和资金。

4）BIM组织策划

（1）BIM技术团队

工程伊始，项目部即成立了以牛小昌项目经理为总指挥的BIM应用团队。根据人员岗位不同、运用BIM技能需求的不同，河南建设大厦的BIM团队由BIM团队指挥长、BIM团队顾问、BIM工程师构成，如表8-2-3所示。同时项目中的不同岗位人员可利用BIM模型中的数据、信息来处理工作与业务。项目BIM团队实现了BIM技术员对各区域工长进行BIM技术培训，各区域工长对各专业施工队进行BIM技术交底的一体化BIM施工技术应用，如图8-2-5所示。

河南建设大厦项目BIM应用团队 表8-2-3

序号	姓名	职务	职责
1	牛小昌	BIM团队组织	负责总体工作策划
2	何关培	BIM团队顾问	负责BIM技术培训、咨询
3	马玉明	BIM团队顾问	负责BIM土建施工技术支持
4	李亦工	BIM团队顾问	负责BIM安装施工技术支持
5	岳明生	BIM团队副组长	负责BIM技术具体实施工作
6	杨帆	BIM团队副组长	负责BIM技术现场管理工作
7	郭亮	BIM结构工程师	负责BIM结构建模、模型管理
8	张迎	BIM机电工程师	负责BIM机电建模、模型应用
9	石磊	BIM幕墙工程师	负责BIM幕墙建模、模型应用
10	李晟辉	BIM机电工程师	负责BIM通风及空调BIM建模、模型应用

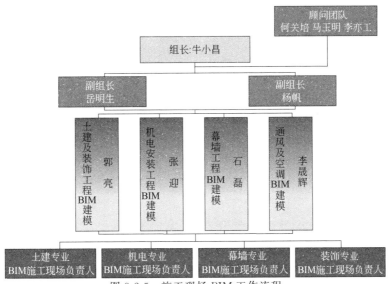

图 8-2-5 施工现场 BIM 工作流程

BIM 技术运用过程中，BIM 项目负责人定期组织 BIM 团队、各职能部门召开协调会议，解决模型使用中的协调问题。在工程项目施工过程中，将 BIM 逐渐融入原有的施工流程，形成"我要用，而不是要我用 BIM"的新局面。

（2）BIM 技术运行模式

① 客户端只运行软件，把建筑、结构、机电各专业分别建立模型，同时 BIM 模型直接保存在服务器中进行集中管理，如图 8-2-6 所示。

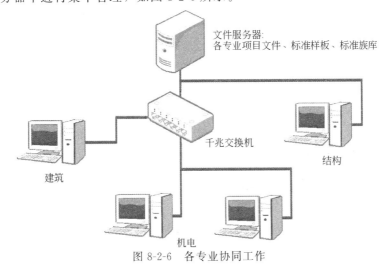

图 8-2-6 各专业协同工作

② 由于该工程项目模型量较大（完成后 BIM 模型文件容量 15GB），故采用分区域、分楼层、分专业、分系统分别进行建模，如图 8-2-7 所示。

8.2.3 BIM 实施过程

1）施工场地设计

施工场地布置是项目施工的前提，合理的施工现场布置设计能够在项目开始之初，从源头减少安全隐患，是方便后续施工管理、降低成本、提高项目效益的重要环节。通过

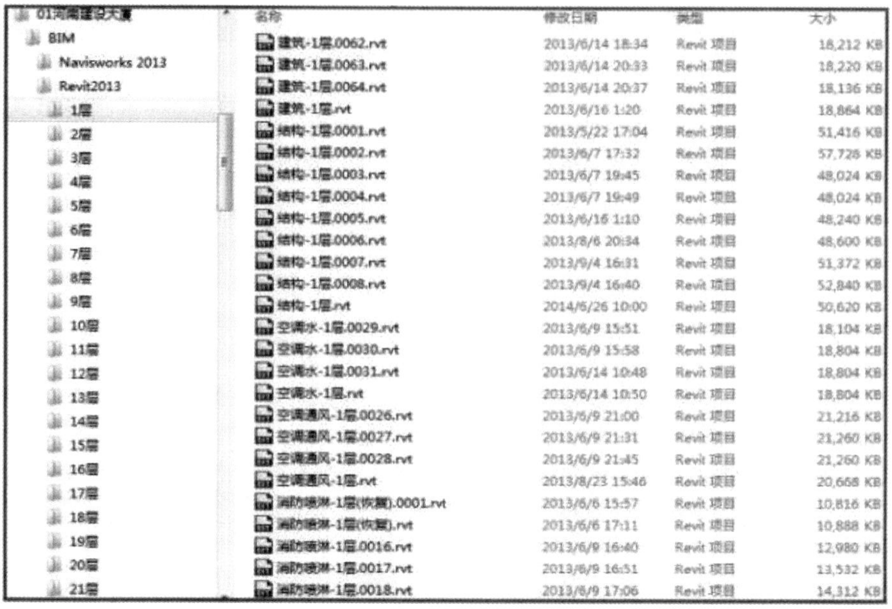

图 8-2-7 建模组织方式

Revit 软件建立施工现场 BIM 模型，合理规划行车道路以及施工场地材料堆场；实现施工场地的土地利用最大化，减少材料的二次搬运及搬运距离，满足绿色施工节地、节能的要求，如图 8-2-8、图 8-2-9 所示。

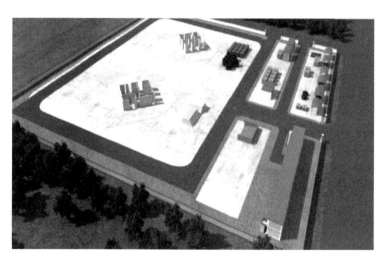

图 8-2-8 施工现场的施工区域、材料加工区域

2）土建节点深化

钢筋节点可视化深化设计可以有效保证施工质量。由于本工程钢筋分布较密，且直径较粗，梁及柱钢筋直径为 25～40mm 不等。同时，节点处理复杂，原有设计未考虑到钢筋排布，导致部分节点无法施工。此外，地下室部分结构复杂且不规则，标高变化多，节点构造复杂。通过 Revit 建立钢筋模型，如图 8-2-10 所示，判定三维柱梁钢筋的主筋定位，控制弯钩类型和弯钩方向，合理规划钢筋空间布置，调整、修改钢筋间距和位置，避

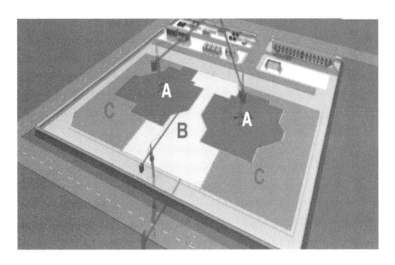

图 8-2-9 施工现场的塔吊布置及作业区域

免钢筋之间、钢筋与钢骨柱、钢骨梁之间的碰撞问题,可提高钢筋加工制作及现场施工精度,实现一次成优。通过 Revit 钢筋模型提前预留振捣孔洞,保证了混凝土工程的施工质量。

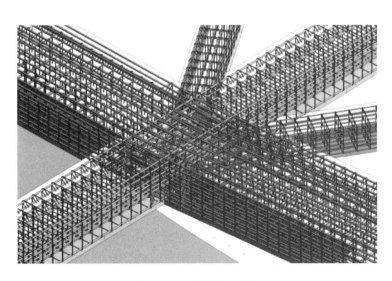

图 8-2-10 钢筋节点深化

3）机电工程优化设计

目前,大型建筑的安装工程越来越趋于复杂化、智能化。通过建立全专业的 BIM 模型,如图 8-2-11～图 8-2-15 所示,实现了本工程土建结构与机电管线以及机电管线各专业之间的自动碰撞检测。同时,通过 BIM 技术合理安排各管线的空位位置,实现了空间利用率最大化。

（1）碰撞检查

与采用二维核查碰撞点相比,BIM 技术结合计算机强大的计算能力进行碰撞检查,极大地减轻了工作人员寻找碰撞点的工作量，有效提高了深化设计质量。

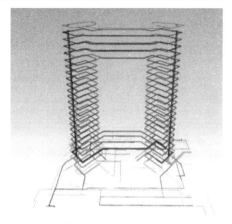
图 8-2-11　电缆桥架模型

图 8-2-12　空调水系统模型

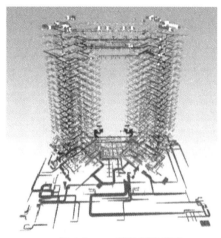
图 8-2-13　通风系统模型

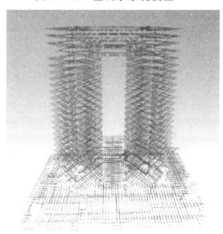
图 8-2-14　消防系统模型

图 8-2-15　机电全专业模型整合

施工前，利用 BIM 技术进行各专业的施工模拟和碰撞检查，减少了因设计图纸自身错误或冲突导致的工程变更、现场签证、返工等现象。团队依据 BIM 模型出具管线碰撞报告共 151 份，修改图纸 35 份，共涉及 152 处（项目）修改。由于提前发现问题并及时沟通，未出现因图纸问题影响施工的现象，达到减少返工、缩短工期、降本增效的目的，如图 8-2-16～图 8-2-19 所示。

日期	2013年07月25日	问题编号
项目名称	河南建设大厦	M015
发出人	张迎	说明： A-建筑 S-结构 M-机电
图号、图名	地下二层消防平面图 P-2-01/RF-04	
问题描述	轴12至轴13交轴D至轴E间，消防栓主干管与风管有碰撞	

图 8-2-16　碰撞报告文档

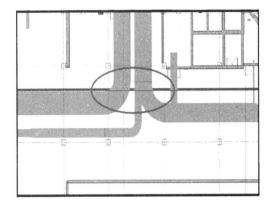

图 8-2-17　平面图碰撞位置

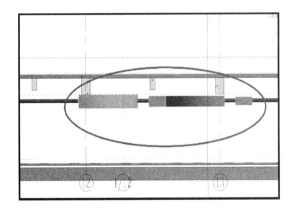

图 8-2-18　碰撞剖面位置

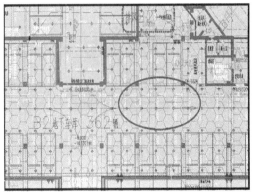

图 8-2-19　CAD 平面图碰撞位置

（2）净高控制

建模后，利用 BIM 可视化优势通过 NavisWorks 的漫游功能，发现模型中标高不合理处，然后对管线进行空位位置综合排布，在满足使用功能的前提下尽量提升标高，实现空间利用率的最大化，如图 8-2-20、图 8-2-21 所示。

（3）管线综合优化

本工程走廊空间狭小，各专业管线比较多，综合排布困难，通过 BIM 模型进行空间优化，使各专业管线排布合理；消防泵房、空调机房设备、管线较多，布局复杂，通过 BIM 模型对设备、管线进行优化，使空间布局达到最佳状态，如图 8-2-22～图 8-2-24 所示。

161

 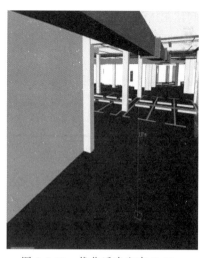

图 8-2-20 化前净空高 2.37m　　图 8-2-21 优化后净空高 2.97m

图 8-2-22 核心筒走廊综合管线优化

图 8-2-23 消防泵房综合优化

图 8-2-24 空调设备机房综合优化

(4) 各专业协调

协调性在各专业施工中很重要,利用 BIM 建模对建筑、结构、机电等专业模型进行整合,如图 8-2-25 所示。利于各专业施工相互配合、协调施工,提高施工效率。

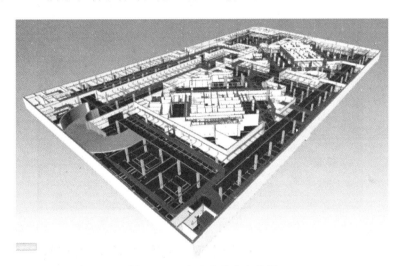

图 8-2-25 各专业整合与协调

(5) 预留孔洞

利用 BIM 模型可实现预留孔洞的精确定位。通过 BIM 技术提前发现管道孔洞预留是否合理,如图 8-2-26 所示。由于原设计预留孔设置过高,造成管道与结构梁碰撞,经与设计院沟通解决了这些问题。对于需要穿过混凝土结构的管道,提前进行孔洞预留,如图 8-2-27 所示,减少了因返工造成的经济损失及对结构造成的危害。

4) 钢结构深化设计

(1) 建立钢结构模型

钢结构有限元分析以及钢结构图纸设计。用 ETABS 软件精确建立三维结构受力模型,如图 8-2-28、图 8-2-29 所示,实现整体结构的有限元受力分析,从而确定整体提升结构施工过程中的各部位杆件受力及变形情况,以及施工过程中对原结构杆件的受力影响,有重点的对主要受力部位采取合理的加固措施,实现了既经济又安全的钢结构整体提升加固体系。

图 8-2-26 优化预留管道孔洞

图 8-2-27 优化混凝土结构管道孔洞预留

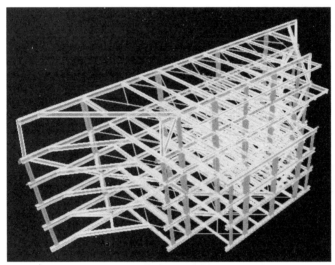
图 8-2-28 用 ETABS 建立的有限元模型

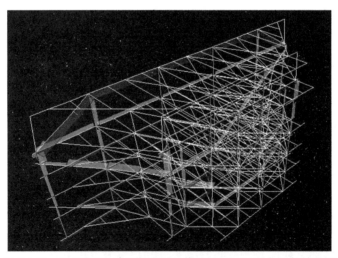
图 8-2-29 用 ETABS 建立的有限元模型及施工过程各杆件轴力图

两座塔楼 16 层以上部分梁柱为型钢混凝土结构，节点构造复杂，通过 TEKLA 软件建立深化设计模型,提高钢构件加工制作精度以及解决钢结构现场安装和钢筋绑扎的碰撞、协调问题,如图 8-2-30、图 8-2-31 所示。

图 8-2-30　利用 Tekla 进行节点优化

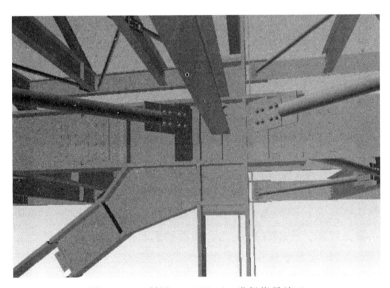

图 8-2-31　利用 NavisWorks 进行指导施工

(2) 钢结构数字化加工

为提高钢结构施工质量、钢结构安装标准化及工厂化预制加工模式势在必行。河南建设大厦所有型钢构件均通过加工厂制作完成,经检验合格后运输至工地。Tekla 模型和先进的数控机床相结合,可严格控制构件尺寸,保证现场拼装和钢结构整体提升的准确性,如图 8-2-32、图 8-2-33 所示。

(3) BIM 全自动全站仪测量

将 BIM 模型导入到测量机器人中,利用 BIM 模型中构件的几何属性,实现测量过程的数据记录、数据处理和报表输出的自动化,从一定程度上实现了监测自动化和一体化。

图 8-2-32　工厂钢结构加工机床图

图 8-2-33　加工型钢构件

由于本工程钢结构体量大、构件多、施工工艺复杂，对钢结构型钢梁柱安装预埋、钢连廊地面组装提出了极高要求。在钢骨柱施工、钢桁架组装过程中使用全自动全站仪（测量机器人），保证了施工的精度与准确度，同时节约工期23天，如图8-2-34、图8-2-35所示。

（4）钢结构大型设备吊装

河南建设大厦塔楼18层以上钢骨混凝土结构施工时需预留出76个水平、斜向牛腿，以便于钢桁架连廊在高空与其对接，一次精准对接就位施工难度大。利用BIM技术对重1440t的5层钢结构连廊进行地面整体组装、大吨位千斤顶整体液压提升、高空就位连接施工过程模拟，确定最佳吊装点及吊装方案。

利用ANSYS对上吊点、下锚点、钢桁架进行受力分析，确定上吊点、下锚点加固方式及最佳吊装位置。钢桁架按照空间位置划分为GHJ-1和GHJ-2两个提升单元，如图8-2-36所示，GHJ-1和GHJ-2分别设置4个提升点。每个提升单元采用4个250t液压穿心千斤顶连续提升，4个千斤顶由一台电脑用数据线进行同步性控制，系统最大同步控制精度不大于2mm，如图8-2-37所示。

图 8-2-34 管理人员操作测量机器人

图 8-2-35 施工人员根据测量位置进行构件连接

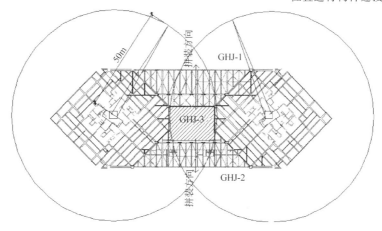
图 8-2-36 钢桁架平面位置、区域划分示意图

图 8-2-37 钢连廊吊装过程

图 8-2-38 利用 BIM 测量机器人监控吊装

河南建设大厦的钢连廊为不规则四边形，在提升过程中极易发生扭转变形。通过测量机器人的使用，如图 8-2-38 所示，同时监测不同位置钢连廊的标高，及时调整提升速度和提升高度。

提升到位后，通过测量机器人对钢连廊的变形情况、空间位置进行扫描、复合，76 个水平、斜向牛腿全部一次高质量对接成功。对钢结构组装几何尺寸偏差、钢骨柱预埋牛腿与钢连廊桁架梁对接精度等 6 个项目进行检测，误差值均控制在 3mm 以内。

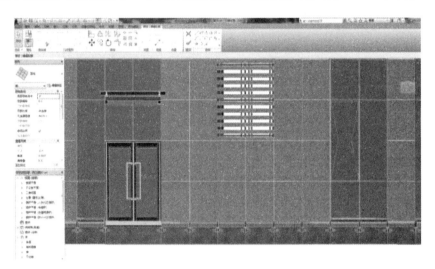

图 8-2-39　幕墙排版优化

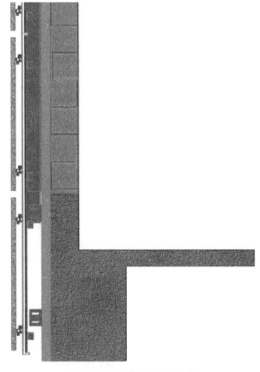

图 8-2-40　幕墙节点优化

5）幕墙深化设计

河南建设大厦建筑外立面为面积约 41900m² 的装饰幕墙，其形式多样，且分格大小不一，如图 8-2-39 所示。依据深化设计图纸建立 BIM 模型，对幕墙单元板进行可视化设计，如图 8-2-40、图 8-2-41 所示，对预埋件、龙骨进行精确定位，为玻璃和石材提供精确的加工料单。Revit 可记录玻璃及石材的型号、规格、颜色、厂家，为交工后的使用、维护提供了便利。

图 8-2-41 建筑外立面幕墙

6）BIM 技术在装饰装修中的应用

通过建立装饰装修深化设计模型，便于业主更为形象地了解装饰装修效果，选择最优方案。利用 BIM 技术按照居中对缝、成排成线的效果，优化综合顶棚布置，墙地砖排版，给予现场施工直观的指导，如图 8-2-42、图 8-2-43 所示。

图 8-2-42 走廊地砖排版优化

图 8-2-43 电梯厅装饰装修模型

7)施工进度可视化

本工程实现了施工进度 4D（基于 3D 模型并在虚拟模型中引入时间参数）可视化模拟的应用。基于 Revit 建立的模型，在 Navisworks 中按照施工进度计划模拟整个施工过程并链接劳动力以及材料计划。4D 施工可视化模拟使得多点施工状态变得一目了然，有利于保障现场作业的安全。按时间模拟施工进度，可以对工期进行比较精确的计算和控制，有助于人、材、机的统筹和调度，实现了对建筑施工的交互式可视化和信息化管理。针对阶段性施工分解计划，在可视化项目管理平台中按施工任务时间先后顺序，在施工实施前进行更细化施工过程模拟，如图 8-2-44 所示，及时发现可能出现的问题，制定相应的解决或规避办法，从而更好地开展施工前预防和施工中指导工作，不仅有效掌控施工进度，而且也可减少工程变更，提高工程整体质量。

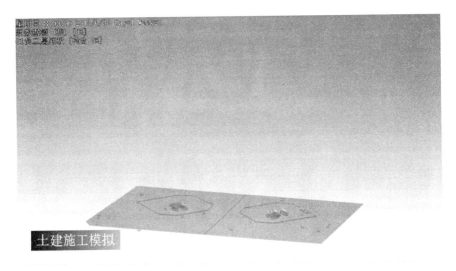

图 8-2-44　BIM 4D 施工模拟

8）辅助工程量计算

基于 BIM 的工程量计算与造价管理系统，可以实现工程量及所有工程实体数据的共享与透明，利于设计方、建设单位、建设单位委托机构、施工方、监理方等统一调用 BIM，实现了数据透明、公开、共享，极大地保证了各方对表工程实体客观数据的信息对称性，如图 8-2-45、表 8-2-3 所示。

图 8-2-45　空调设备机房

空调设备机房部分管件工程量　　　　表 8-2-4

系统类型	系统名称	族与类型	尺寸	合计
循环回水	循环回水 1	弯头-常规:标准	200mm-200mm	19
循环回水	循环回水 2	过渡件-常规:标准	200mm-200mm-200mm	1
循环回水	循环回水 3	过渡件-常规:标准	250mm-200mm	32
循环回水	循环回水 4	弯头-常规:标准	250mm-250mm-250mm	29
循环回水	循环回水 5	过渡件-常规:标准	250mm-250mm	1
循环供水	循环供水 1	过渡件-常规:标准	250mm-300mm-250mm	2
循环供水	循环供水 2	弯头-常规:标准	300mm-300mm	32
循环供水	循环供水 3	T形三通-常规:标准	300mm-300mm-300mm	6
循环供水	循环供水 4	弯头-常规:标准	350mm-350mm	9
循环供水	循环供水 5	T形三通-常规:标准	350mm-350mm-350mm	4

9）BIM 在施工样板的应用

满堂架、砌筑墙等 BIM 样板的制作可以实现施工交底 3D 化、形象化，使现场施工更加规范,满足现场绿色施工、安全文明的各项要求,如图 8-2-46、图 8-2-47 所示。

图 8-2-46 利用 BIM 搭建满堂架

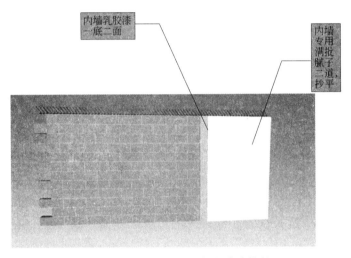

图 8-2-47 利用 BIM 进行砌墙砖排版

BIM 模型在卫生间装饰装修环节的应用,保证了墙、地、顶对缝,大便器、小便器居中,满足鲁班奖要求,如图 8-2-48 所示。

三维渲染动画给人以真实感和直接的视觉冲击,建好的 BIM 模型可以作为二次渲染开发的模型基础,大大提高了三维渲染效果的精度与效率,给业主更为直观的宣传介绍,如图 8-2-49 所示。

10)手持设备现场管理

BIM 最直观的特点在于三维可视化,利用 BIM 的三维技术在前期可以进行碰撞检查、优化设计、管线排布方案等,减少施工阶段可能存在的错误损失和返工的可能性。现场施工管理人员借助 BIM360 Glue 云技术,在手持移动设备上随时随地查看三维、二维施工图纸,如图 8-2-50 所示。使用多点触控功能来缩放、平移和旋转模型,查看构件细节、尺寸、标高,了解其具体设计信息以及复杂区域各构件空间

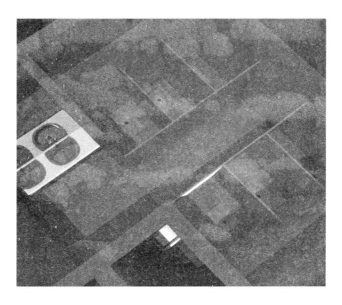

图 8-2-48 利用 BIM 技术对卫生间进行装饰装修排布

图 8-2-49 利用 BIM 技术对设备机房进行渲染

位置关系,协助现场作业指导、施工质量检验。同时,可将现场发现的疑问在模型上做出标注,便于与设计人员及时、准确地沟通,并将交流信息形成文字归档,同时也提高了与业主沟通的能力。

11) 全自动全站仪施工校核

河南建设大厦项目双塔楼为不规则七边形,必须保证上部钢结构空间位置的准确性,为此,施工全过程建立统一的三维空间坐标测量控制体系。各工序施工时,均在此统一的三维坐标测量控制体系下进行测量,减少测量系统误差和多次转站测量

图 8-2-50 利用移动终端指导现场施工

的误差积累,提高了测量的精准度,如图 8-2-51 所示。施工完成后,通过全自动全站仪检测安装设备的空间位置以及构件是否与模型一致,以严格保证施工质量,如图 8-2-52 所示。

图 8-2-51 三维空间测量坐标体系

12) VR 技术展示

VR 技术可以把二维图纸上的建筑规划图变成更有空间感的模型,决策者可以任意进入虚拟建筑内,从任意视角去体验观察作品,从材料、尺寸到采光,真实体验位置场景、空间尺寸,如图 8-2-53、图 8-2-54 所示。施工前模拟、体验不同的场景及施工方法,通过讨论确定最优方案,此举可最大化地优化施工计划,也可减少二次返工带来的成本增加及质量下降的问题。

图 8-2-52　施工完成后全自动全站仪现场校核

图 8-2-53　BIM 与 VR 技术的虚拟展示

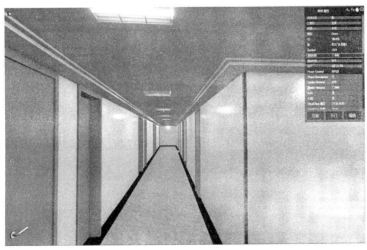

图 8-2-54　VR 技术的虚拟场景展示

13）施工过程文档信息集成系统

施工过程中会产生很多相关文档，如表 8-2-5 所示。传统存档方式不便于管理和查阅，本项目基于 NavisWorks 进行二次开发了"施工过程文档信息集成系统"，如图 8-2-55 所示。将 BIM 模型与文档进行集成，可快速查找到相关的文档，在项目竣工时即可同时提交 BIM 竣工模型和相关施工过程文档。

Autodesk Revit 可以记录单个构件的几何尺寸信息，如长、宽、高等，还包括了构件材料、保温隔热处理、造价等功能信息。但是在工程建设过程中还会产生材料进出场时间、检验记录、检验报告、施工技术交底、施工质量报告等过程资料，这些文件通常以纸质形式存储，储存、查阅起来非常麻烦。通过 Autodesk Navisowoeks Manage 软件将施工过程中产生的 CAD 图纸、施工方案、施工过程现场照片、施工日记、相关规范图集、材料检验报告、工程设计变更、工程联系单以及施工验收报告等相关纸质文档（纸质文档扫描）和电子文档等所有文件链接到 BIM 模型中，这样能够有效管理施工过程中产生的各种文档。

施工过程产生的相关文档统计　　　　　　　　　　表 8-2-5

资料名称	数量	截止日期	备注
检验批	616 份	2014.08.11	从地基基础到一区 18 层
隐蔽	68 份	2014.08.11	从地基基础到一区 18 层
钢筋试验	416 份	2014.08.11	从地基基础开始到最后一次钢筋进场
砼试块试验	498 组（标养）	2014.08.11	一区 17 层试块标养到期

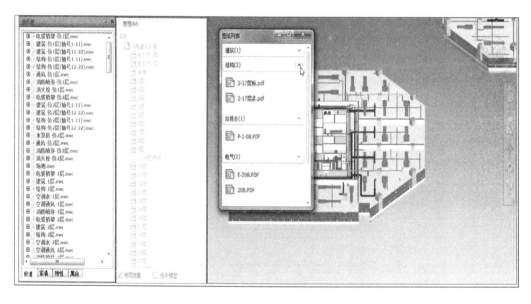

图 8-2-55　施工过程文档信息集成检索

8.2.4　BIM 应用效果

作为施工总承包单位，需要以信息模型为基础的 BIM 综合应用，正确且信息全面的

BIM模型是一切信息应用的基础，BIM在该工程的应用诠释了这一点。中国建筑业协会、河南省建筑业协会领导对河南建设大厦BIM应用情况高度重视，多次莅临现场指导工作。本工程多次得到建设单位、监理单位及社会各界的充分肯定，参观学习单位络绎不绝，提升了企业形象和社会影响力，取得了良好的社会效益。

（1）BIM模型的直观性，提高了建筑识别功能，降低了各参与方的门槛，提高了沟通效率。各专业间图纸会审，从审图→修改→会审→出图，正常情况需要7～10天，使用BIM技术进行可视化审图，从审图到修改模型，重新出图，只需要3～5天，缩短约50%的沟通周期。

（2）BIM技术在钢结构施工全过程的应用，确保了施工质量和精度，保证了超长跨、大吨位钢连廊的提升成功。测量机器人的使用实现了对目标的快速判断、锁定、跟踪、自动照准和高精度测量，可以在大范围内实施高效的遥控测量，精度高、速度快、效果好。

（3）在机电安装方面，应用BIM技术进行碰撞检测，减少了返工。对设备机房、设备层进行空间优化，实现了结构空间的最大利用率。应用BIM技术生成施工详图及构件清单，减少了材料损耗，提高了工厂下料效率。到目前为止，通过工厂预制化加工，节约了现场加工产生的不必要损耗以及转运清理产生的一系列费用约160余万元，约占总材料价值的0.6%。

（4）在施工管理方面，利用BIM技术对阶段性施工进行计划分解，在可视化项目管理平台中按施工任务的先后顺序，在施工实施前进行更细化施工过程模拟，及时发现可能出现的问题，制定相应的解决或规避办法，从而更好地开展施工前预防和施工中指导工作。不仅有效掌控施工进度，同时也能够减少工程变更，提高工程整体质量。

（5）在创优策划方面，及时对施工过程中的重点、难点、风险点进行施工过程模拟，寻找最合理的施工解决方案，实现了施工部署的超前性、指导施工的实用性。

（6）在人才培养方面，河南建设大厦BIM团队以点带面，推动了整个集团公司的BIM技术发展，培养了一批BIM技术应用人才。

8.3 BIM技术在利丰国际大厦工程中的综合应用

8.3.1 项目概述

1）工程简介

利丰国际大厦位于郑州市郑东新区龙子湖湖心岛的东南角,尚贤路与明理路交叉口西北角,如图8-3-1所示。利丰国际大厦总建筑面积约63209.33m²,其中地上部分面积为45780.21m²,地下部分3层共17429.12m²,框筒结构25层。建筑高度99.80m,天面建筑高度119.80m。本工程为一类高层公共建筑,裙房4层;建筑结构安全等级为2级,设计使用年限50年,抗震设防烈度7度;建筑地上耐火等级一级,地下室耐火等级为一级。

图8-3-1 利丰国际大厦效果图

2）重难点分析

该工程使用BIM技术的重点集中在各分部分项工程的模拟展示上,并对管线综合进行深入的应用,体现BIM技术的价值。同时借助BIM5D软件,实现模型与工期、造价的关联应用,完成全生命周期的BIM技术应用研究对BIM技术团队是难点。

郑州一建集团刚刚接触BIM技术,缺乏相关方面的专业技术人员,要想在该项目中运用BIM技术存在很多困难。BIM技术本身还存在着不完善的地方,施工阶段的各种应用还处在探索中,增加了使用BIM技术的难度。后期对该工程进行运维阶段的BIM技术应用也是该工程BIM技术应用难点。

8.3.2 BIM应用策划

1）BIM应用目标

该工程BIM技术应用目标是能够解决遇到的管线综合碰撞问题,使地下车库的净高能够增加0.3m,并使标准层的净高提升0.1m;预留洞的返工现象控制在5%之内。通过BIM技术在该工程的应用,希望能够获得总结成果:形成2篇相关的论文,获得国家级BIM奖项,为集团公司培养一批具有BIM技术施工能力的专业人才,奠定集团公司向基层单位进行BIM技术推广的技术基础。

2）BIM的应用点

该项目分别在以下方面进行BIM技术应用:

(1) 土建阶段:龙子湖和大厦内外观效果展示、施工进度模拟、临建平面布置、复杂节点模拟施工。

(2) 水电安装阶段：包括模型与图纸校核、碰撞检查、管线排布、管线模拟、预留洞口布置、净高控制等，通过 BIM 技术实现各参与方良好的沟通交流。

(3) 广联达 BIM5D 应用点：配合项目部编制详细的进度计划，并在 BIM5D 中模型关联进度计划，完成整个工程的施工进度模型，进行物资提量、资金曲线和资源曲线等功能的应用。

3）BIM 应用软件

本工程分别应用了欧特克的 Revit、Navisworks，广联达 BIM5D 和 BIM 系列碎片化应用软件，普罗格曼的 Magicad，其他辅助应用软件有 Lumion、3dmax 等，应用软件见如表 8-3-1 所示。

BIM 技术中心软件功能　　　　　　　　　　　　表 8-3-1

软件	在项目中的主要工作
Autodesk Auto Revit 2014	各种不同专业的模型建造；进行部门构件工程量的统计；可以生成各种类型的导出数据
Autodesk Navisworks 2015	各种模型综合后的碰撞检查；室内漫游查找设计缺陷，找出管线碰撞；模型的浏览审阅
Magicad	进行包含采暖、通风、空调、给排水、喷洒和电气等专业模块的 BIM 模型建造工作
广联达 GCL	导入广联达 GGJ 工程钢筋模型；进行土建模型建造；粗装饰建模，土建、粗装饰工程算量
广联达 GGJ	土建钢筋建模，钢筋三维显示，进行钢筋预算算量工作；将钢筋建模软件导入 GCL 生成土建模型
广联达 BIM5D	各专业模型的集成平台：模型和进度、清单关联形成 BIM5D 模型；施工过程中的 BIM 应用：包括施工组织设计阶段的分析、施工过程的技术管理、进度管理、成本管理等
广联达云翻样	导入广联达 GGJ 钢筋工程模型，进行钢筋模型建造；按国内规范和图集计算下料长度，出钢筋工程翻样表
3Dmax	3dmax 在应用范围方面：广泛应用于广告、影视、建筑设计、三维动画、多媒体制作以及工程可视化等领域，是对建筑工程进行渲染和视频制作的工具

4）BIM 组织介绍

利丰国际大厦项目的 BIM 建模应用和推广团队为郑州一建集团 BIM 技术中心，如图 8-3-2 所示。BIM 模型应用和管理团队为郑州一建集团第五项目经理部，如图 8-3-3 所示，具体人员职责如表 8-3-2 所示。

图 8-3-2　BIM 模型建造团队

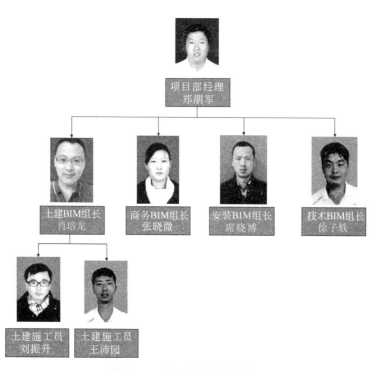

图 8-3-3 BIM 模型应用团队

郑州一建 BIM 技术中心和项目部人员简介 表 8-3-2

姓名	所在单位	部门	岗位	职责
雷霆	郑州市第一建筑工程集团有限公司	集团公司决策层	总工程师	提供资源,决策具体项目的 BIM 技术应用
姚建文	郑州市第一建筑工程集团有限公司	BIM 技术中心	BIM 负责人	负责具体的项目 BIM 技术的实施工作
王闹	郑州市第一建筑工程集团有限公司	BIM 技术中心	土建建模师	负责土建模型的建造应用
王轶峰	郑州市第一建筑工程集团有限公司	BIM 技术中心	安装建模师	负责安装工程模型的建造应用
王璇一	郑州市第一建筑工程集团有限公司	BIM 技术中心	模型应用师	负责模型造价方面的综合应用
郑朋军	郑州市第一建筑工程集团有限公司	第五项目经理部	项目经理	负责 BIM 技术的现场应用安排
徐子轶	郑州市第一建筑工程集团有限公司	第五项目经理部	BIM 应用组长	负责 BIM 技术的对接工作,落地实施
肖培龙	郑州市第一建筑工程集团有限公司	第五项目经理部	技术负责人	负责 BIM 技术的现场实施
席晓博	郑州市第一建筑工程集团有限公司	第五项目经理部	安装施工员	负责安装模型在项目工程的综合应用
张晓微	郑州市第一建筑工程集团有限公司	第五项目经理部	预算员	负责模型造价方面的综合应用
王沛园	郑州市第一建筑工程集团有限公司	第五项目经理部	土建施工员	负责土建模型的现场综合应用
刘振升	郑州市第一建筑工程集团有限公司	第五项目经理部	土建施工员	负责土建模型的现场综合应用

8.3.3 BIM 应用过程

1) BIM 模型建造阶段

BIM 技术中心人员利用 Revit 软件进行结构、建筑、安装设备等各专业的模型建造工作,对设计图纸进行审查,向项目部输出正确的模型信息,如图 8-3-4～图 8-3-6 所示。同时利用广联达平台的钢筋建模软件 GGJ 进行钢筋模型的建模工作，并把钢筋模型转换为土建模型，然后利用土建模型在广联达 BIM5D 中进行模型的商务应用，如图 8-3-7～图 8-3-9 所示。

图 8-3-4　Revit 结构模型

图 8-3-5　Revit 土建模型

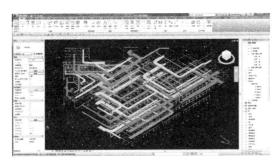
图 8-3-6　Revit 机电安装模型

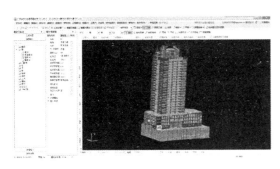
图 8-3-7　广联达 GCL 土建模型

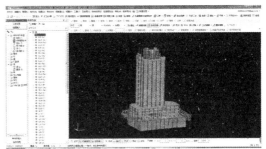
图 8-3-8　广联达 GGJ 钢筋模型

2）BIM 技术可视化展示

BIM 技术的对外展示主要体现在 BIM 技术的可视性。利用 Revit 软件对利丰国际大厦进行各种层次的模型建造后，利用 Lumion 和 3Dmax 软件对模型进行各种层次的展示应用。模型的对外展示可以进行图片渲染，并出具漫游视频，向相关方进行模型的展示。

（1）利丰国际大厦周边场景的展示

在进行利丰国际大厦周边场景展示时，在郑州市规划局网站下载的郑东新区规划道路 CAD 图纸后，利用 Revit 软件对龙子湖进行地形模型建造，突出利丰国际大厦周边的道路、桥梁和湖泊等周边景观。然后把 Revit 建好的模型导入 Lumion 中进行展示。周边场

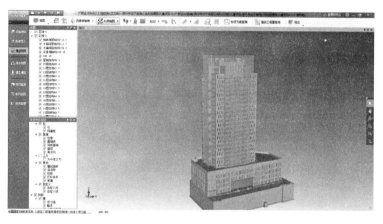

图 8-3-9　广联达 BIM5D 应用

景的建造可体现出拟建工程所处的周边环境及与周边环境所处的层次关系，既可看建筑物轮廓，通过不同的视角展示拟建工程的实际效果；又可站在楼层内对楼外的周边环境进行查看，体验主楼建成后人在建筑物内观看周边环境的感觉，如图 8-3-10、图 8-3-11 所示。

图 8-3-10　利丰国际大厦周边外景

图 8-3-11　室内向外实景观测

（2）利丰国际大厦外观效果展示

在已有土建模型的基础上，利用 Revit 软件对建筑物外观装饰装修模型进行建造，并把模型导入 Lumion 软件中进行材质粘贴渲染，对外观装饰模型进行综合展示，可以体现出具体的建筑物外轮廓效果，如图 8-3-12 所示。通过建筑物外观装修模型的建造，可以出建筑物外观各个角度的效果展示图，各个立面也可以清晰的显示出所有相关的相互逻辑关系。在利丰国际大厦的建筑物的外墙装饰中，大部分采用了石材幕墙和玻璃幕墙，在建筑物部分不规则的情况下更需要对各个装修节点的石材和玻璃进行准确的下料，如图 8-3-13 所示。

（3）利丰国际大厦内部效果展示

在 Revit 建造的土建模型基础上进行装饰装修的深化应用和部分装修细节的展示更具效率，也可以体现出装修效果和细部节点展示。采用 Revit 软件对土建模型进行装饰装修的深化应用，可以对室内房间进行：放置家具、设置灯具、粘贴图片等各种布置，身临其境地体现实际空间效果。同时还可以通过不同的角度对室内装修成品进行渲染输出需要的图片和视频，如图 8-3-14、图 8-3-15 所示。

图 8-3-12 利丰国际大厦外观效果图

图 8-3-13 利丰国际大厦外玻璃幕墙装修节点

图 8-3-14 利丰国际大厦招待室装修效果图

图 8-3-15 利丰国际大厦屋面室内效果图

（4）利丰国际大厦办公室工位策划

利用 Revit 软件在利丰国际大厦建筑模型的基础上，对写字楼办公场的工位模型进行布置，然后把工位模型和办公室、会议室布置模型导入 Lumion 中进行材质粘贴，渲染展示，更立体、有效地表现办公室布置状况。决策层可以提前体验办公室工位布置好后的现场感觉，为科学的布置工位提供决策依据。同时还可以调整改进，达到最合理的布局。通过工位的三维布置，可以提前对室内的灯具、管线、预埋设备等进行设计布局，体验不同灯光亮度下的现场办公情况，如图 8-3-16、图 8-3-17 所示。

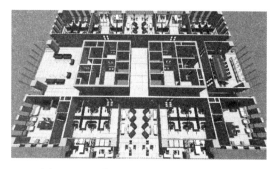 

图 8-3-16　利丰国际大厦办公室布置图　　图 8-3-17　利丰国际大厦会议室布置图

（5）拟建建筑物的进度模拟

建筑物的施工进度模拟是基于 BIM 技术的 3D 建筑信息模型附加时间的维度，构成 4D 模拟动画，通过在计算机上建立模型并借助各种可视化设备对项目进行虚拟描述。利丰国际大厦项目通过模型在 Lumion 软件中进行动画模拟演示，其主要目的是在虚拟环境下，按照工程项目的施工计划模拟现实的建造过程，发现施工过程中可能存在的问题和风险，并针对问题和风险对模型和计划进行调整和修改，进而达到优化施工计划的目的，如图 8-3-18～图 8-3-21 所示。

图 8-3-18　利丰国际大厦基础筏板模拟　　图 8-3-19　利丰国际大厦地下室模拟

3）BIM 技术施工策划应用

近些年，BIM 技术在施工阶段的应用价值点逐渐增多，提高了施工现场的管理水平，并为项目的精细化管理提供了技术工具。

（1）利丰国际大厦现场临建工况布置

由于建筑工程施工的特殊性，需要在一定的施工场地内完成建筑物不同阶段的施工任务，因此场地的合理规划布局尤为重要。利用 Revit 软件对临建工况模型进行建模，可以

图 8-3-20 利丰国际大厦主体模拟

图 8-3-21 利丰国际大厦装饰模拟

对模型进行渲染，并提取相关的视频、图片信息。临建工况模型建造完毕后，可以在后期按照工程进度的实际情况进行各个施工阶段的工况调整和布置，临建工况的模型展示是一项贯穿于整个施工过程的工作。

临建工况模型包含拟建工程的施工场地现场布置，施工机械的布置和进出场时间，办公区生活区的布置，各种所需的材料场地的规划布置等。工况模型要根据实际的施工进度对现场的道路、机械布置、材料堆放等进行合理调整，以此满足临建工况对施工现场的要求，如图 8-3-22～图 8-3-24 所示。

图 8-3-22 利丰国际大厦鸟瞰图

图 8-3-23 利丰国际大厦现场图

（2）质量文明安全的展示应用

在项目管理过程中，质量、安全文明管理是日常管理工作中的重要事项。从前期的施工策划阶段到后期的工程施工阶段，工程的质量、安全文明管理都可以利用 BIM 技术展示策划效果并提高现场管理效率。

在前期的施工策划阶段，借助临建工况施工模型，可以把原先设计好的安全文明宣传标语、质量管理宣传图册等资料插入到模型中，然后对整个模型进行渲染出图，出具与实际效果相一致

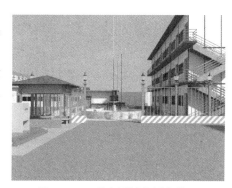

图 8-3-24 利丰国际大厦办公区

的临建标语宣传效果图。通过这些效果图的展示，可以提前展现临建设施建成后的效果。同时，可以按照临建效果图，对管理人员进行交底，要求临建标准施工，使最终成品达到预期效果，如图 8-3-25～图 8-3-27 所示。

图 8-3-25　利丰国际大厦外侧宣传牌

图 8-3-26　利丰国际大厦宣传标语策划图　　　　图 8-3-27　利丰国际大厦宣传标语实际图

（3）二次结构方案策划

采用 Revit 软件对二次砌体构件进行方案策划时，可以展示出砌体工程现场的空间布局。对有丁字角的墙体交接部分，能体现出砌体之间的相互咬合关系。采用 Revit 的二次砌体模型，可以出具较好的砌体成品图片，以便在施工中对工人进行技术交底和标准要求。Revit 建好的二次砌体模型，通过构件勾选，能提取每道墙的砌块数量，方便施工现场的材料控制。Revit 模型可以出具二维 CAD 图纸，方便现场交底，如图 8-3-28、图 8-3-29 所示。

图 8-3-28　Revit 二次砌体示意图 A　　　　　　图 8-3-29　Revit 二次砌体示意图 B

通过广联达的 BIM5D 软件也可以对二次结构进行排布，软件的该部分功能采用模块化的数据输入方式。在输入相关的墙体加气砌块的尺寸规格、排布方式、过梁布置、构造柱布局等信息后，软件本身能直接生成砌体工程的排布图，计算出每道墙体的各种规格的砌块数量，并以砌体排布图和表格的形式体现出来。此种方法的砌体排布方案策划效率更高，操作更加简便，更适合建筑砌体工程的大范围推广应用，如图 8-3-30～图 8-3-33 所示。

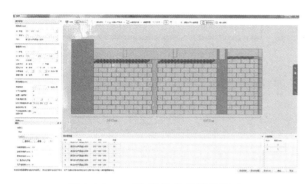 

图 8-3-30　二次砌体排布策划图 A　　　　图 8-3-31　二次砌体实景图 A

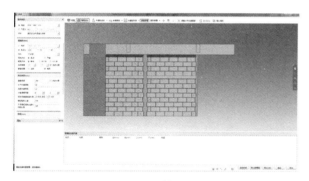 

图 8-3-32　二次砌体排布策划图 B　　　　图 8-3-33　二次砌体实景图 B

（4）模板脚手架方案的策划

利用广联达的模板脚手架软件对利丰国际大厦标准层的模型进行模板脚手架策划。将利丰国际大厦标准层的模型导入模板脚手架软件中，通过对现场的模板规格尺寸，进行自动化参数设置，可以自动生成模板排布图。然后根据结构形式，依据脚手架搭设规范，自动进行钢管支撑体系的模拟搭设，并且直接得出所有模板钢管支撑体系的计算书，提取较为准确的工程量，工作效率非常高。同时也可以出具各部位的施工细部节点，对工程很有指导意义，如图 8-3-34～图 8-3-38 所示。

（5）外脚手架方案的策划

在建筑工程施工中，外脚手架工程是一项重要的分项工程，是施工现场的重要安全保证措施。外脚手架搭设规范、整齐、美观也将提升项目的整体效果，是现场文明施工的重要组成部分。在项目施工时，利用 CAD 软件绘画脚手架的立面效果图，层次关系不清晰，效果不佳。采用 BIM 技术提前对外脚手架施工方案进行详细的策划，可以清晰地反映出外脚手架的逻辑层次关系，如图 8-3-39、图 8-3-40 所示，使得外架搭设有更好的依据，为项目管理和班组交底提供更好的标准要求，同时外脚手架模型也可以为项目提供准确的材料用量。

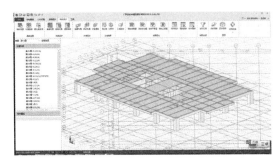
图 8-3-34　标准层混凝土框架模型

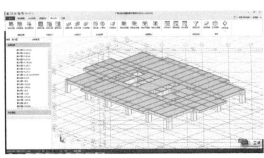
图 8-3-35　标准层模板排布图

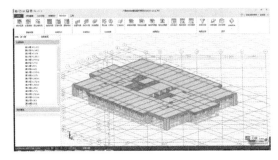
图 8-3-36　标准层脚手架排布图

图 8-3-37　脚手架力学计算书

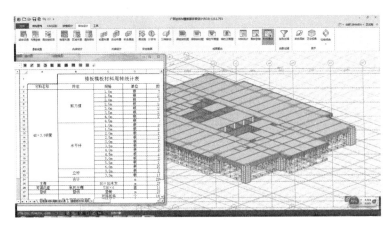
图 8-3-38　模板脚手架材料明细表

图 8-3-39　外脚手架整体效果图

图 8-3-40　外脚手架节点图

(6) 复杂钢筋节点

在该项目进行钢筋施工的过程中,部分钢筋节点复杂,技术人员利用 Revit 软件对其进行模型建造,显示出各个层次的钢筋排放位置。利用模型对异形的钢筋进行放样,保证钢筋规格尺寸的准确无误。利用钢筋模型之间的层次关系,对各技术工作人员进行沟通交底,如图 8-3-41、图 8-3-42 所示。

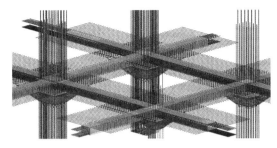 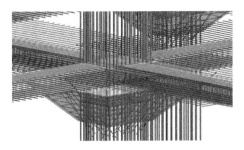

图 8-3-41　复杂钢筋节点效果图 A　　　　图 8-3-42　复杂钢筋节点效果图 B

(7) 钢筋模型

项目部利用广联达 GGJ 软件生成钢筋模型,如图 8-3-43 所示。BIM 技术中心通过该模型利用广联达 GFY 软件进行钢筋施工料单的生成,符合国家的 11G101 系列钢筋图集的要求。施工料单生成方便快捷,准确率高,完全可以指导现场钢筋工程的下料、绑扎施工。在利丰国际大厦项目中,通过该应用对钢筋料单进行生成,提高了工作效率,减少了人为的失误,如图 8-3-44 所示。

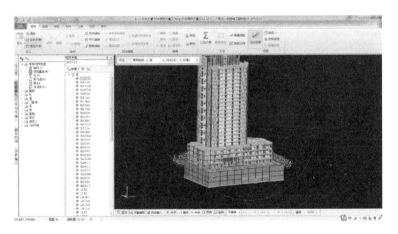

图 8-3-43　GGJ 转换到 GFY 中

(8) 钢结构应用

利用 Tekla 软件进行三维建模,对钢结构进行二次深化设计,在建模过程中可以确定各构件的尺寸及弯曲弧度等,并利用软件功能对准确率进行验证。Tekla 软件中包含了 600 多个常用节点,在创建节点时非常方便,只需点取某节点填写好其中参数,然后选主部件次部件即可,并可以随时查询所有制造及安装的相关信息,如图 8-3-45 所示。

利用软件功能直接生成钢构件的零部件图及组装图纸、平面定位及立面安装等安装图纸,以指导钢结构制作及现场安装。采用 Tekla 软件可以发现并解决构件间相碰、打架、

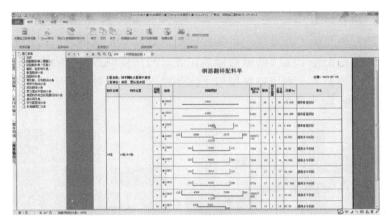

图 8-3-44 在 GFY 中生成钢筋料单

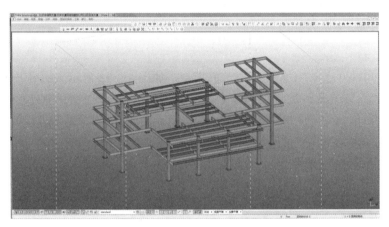

图 8-3-45 利丰屋面 Tekla 钢结构模型

安装死角、尺寸错误等问题。该软件允许多个用户对同一模型同时完成细部设计、零构件图纸的产生及编辑等操作,解决构件采用多角度、多空间的相互连接形式和构造的复杂性,如图 8-3-46 所示。

图 8-3-46 利丰屋面钢结构效果图

4) BIM 技术在安装工程中的应用

BIM 技术诞生伊始,其最主要的一个价值点便是水电安装工程的碰撞检查。不同的建模软件能解决不同的功能问题,水电安装工程则需要专业的 Revit MEP 或者 MagiCAD 进行建模。

(1) 各专业碰撞检查

在建筑工程模型建造过程中,土建模型和水电设备安装模型是分别进行建模的。模型建好后进行链接,导入到专业的碰撞检查软件欧特克的 Navisworks 或者广联达的 BIM 审图软件中,进行土建工程与水电安装工程模型的碰撞检查,自动检测出碰撞点,如图 8-3-47、图 8-3-48 所示。

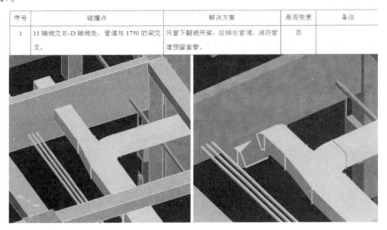

图 8-3-47 碰撞检查点 1

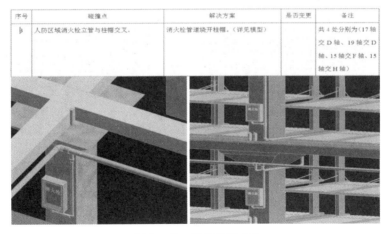

图 8-3-48 碰撞检查点 2

(2) 管线综合设计

通过 Revit MEP 软件进行该项目的管线布局调整,最大限度地提高可以利用的空间,使模型效果和实际施工的情况能够保持一致,减少现场返工情况。在保证机电系统功能和要求的基础上,结合装修设计的吊顶高度,对各专业模型(建筑、结构、暖通、电气、给排水、消防、弱电等)进行整合和深化设计。为了避免管线碰撞、净高控制,管线间的避让是不可避免的。在管线综合过程中,遵循"有压管让无压管、小线管让大线管、施工简单的避让施工难度大"的原则,在建模过程中就需要观察管线间的空间关系,并予以调整,如图 8-3-49～图 8-3-52 所示。

通过管线综合设计可以使项目人员了解设计意图,掌握管道内的传输介质及特点,弄清管道的材质、直径、截面大小,强电线缆与线槽的规格、型号,弱电系统的铺设要求。明确各楼层净高,管线安装敷设的位置和有吊顶时能够使用的宽度及高度、管道井的平面位置尺寸,特别是风管的截面尺寸、位置、保温管道间距要求、无压管道坡度、强弱电桥架的间距等。

通过 BIM 技术的管线综合设计优化,可以极大地解决机电安装工程中存在的各种专业管线安装标高重叠、位置冲突的问题,不仅可以控制各专业和分包的施工工序,减少返工,还可以控制工程的施工质量和成本。

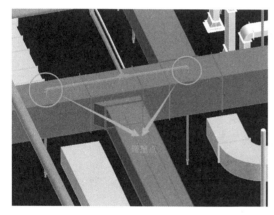

图 8-3-49 管线综合问题

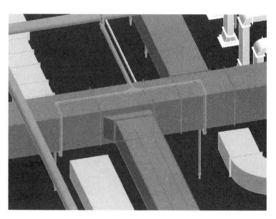

图 8-3-50 管线综合解决问题

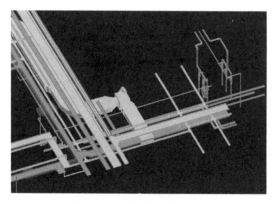

图 8-3-51 机电模型优化前

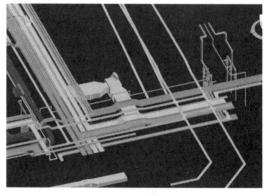

图 8-3-52 机电模型优化后

(3) 设备机房深化设计

采用 Revit MEP 软件进行设备机房深化设计,可以对设备的安装进行预安装,根据厂家提供的设备规格尺寸,进行模型建造,并把模型从外侧进行模拟移动,查看路线上是否有阻挡设备进行的门洞等。提前进行标注,并对施工方进行提醒,以便在实际中顺利安装。在设备机房中,对设备进行预安装,通过细致的模拟,可以确定设备安装的施工工艺的先后顺序,同时尽量找出存在的问题,并能够提前加以解决。设备的机房深化设计达到美观的要求后,出具各截面的施工定位图纸,向工人进行交底要求,如图 8-3-53、图 8-3-54 所示。

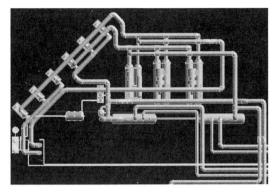

图 8-3-53 设备机房深化平面图　　　　　　图 8-3-54 设备机房深化图

(4) 预留预埋图设计

在对土建模型和水电安装模型综合碰撞检查后，对管线布置进行综合平衡深化设计，在得到各责任主体认可的施工模型基础上，利用基于 BIM 技术的设计建模软件，自动进行管线穿越墙、板、梁等的预留洞、套管及设备基础的模型创建，如图 8-3-55 所示。根据预留洞、套管、基础的模型实体进行标注、标记生成管线预留预埋图和设备基础图。

由于预留洞、预埋套管是主体施工阶段水电安装配合施工，一旦预留，在后期施工时将难以改变。预留准确的前提仍是水电安装模型的深化设计到位，不存在需要修改的地方，并在提取预留洞、预留套管时，能正确反映模型信息，不能出现偏差，这样在后期施工时才有可能不出现返工情况，如图 8-3-56、图 8-3-57 所示。

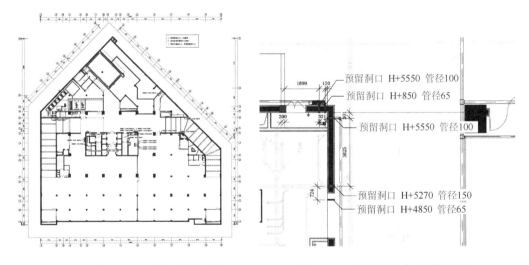

图 8-3-55 利丰地下室预留洞平面图　　　　　图 8-3-56 利丰国际大厦预留洞图 A

(5) 净高控制检查

业主对空间净高要求非常严格，尤其是地下室和裙楼的商业空间，其设备管线占用的高度相差很大。在建筑功能各不相同、结构体系形式多变、管线布置错综复杂的情况下，如何合理布置设备管线以达到业主提出的建筑净高要求，对各专业的设计是一个挑战。通过运用 BIM 技术，有效控制地下室净高，经过部分设备管线调整优化，达到了业主的要求，如图 8-3-58 所示。

图 8-3-57 利丰国际大厦预留洞图 B

图 8-3-58 利丰国际大厦地下室标高检查

基于 BIM 技术进行净高控制检查有两种方法：一是通过标高检查过滤器，二是进行顶棚与相关机电管线之间的碰撞检查。通过建立一个标高检查过滤器，依据要求设置好相应管线的最低标高。设置过滤器显示的颜色,应用过滤器后低于设置标高的管线会通过相应的颜色显示出来。进行顶棚与相关机电管线之间的碰撞检查时,应先建立一个顶棚平面,按要求设置好顶棚标高。然后通过碰撞检查功能检测顶棚与相关机电管线之间的碰撞结果,查找到不满足净高要求的位置,最后对净高不满足的区域进行分析优化。

(6) 维修空间检查

在复杂的机电工程中,走廊吊顶、设备机房等区域因为机电管线密集、考虑不周,竣工后往往出现检修空间不满足操作需要,导致无法检修的情况,最终必须花费极大的代价才能解决问题。因此在深化设计阶段,必须重视检修口和检修空间的设置,要确保便于设备的清洁、保养和检修。BIM技术的可视化、参数化特性,为检修口和检修空间的验证提供了新的方法。

对吊顶区域的维护空间的校验复核时,利用设计建模软件的效果图、平立剖之间的转换,对管道、阀部件、设备与检修口的尺寸关系进行全面的校验,以确保设备、管道的维修空间满足操作要求,如图8-3-59、图8-3-60所示。

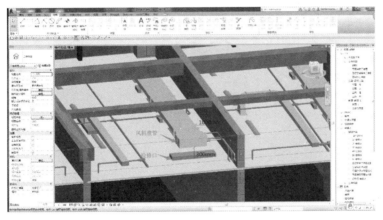

图 8-3-59 风管维修空间三维图

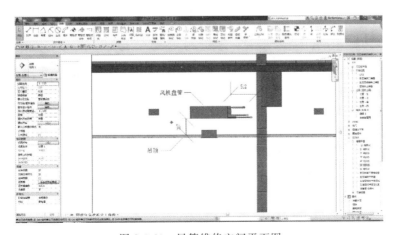

图 8-3-60 风管维修空间平面图

复核机房维修空间是否满足要求时,通过对机房进行全程漫游模拟的方式进行,用BIM技术的碰撞检查功能在模型中引入第三人视角,根据维修空间要求修改操作人员身高、身体宽度等参数。如果机房的检修通道模拟检修人员出现半蹲穿越,说明操作空间比较紧张;如果检修通道无法通过时,模拟检修人员出现红色报警。然后对发现不符合要求的地方均需进行优化。

(7) BIM 技术的综合管线出图

在进行 BIM 技术交底时,通过会议交底是一种方式。但在现有条件下,还不能全部利用 IPad 进行现场施工,如何通过图纸实现模型更好地输出是 BIM 技术中心思考的重点。在综合管线的表达中,通过 Revit 软件渲染出 PDF 格式的文件,利用 PDF 格式打印出三维图纸进行模型信息的输出,通过这种方式工人可以非常直观有效地识别图纸信息,方便现场施工,如图 8-3-61、图 8-3-62 所示。

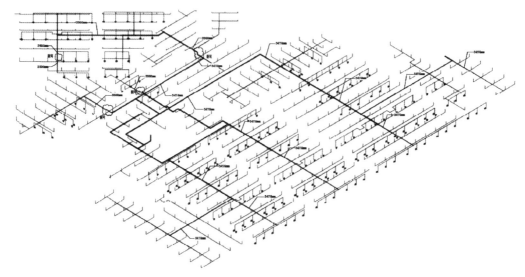

图 8-3-61 喷淋系统三维图

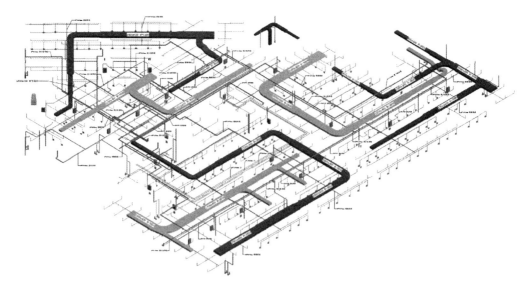

图 8-3-62 通风消防系统三维图

5) BIM5D 商务综合应用

目前,国内 BIM 技术在施工过程中的管理应用尚缺少先例,在此情况下,本项目采用了广联达的 BIM5D 平台集成全专业 BIM 模型,制定统一建模规范和实施保障制度,在质量、进度、成本、安全、合同和组织协调等方面进行全过程应用,最终在进度控制、成本控制和质量安全问题跟踪方面取得显著的成绩。

(1) BIM5D 中的质量安全问题跟踪

在施工过程中,针对现场发现的质量安全问题,利用广联达 BIM5D 软件,使用手机端对发现的问题进行拍照,把所发现的质量安全问题进行上传,并与建筑模型的具体轴线位置相互关联。这样可以在电脑的网页端进行查询批注,并生成相关的问题报表,安排专人对所发现的问题进行整改,整改后的问题进行审核注销,形成一整套的问题整改流程。通过使用 BIM5D,加强了对现场的质量安全问题的跟踪,提高了现场的管理效率,如图 8-3-63、图 8-3-64 所示。同时,可以对过程中的质量安全问题进行存档并研究分析,为质量安全例会提供数据支持,如图 8-3-65 所示。

图 8-3-63 现场发现质量问题

图 8-3-64 现场质量问题上传模型

图 8-3-65 后台查看跟踪检查

(2) 基于 BIM5D 的进度控制

在施工前期通过进度和模型的关联,对进度总计划进行校核,快速分析出资源资金曲线,对曲线的凸点进行分析,对不合理计划进行调整,协助总施工进度计划的编制工作,增加了进度计划的实用性和合理性,如图 8-3-66 所示。

通过实际进度时间的录入,可以直观地了解到施工任务的进度状态和其可能影响到的后续施工任务,并输出相应任务的工作量,为施工进度计划的分析和调整提供了依据,如图 8-3-67、图 8-3-68 所示,为项目进度目标的实现提供有力保障。

图 8-3-66　进度模型关联

	项目编码	项目名称	项目特征	单位	综合单价		成本预算			合同预算
					成本预算	合同预算	计划完工量	实际完工量	量差(实际-计划)	计划完工量
1	010515001005	现浇构件钢筋	1.钢筋种类、规格:现浇构件钢筋III级钢筋Φ10以上	t	4303.07	4303.07	559.248	569.47	10.222	231.16
2	010516003003	电渣压力焊	1.连接方式:电渣压力焊	个	5.48	5.48	777	776	-1	13
3	010502001012	矩形柱	1.混凝土种类:商品混凝土 2.混凝土强度等级:C60 3.截面尺寸:1.8m以上	m3	996.06	996.06	134.258	133.324	-0.934	56.22
4	010502001009	矩形柱	1.混凝土种类:商品混凝土 2.混凝土强度等级:C60 3.截面尺寸:1.8m以上	m3	971.76	971.76	134.258	133.324	-0.934	266.02
5	01B002	商砼运输费		m3	30.77	30.77	4657.509	4691.813	34.304	5222.08
6	010505001013	有梁板	1.混凝土种类:商品混凝土 2.混凝土强度等级:C50 3.板厚:100以上 4.位置:不含坡道	m3	892.38	892.38	129.455	129.455	0	141.47
7	010515001001	现浇构件钢筋	1.钢筋种类、规格:现浇构件钢筋I级钢筋Φ10以内	t	4615.34	4615.34	2.218	2.271	0.053	2.39
8	010515001006	现浇构件钢筋	1.钢筋种类、规格:现浇构件钢筋III级钢筋Φ10以内	t	4377.92	4377.92	50.839	51.604	0.765	18.39
9	010516003001	机械连接	1.连接方式:直螺纹连接 2.规格:直径25以上	个	19.53	19.53	252	257	5	101
10	010502001013	矩形柱	1.混凝土种类:商品混凝土 2.混凝土强度等级:C60	m3	996.06	996.06	10.391	13.38	2.989	28.51

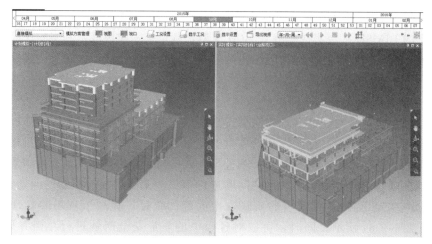

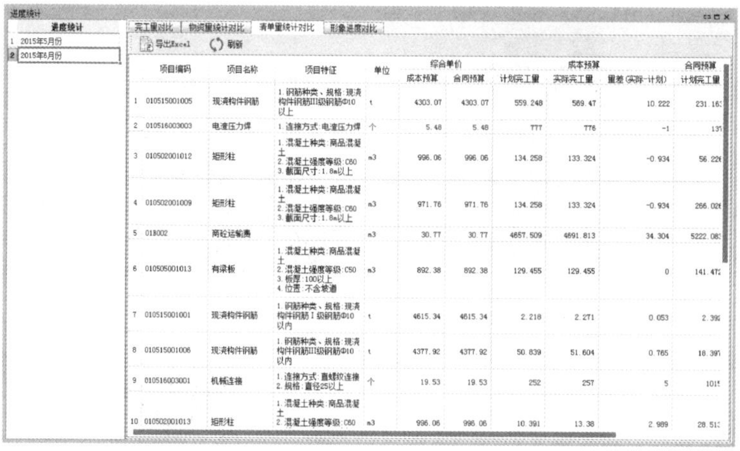

图 8-3-67　进度清单工程统计对比

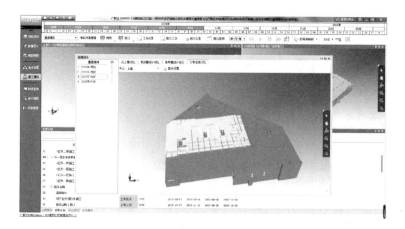

图 8-3-68　进度的形象对比

（3）协助目标成本的制定

采用广联达 BIM5D 平台集成各专业模型，通过进度、清单和模型相关联，可以迅速发现施工图预算的缺项漏项，并快速的得出资金和各资源的需求计划曲线，为目标成本的编制提供依据，提高造价人员的工作效率，如图 8-3-69～图 8-3-71 所示。

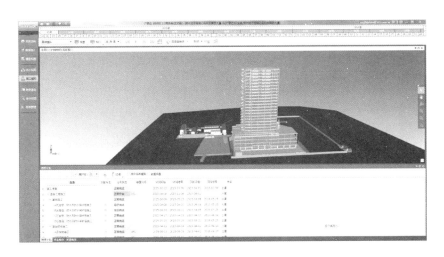

图 8-3-69　模型关联后的资金和资源计划

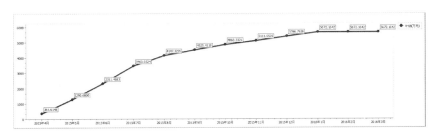

图 8-3-70　模型关联后的资金计划图

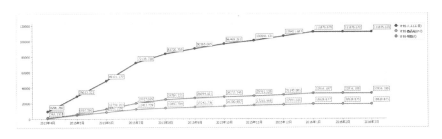

图 8-3-71　模型关联后的资源计划图

（4）利用 BIM5D 进行材料管理

利用 BIM 模型从进度、流水段、构件类型等多维度快速精确的提取工程量，可以快速进行钢筋、混凝土、砌体等各专业材料设备的月需用计划的编制，提高管理效率、减少材料二次搬运，从而精确地控制材料用量，达到加强成本控制的目的，如图 8-3-72～图 8-3-75 所示。

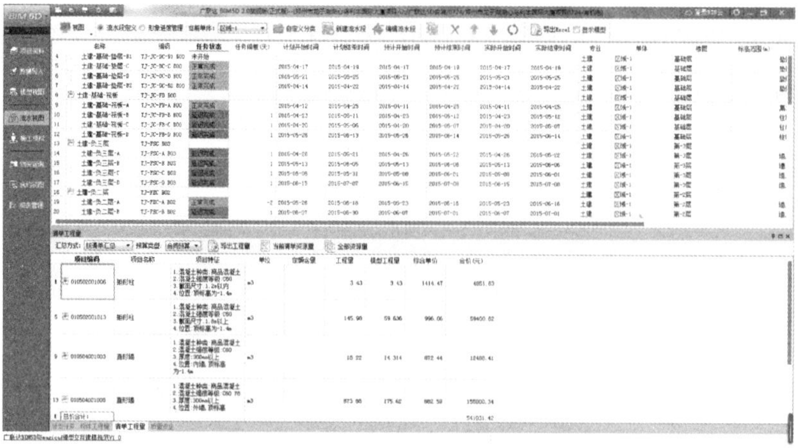

图 8-3-72 流水段提量

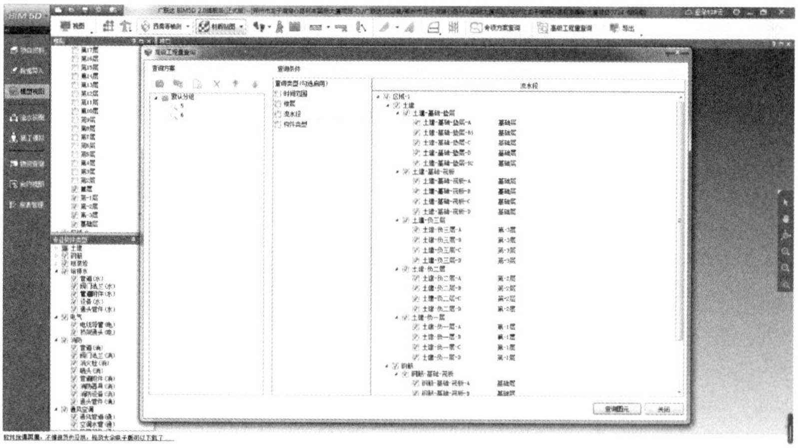

图 8-3-73 高级查询工程量

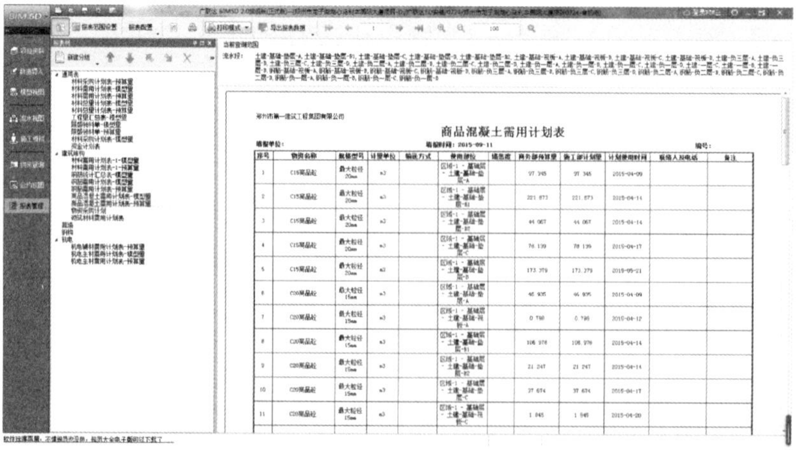

图 8-3-74 材料需用计划表

郑州市第一建筑工程集团有限公司

商品混凝土需用计划和实际用量对比表

填报时间：

填报单位： 编号：

序号	物资名称	规格型号	计量单位	使用部位	商务部模型量	计划使用时间	实际浇筑	实际和模型量差值	误差比例	备注
1	现浇混凝土	现浇砾石混凝土 粒径≤10(32.5水泥)-C40	m3	区域-1 - 基础层 - 土建-基础-筏板-C	380.806	2015-04-13	394.7	13.894	2.39%	
2	现浇混凝土	现浇砾石混凝土 粒径≤10(32.5水泥)-C40	m3	区域-1 - 基础层 - 土建-基础-筏板-A	778.926	2015-04-16	775.3	-3.626	-0.47%	
3	现浇混凝土	现浇砾石混凝土 粒径≤10(32.5水泥)-C40	m3	区域-1 - 基础层 - 土建-基础-筏板-B	4119.824	2015-04-16	4113.31	-6.514	-0.16%	
4	现浇混凝土	现浇砾石混凝土 粒径≤10(32.5水泥)-C40	m3	区域-1 - 基础层 - 土建-基础-筏板-D	1333.913	2015-05-18	1327.74	-6.173	-0.46%	
5	现浇混凝土	现浇砾石混凝土 粒径≤10(32.5水泥)-C60	m3	区域-1 - 第-3层 - 土建-负三层-A	704.797	2015-04-20	697.5	-7.297	-1.04%	
6	现浇混凝土	现浇砾石混凝土 粒径≤10(32.5水泥)-C60	m3	区域-1 - 第-3层 - 土建-负三层-C	400.952	2015-04-27	391.6	-9.352	-2.33%	
7	现浇混凝土	现浇砾石混凝土 粒径≤10(32.5水泥)-C60	m3	区域-1 - 第-2层 - 土建-负二层-A	519.761	2015-05-08	550.9	31.139	5.99%	
8	现浇混凝土	现浇砾石混凝土 粒径≤10(32.5水泥)-C60	m3	区域-1 - 第-2层 - 土建-负二层-C	367.246	2015-05-20	354.4	-12.846	-3.50%	
9	现浇混凝土	现浇砾石混凝土 粒径≤10(32.5水泥)-C60	m3	区域-1 - 第-2层 - 土建-负二层-B	1135.891	2015-05-25	1171	35.109	3.09%	
10	现浇混凝土	现浇砾石混凝土 粒径≤10(32.5水泥)-C60	m3	区域-1 - 第-3层 - 土建-负三层-D	1150.403	2015-05-28	1156.3	5.897	0.51%	
11	现浇混凝土	现浇砾石混凝土 粒径≤10(32.5水泥)-C60	m3	区域-1 - 第-3层 - 土建-负三层-B	1402.642	2015-06-04	1435.2	32.558	2.32%	
12	部门经理签字栏			商务部：			施工部：			

第 1 页

图 8-3-75　材料实际用量和计划对比表

（5）利用 BIM5D 进行合约管理

在 BIM5D 平台合约规划模块，建立物资采购、劳务分包、专业分包、设备租赁、设备采购等合同，将拟分包单位和模型关联，通过选择合同相应的资源完成分包单位合同金额的测算，并将分包合同额和合同收入、目标成本对比，进行分包管理和控制，如图 8-3-76 所示。

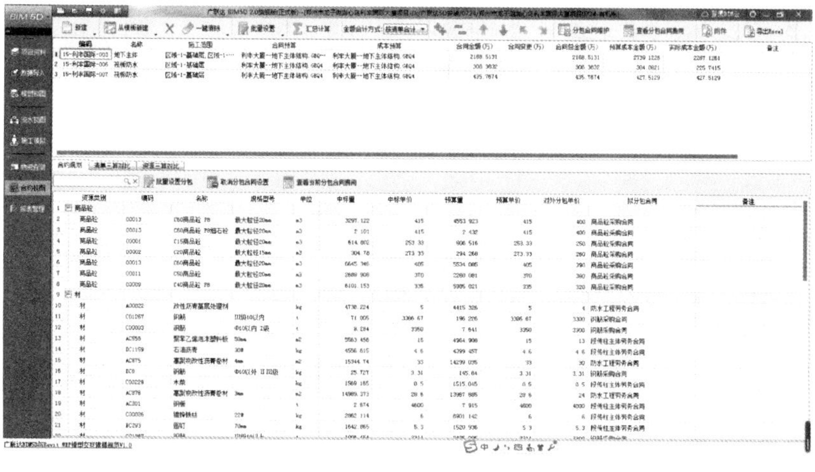

图 8-3-76　合约规划

（6）利用 BIM5D 进行成本分析

通过实际数据的录入，将资金曲线和资源曲线通过实际值和目标值对比。通过偏差分析，查看各种资源和资金的实际发生值是否在合理区间内，为下步成本控制提供方向和依据。提供计划产值和实际产值的数据，通过和输入项目平台，在项目平台中完成月成本分析，如图 8-3-77～图 8-3-79 所示。

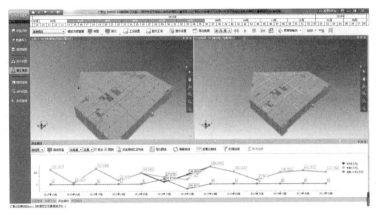

图 8-3-77　资金曲线实际和计划对比

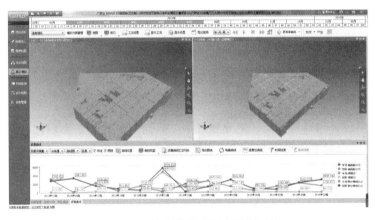

图 8-3-78　资源曲线实际和计划对比

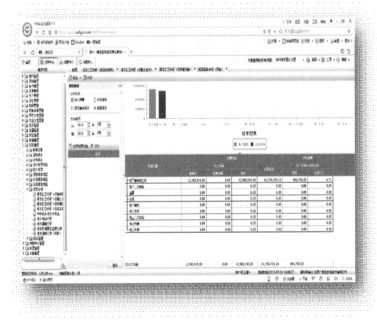

图 8-3-79　项目平台成本分析

8.3.4 BIM 应用效果

1）BIM 应用成果

集团公司成立 BIM 技术中心以来，团队成员掌握了 BIM 技术在项目中的应用方法。在该项目的 BIM 技术应用中，完成了策划中 BIM 技术应用点的应用，并取得了良好的经济效益和社会效益，得到了各方的肯定。

（1）使用广联达 GGJ 软件建造的钢筋模型，通过广联达 GCL 软件转化成土建模型；在土建模型基础之上利用 GCL 软件对二次构件等进行了模型建造；使用欧特克的 Reivt 软件建造的土建模型可与广联达 GCL 软件建造的土建模型进行相互的信息转换。

（2）将欧特克的 Revit 软件，普罗格曼的 Magicad 软件，广联达的 GCL、GQI 软件等所建造的建筑信息模型，导入 Naviswork、BIM5D 等软件中进行模型的综合应用。

（3）利用广联达 GGJ 软件进行了钢筋模型建造，并利用该钢筋模型通过广联达的 GFY 软件进行钢筋施工料单的生成工作。

（4）BIM 技术在机电工程中的综合应用，包括综合管线设计、碰撞检查、净高检查、多方案对比、维修空间检查以及设备机房、预留预埋等深化设计等方面取得很好的效果，减少了设计变更和二次返工。

（5）实现模型、进度、图纸、合同、清单等海量数据的实时动态关联。BIM 在该项目中的应用有效地提升了现场管理成效，体现在包括进度、工作面、图纸、变更以及合同、成本等各个方面。

（6）在利丰国际大厦项目中，实现了众多 BIM 技术点的应用，积极总结参加了第四届全国 BIM 大赛，获得了大赛评委会的肯定。

2）BIM 应用价值

（1）BIM 技术中心在该项目全生命周期进行 BIM 技术应用，不仅在该项目中创造了额外的价值，而且对施工企业也具有重要的战略意义。

（2）提高了 BIM 技术中心人员的技术能力，让更多人掌握了 BIM 模型的应用，在项目部进行普及推广，为实现更多项目的精细化管理奠定技术基础。

（3）可视化技术的应用，方便了与各参与方的协调联络，节约 15 天时间；节省建造费用总额 56 万元，节约率为 0.5%。

（4）利用模型服务器技术，通过网络访问服务器模型、智能缓存技术，实现模型、进度、图纸、合同、清单等海量数据的实时动态关联，解决了 BIM 系统对硬件要求较高的问题。

8.4 BIM技术在新郑国际机场T2航站楼机电工程中的应用

8.4.1 项目概述

1）工程简介

本工程位于河南省郑州市东南,距市区25km,郑州新郑机场航站区东侧,T1航站楼的东北处。优美的屋面曲线舒展流畅,将主楼与指廊统一为一个整体,气势恢宏。两组弧形指廊好似张开的双臂,欢迎来自远方的朋友,"拥抱世界,迎接未来",T2航站楼的建成将把郑州机场打造成为新世纪的"中原第一门",工程效果如图8-4-1所示。

图 8-4-1　T2航站楼工程效果图

郑州新郑机场T2航站楼工程包括:T2航站楼、换乘中心、信息指挥中心、动力中心。T2航站楼平面呈"X"形,分别由航站楼主楼、东南、东北、西南、西北四个指廊以及内连廊几部分组成,为一座可供国内及国际旅客共同使用的四层航站楼。T2航站楼建筑面积约为48.5万m^2(T2航站楼东西长407m,南北长1128m,主楼建筑高度为38.732m),T2航站楼建筑结构BIM模型如图8-4-2所示。动力中心和信息中心均位于T2航站楼西侧,动力中心总建筑面积为8075.73m^2,建筑高度6.85m,地下1层,地上部分1层。信息中心总建筑面积为9050.11m^2,建筑高度38.3m,地上8层。

图 8-4-2　T2航站楼建筑结构BIM模型图

郑州新郑国际机场T2航站楼机电安装工程除包括常规动力配电及照明系统、给排水系统、虹吸雨水系统、通风空调系统、消防（水、电）系统、楼宇自控及智能化系统、直梯及扶梯系统、门禁安防系统外，还包括机场独有的航显系统、广播系统、广告标识系统、行李分拣系统、综合布线系统、自动步道等系统。通过建立整个工程机电安装各专业三维BIM模型，进而对各专业系统进行合理的工序安排及相关施工内容的深化设计综合排布，力求机电安装各系统管线及末端设备布置合理、整齐美观，系统运转高效且配备完善，在满足规范及设计使用功能要求的前提下，提供最大的使用空间。T2航站楼A1区机电管线BIM模型如图8-4-3所示，T2航站楼A1区建筑结构与机电管线BIM综合模型如图8-4-4所示。

图8-4-3　T2航站楼A1区机电管线BIM模型图

图8-4-4　A1区建筑结构与机电管线BIM综合模型

2）工程重难点分析

（1）工程规模体量大，建筑结构复杂

新郑国际机场T2航站楼建筑面积达48.5万m^2，涵盖迎客大厅、候机大厅、值机岛、安检通道、到港通道、到港大厅、行李提取区、行李分拣区、办公区、商业区、空调机房等各个功能区域，且各区域建筑结构各不相同，极为复杂，同时建筑结构内部又有行李分拣系统等复杂的钢结构体系。由于整体建筑结构非常复杂，且吊顶形式多样化，故希望通过BIM技术（Autodesk系列软件）构筑T2航站楼建筑结构及机电模型。通过T2航站楼建筑结构三维模型及模型内部吊顶净高控制线，提前发现机电管线与建筑结构交叉碰撞点以及吊顶净高最不利点，保证机电安装管线综合排布的准确性。

(2)工程工期紧迫,预留管线综合排布时间短

本工程要求开工日期为2013年9月底,竣工日期为2015年10月,且于2015年12月正式投入使用,整体工期紧迫。同时机电安装系统除常规动力配电、照明系统、给排水、通风空调、消防、楼宇自控及智能化、直梯及扶梯等系统外,还涵盖航站楼独有的门禁安防、航显、广播、广告标识、行李分拣、自动步道、洁净空调等系统,且设计院提供蓝图时间较为滞后,预留机电管线综合排布时间非常短暂。传统CAD机电管线综合排布需消耗大量深化设计的时间,故希望通过BIM技术(Autodesk系列软件)提高机电管线综合排布的效率。

(3)本工程质量目标为鲁班奖,质量要求高

本工程质量目标为鲁班奖,机电安装施工过程中必须保证机电管线系统布置合理、美观,同时需与精装修单位紧密配合,对前期机电管线综合排布的精度要求很高。传统CAD机电管线综合排布无法全面直观看到机电管线模型的三维效果及精装修机电系统末端的三维效果,故希望通过BIM技术(Revit、Naviswork、3D Max软件)提高机电安装专业全过程施工质量。

(4)机电安装系统繁多,设计变更频繁

本工程机电安装各系统多达20余个,机电管线进行综合排布时必须做到无遗漏,方可保证排布的准确性。同时本工程施工过程中收到设计变更繁多,施工蓝图版本多,若采用传统CAD机电管线综合排布一则容易遗漏,二则按照设计变更调整管线时工作量大。通过对Revit软件的二次开发,自主研发深化设计平台。可在每次收到设计变更时快速进行调整,提高了工作效率同时也便于对各机电管线系统进行查缺补漏。

(5)参建单位多,协调工作量大

T2航站楼机电安装工程参建单位众多,且各单位进行管线综合排布的技术水平高低不一致、进度快慢不一致,造成机电管线综合排布时协调工作量极大。通过BIM深化组牵头各机电安装单位确定管线综合排布方案,并统一利用BIM技术(Autodesk系列软件)完成机电管线综合排布,及时向各单位发放完成的综合管线施工图纸,大大减少了前期深化设计中的协调工作量和协调难度。

(6)实现绿色施工,最大限度节约资源

本工程机电安装系统繁多,工程造价高,在施工过程中如何实现绿色施工并最大限度节约资源消耗是重中之重。通过BIM技术(Revit软件)进行机电管线综合排布大大降低了施工过程中的拆改工程量,同时通过本工程BIM模型生成设备、材料等资源使用数量,提前做好资源的预控,避免重复浪费。

(7)建设数字化航站楼,服务后期运行维护

郑州新郑国际机场T2航站楼在筹建之初就以建设现代数字化航站楼作为目标,以便后期航站楼的使用及运行维护。通过BIM技术(Revit软件)整合T2航站楼机电安装各系统数字信息,便于后期运行维护时利用BIM模型的信息参数直接读取并管理机电系统相关信息资料。

8.4.2 BIM应用策划

1)BIM的应用目标

本工程机电安装各系统前期策划通过BIM技术进行深化设计,缩短深化设计时间,

施工过程中减少交叉碰撞，节省材料达到绿色施工，最终实现工程质量鲁班奖。通过BIM技术对整个机电安装工程进行合理综合排布，使各系统管路达到最简约最平衡状态，设备满足最佳运行工况，过程中指导机电安装工程各工序施工生产有序进行。利用BIM技术整合机电安装各系统信息，最终建成数字化航站楼，服务航站楼后期运行维护。本工程BIM应用目标如表8-4-1所示。

BIM 应用目标 表8-4-1

序号	BIM 应用目标	BIM 应用方式
1	加强项目设计与施工的协调	基于BIM模型完成图纸会审及机电管线的深化设计，提前发现图纸设计问题
2	减少施工现场碰撞冲突及过程拆改	管线与建筑结构、管线与管线之间进行碰撞检测，提前综合排布进行规避
3	快速评估工程成本造价及变更引起的成本变化	物资材料自动统计，对比发现设计变更后的差异
4	服务施工方案及技术交底，进行施工现场监督和管理	结合各专业三维BIM模型，使施工方案交底变得形象直观，借助移动终端，实现施工现场生产管理
5	优化施工进度计划及施工工序流程	施工进度模拟、施工工序模拟
6	为航站楼运行维护提供准确的工程信息	交付BIM竣工模型，指导后期航站楼运行维护

2）BIM应用点

郑州新郑国际机场T2航站楼机电安装工程BIM技术应用点主要为以下方面：

（1）基于BIM技术的机电管线综合排布

通过Revit软件对机电安装系统进行建模，利用Revit软件三维可视化的方式辅助机电管线的综合排布，使排布更加合理，利用Naviswork软件进行碰撞、净高检查，最终完成机电安装管线的综合排布，利用Revit软件导出预留预埋施工图、综合管线施工平面图、综合管线施工剖面图、综合支吊架设计图等。

（2）基于BIM技术的物资材料统计

利用Revit软件的材料统计功能，提前确定物资材料使用量，便于项目物资招标，施工过程中根据Revit软件的材料统计量进行材料的实际消耗量把控。对于过程中的设计变更，及时利于Revit软件进行机电管线模型的修改，重新确定变更后的物资材料使用量，便于施工过程中材料实际消耗量的变更控制。

（3）基于应用BIM技术的施工方案交底和现场管理

利用Revit软件三维可视化的特点，使复杂的文字交底描述变得形象直观易于理解。通过把机电安装BIM模型及预留预埋施工图、综合管线施工平面图等图纸存入移动设备终端，实时对施工现场进行监督管理。

（4）基于BIM技术的施工工序模拟

利用Naviswork软件的施工工序模拟功能，进行航站楼不同功能区域各机电管线系统施工工序的模拟，从而确定最佳施工工序，协调各机电安装单位按照施工工序合理插入施工。

（5）基于BIM技术的施工进度模拟

利用Naviswork软件的施工进度模拟功能，与整个项目的工期节点相结合，把各工期节点计划完成的形象进度利用BIM模型进行表示，从而与现场实际完成的形象进度进行对比，找出施工进度偏差的地方并及时采取措施进行调整。

（6）基于BIM技术的机电信息整合

在本工程竣工以后，收集整理机电安装系统各类型设备及部件信息（品牌、规格参数等），通过Revit软件把收集整理过的机电安装系统信息进行录入，在后期航站楼运行维护时，方便及时查询机电安装系统详细信息。

3) BIM应用软件介绍

本案例BIM应用软件以Autodesk Revit软件为依托，此软件可将所有与建筑相关的信息都集中在一份文件中，包括建筑、结构、水、暖、电，不管在设计阶段、施工阶段还是将来运行阶段，这些信息都能根据情况进行修改调整，保持持续更新。同时三维模型可以关联所有的平、立、剖图纸，能避免传统设计中可能出现的改了这儿，忘了那儿的现象，大大提高出图效率。

本工程BIM应用软、硬件配置及功能特性如表8-4-2所示。

BIM应用软、硬件配置及功能特性 表8-4-2

软件配置及本工程中应用功能		
软件名称	本工程应用功能	软件版本
Revit	建筑、结构、机电专业建模，管线综合排布、机电管线深化设计图纸	2014
AutoCAD	设计院二维图纸处理、支架大样图深化	2014
Naviswork	碰撞检查、漫游、工序模拟、进度模拟	2014
3D Max	配合施工模拟动画制作，图片渲染	2014
硬件配置		
硬件名称	硬件配置	数量
台式电脑	处理器：英特尔 Xeon(至尊)E5-2620 v2@2.10GHz 六核(X2)	15
	主板：超微 X9DAi(英特尔 Ivytown DMI2-inter X79 PCH-)	
	内存：32GB(DDR3 1333MHz)	
	主硬盘：KING SHARE 200128G(128G/固态硬盘)	
	显卡：AMD FirePro V4900	
	显示器：戴尔 DELD05A DELL S2340M(23.1英寸)	
笔记本电脑	处理器：英特尔 Core i7-4710HQ @2.5GHz 四核	25
	主板：联想 Erazer Y50-70(英特尔 Haswell)	
	内存：8GB(三星 DDR3L 1600MHz)	
	显卡：NVIDIA GeForce GTX860M(2GB)	

4) BIM组织介绍

本工程BIM团队由中建三局集团有限公司BIM深化中心负责技术指导，由公司工程技术部抽调各区域及各项目BIM工程师参与，最终由中建三局新郑国际机场T2航站楼项目部组织实施落实，公司总工张明杰担任本工程BIM深化组组长。

在本工程BIM技术施工过程中，共分为四个工作小组，建筑结构组负责建筑结构模型的建立及调整；机电综合组负责机电模型的建立、机电综合管线排布、完成综合管线图、机电系统信息录入；施工协调组负责基于BIM进行施工方案交底，施工工序及进度模拟，基于 BIM 综合管线模型施工现场的检查及核准等工作；资料管理组负责 BIM 模型资料的收集及管理。其中新郑国际机场 T2 航站楼 BIM 深化组组织结构图如图 8-4-5 所示，新郑国际机场 T2 航站楼 BIM 深化组主要人员如表 8-4-3 所示。

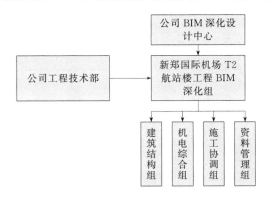

图 8-4-5　新郑国际机场 T2 航站楼 BIM 深化组组织结构图

新郑国际机场 T2 航站楼 BIM 深化组主要人员表　　　　　表 8-4-3

序号	姓名	承担的任务分工	BIM 履历及水平
1	张明杰	公司总工、BIM 深化组组长	BIM 应用管理 10 年
2	张峰涛	安装公司经理，BIM 深化组副组长	BIM 应用管理 8 年
3	陈长剑	安装公司副经理，BIM 深化组副组长	BIM 应用管理 10 年
4	张广周	安装公司副经理，BIM 深化组组长	BIM 应用管理 8 年
5	孙贺	项目经理，建筑结构组组长	BIM 应用管理 8 年
6	梁博	安装公司技术部经理，机电综合组组长	BIM 应用管理 6 年
7	郭镓琦	项目安装部总工，资料管理组组长	BIM 应用管理 5 年
8	张辉	项目安装部生产经理，施工协调组组长	BIM 应用管理 4 年

本工程 BIM 深化组成立于 2013 年 12 月，过程中参与人数最高峰达 40 人，在各施工阶段各工作组 BIM 工程师人数根据工作任务进行调整。因 T2 航站楼建筑面积达 48.5 万 m²，共划分为 12 个区域（A1—A5 区域、B1—B4 区域，动力中心区域、信息指挥中心区域、地下管廊区域）同时进行建模。BIM 深化组人员组织及分工如表 8-4-4 所示。

BIM 深化组人员组织及分工　　　　　表 8-4-4

序号	工作组	BIM 工程师人数	施工阶段	备　注
1	建筑结构组	6	主体施工	每名 BIM 工程师负责两个区域
2	机电综合组	12		每名 BIM 工程师负责一个区域
3	施工协调组	12		每名 BIM 工程师负责一个区域
4	资料管理组	2		每名 BIM 工程师负责六个区域
5	建筑结构组	2	机电安装	每名 BIM 工程师负责六个区域
6	机电综合组	12		每名 BIM 工程师负责一个区域
7	施工协调组	12		每名 BIM 工程师负责一个区域
8	资料管理组	2		每名 BIM 工程师负责六个区域

续表

序号	工作组	BIM 工程师人数	施工阶段	备注
9	建筑结构组	2	收尾阶段	每名 BIM 工程师负责六个区域
10	机电综合组	6		每名 BIM 工程师负责两个区域
11	施工协调组	3		每名 BIM 工程师负责四个区域
12	资料管理组	2		每名 BIM 工程师负责六个区域

8.4.3 BIM 应用过程

本案例的 BIM 应用点主要聚焦在机电安装专业，主要包括四个方面：一是前期对 BIM 应用方案和计划进行详细策划；二是基于 BIM 软件的机电管线深化设计；三是施工过程中通过 BIM 软件对机电管线施工进行安装、材料、进度等过程管理；四是工程竣工后通过 BIM 软件录入机电管线系统及设备信息，便于后期管理。

1）编制 BIM 技术实施方案

在 BIM 技术实施前，根据新郑国际机场 T2 航站楼机电安装工程现场各方面实际施工情况，编制具体可行的 BIM 技术实施方案。BIM 技术实施方案主要内容如表 8-4-5 所示。

BIM 技术实施方案主要内容 表 8-4-5

序号	实施内容	完成时间及结果
1	BIM 团队搭建	项目开工后即刻完成 BIM 工程师召集及团队搭建工作
2	BIM 执行标准	参照公司内部 BIM 建模标准执行
3	BIM 深化设计流程	与业主、设计院、监理单位等共同商定 BIM 深化图审批流程
4	BIM 执行计划书	团队组建 15 天内完成各阶段 BIM 工作计划
5	与总承包单位的配合计划	结合总承包单位工期计划及幕墙、装饰等单位深化计划
6	核对及完善设计阶段图纸	施工阶段最初 BIM 模型创建前完成
7	施工阶段 BIM 模型创建及维护	项目开工 90 天内完成施工阶段 BIM 模型最初建立，各区域机电施工开始前 7 天，完成机电安装 BIM 模型综合排布并出具符合排布施工图纸，收到变更单后 5 天内完成模型修改
8	BIM 模型的协调、集成	竣工验收前协助总承包单位负责完成 BIM 竣工模型的整合及验证
9	BIM 模型的移交及归档	与竣工图纸一起递交竣工版 BIM 模型
10	碰撞检测报告及解决碰撞	在相应部位施工前 10 天完成
11	自动管件统计	收到变更单后 14 天内完成管件自动统计

2）机电管线 BIM 模型建立及综合排布

依据设计院提供的二维图纸，利用 Revit 软件对本工程的建筑结构及机电专业进行 BIM 模型的建立，利用 Naviswork 软件对完成的 BIM 模型进行管线与结构、管线与管线间的碰撞检测，从而对专业图纸设计的准确性进行验证。借助三维立体 BIM 模型对本工程施工难点部位（例如机电管线交叉严重部分）进行分析，提前进行合理的管线综合排布，减少该类部位施工过程中返工拆改，进而节省建筑材料，缩短施工工期。动力中心工程机电管线 BIM 模型如图 8-4-6 所示，国际到港通道机电管线 BIM 模型如图 8-4-7 所示，T2 航站楼地下管廊机电管线 BIM 模型如图 8-4-8 所示。

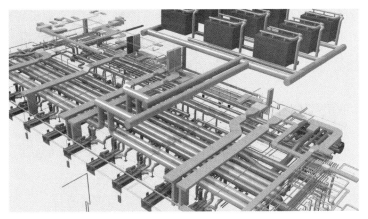

图 8-4-6　动力中心工程机电管线 BIM 模型图

图 8-4-7　国际到港通道机电管线 BIM 模型图

图 8-4-8　T2 航站楼地下管廊机电管线 BIM 模型

3）完成机电管线综合排布图、剖面图及预留预埋图

施工安装之前,在各系统机电管线 BIM 模型建立的基础上进行深化设计和管线综合优化设计,统筹协调各管线的空间位置关联,解决管线在施工安装阶段平面走向、立体交叉时的矛盾。利用 Revit 软件导出 PDF 版图纸,例如为保证主体结构期间预留预埋的准确性完成

预留预埋图，针对重点复杂区域设计施工剖面图等。T2 航站楼某空调机房机电管线综合排布图如图 8-4-9 所示，T2 航站楼某空调机房空调风管排布图如图 8-4-10 所示，T2 航站楼某区域预留预埋施工图如图 8-4-11 所示，T2 航站楼某空调机房剖面图如图 8-4-12 所示。

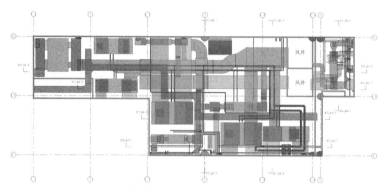

图 8-4-9　T2 航站楼某空调机房机电管线综合排布图

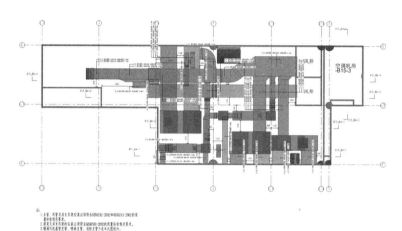

图 8-4-10　T2 航站楼某空调机房空调风管排布图

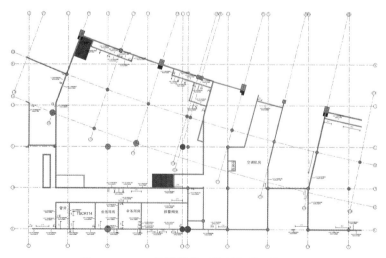

图 8-4-11　T2 航站楼某区域预留预埋施工图

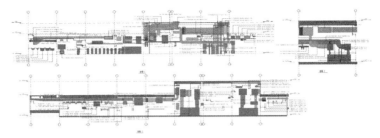

图 8-4-12　T2 航站楼某空调机房剖面图

4）联合支吊架设计及荷载计算

利用 Revit 软件根据三维 BIM 综合管线图进行支吊架结构设计,指定约束关系后,根据基于 Revit 软件开发的插件,自动提取管道荷载进行结构受力计算,确定型钢尺寸,生成全参数化支吊架模型,并导出支吊架计算书。T2 航站楼某区域机电管线联合支架模型如图 8-4-13 所示,T2 航站楼地下管沟管道支架模型及受力计算书如图 8-4-14 所示。

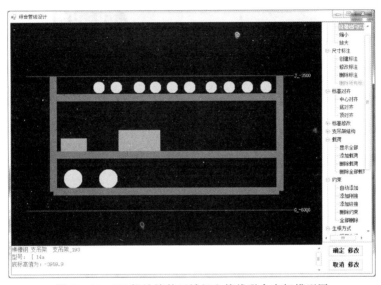

图 8-4-13　T2 航站楼某区域机电管线联合支架模型图

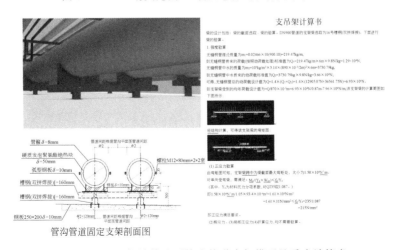

图 8-4-14　T2 航站楼地下管沟管道支架模型及受力计算书

213

5）机电安装施工现场可视化管理

在施工现场借助存储有 BIM 模型的手持移动设备终端如 iPad、iPhone 等，及时发现现场机电安装与综合排布不一致位置并进行纠偏调整。对现场施工进度进行实时跟踪，并且和计划进度进行比较，及时发现施工进度的延误。对于重点部位、隐蔽工程等需要特别记录的部分，现场人员以文档、照片等记录方式与 BIM 模型相对应的管线关联起来，使得工程管理人员能够更深入地掌握现场发生的情况。T2 航站楼某候机大厅吊顶内机电管线排布模型如图 8-4-15 所示，T2 航站楼某候机大厅吊顶内机电管线实际安装效果如图 8-4-16 所示。

图 8-4-15　T2 航站楼某候机大厅吊顶内机电管线排布模型图

图 8-4-16　T2 航站楼某候机大厅吊顶内机电管线实际安装效果图

6）物资材料的自动化统计及预制加工

各机电安装专业通过 BIM 模型可根据不同的管道排布方案进行动态统计，确定最佳管道排布方案，利用 Revit 软件生成工程量明细表，自动统计管道长度、管件数量等。对于复杂管件可提前在模型中生成下料图，提前组织加工，节约材料，提高生产效率和安装效率。T2 航站楼某风管异形件模型及大样如图 8-4-17 所示，T2 航站楼某风管异形件大样图及预制加工如图 8-4-18 所示。

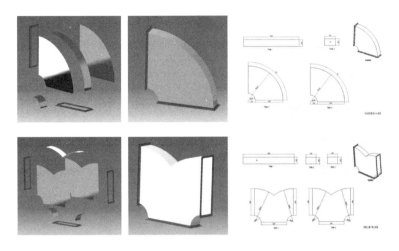

图 8-4-17　T2 航站楼某风管异形件模型及大样图

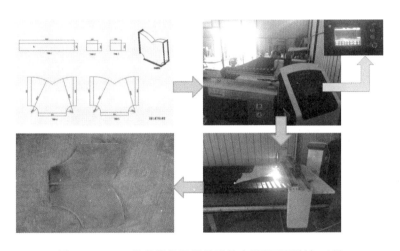

图 8-4-18　T2 航站楼某风管异形件大样图及预制加工图

7）施工过程中 4D 进度模拟及工序模拟

以 4D 的方式形象地对施工进度计划进行模拟，便于管理人员组织决策，提高工作和沟通的效率，减少因施工交叉造成的工程返工，节约人力和物力。本工程动力中心和空调机房各专业交叉施工多，管线复杂，通过 Naviswork 软件 4D 施工工序模拟对复杂部位管线安装以及大型设备安装进行指导，合理安排施工，有效地控制施工工期及成本。信息及指挥中心工程 4D 施工进度模型效果如图 8-4-19 所示，信息及指挥中心工程一层走廊机电管线施工工序模拟效果如图 8-4-20 所示。

8）机电各系统信息数据采集，为运维提供数据基础

在机电安装各系统施工完成后，把最终管线部件及实际采购设备的随机资料附件信息利于 Revit 软件导入 BIM 模型中。通过对过程资料的收集和录入，不断完善 BIM 模型及其参数，为航站楼后期运维提供数据基础，实现对机电安装管线及设备的运行管理。动力中心离心式冷水机组设备模型信息查询如图 8-4-21 所示。

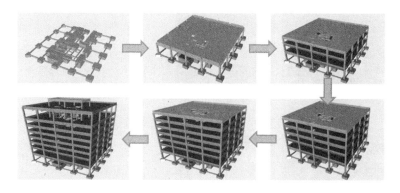

图 8-4-19　信息及指挥中心工程 4D 施工进度模型效果图

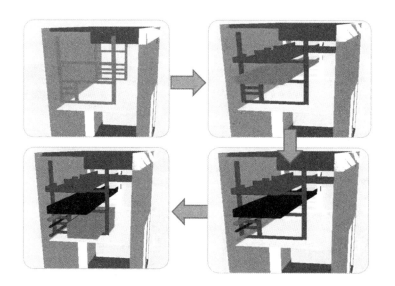

图 8-4-20　信息及指挥中心工程一层走廊机电管线施工工序模拟效果图

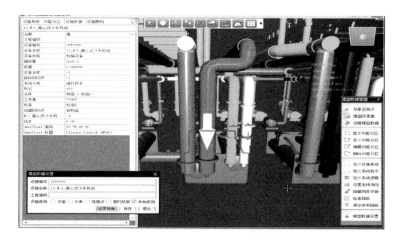

图 8-4-21　动力中心离心式冷水机组设备模型信息查询图

8.4.4 BIM应用效果

1) BIM技术协助项目解决如下问题

（1）解决本工程建筑结构及机电安装专业设计复杂的问题。利用BIM技术完成建筑结构及机电安装管线的三维模型，提前发现图纸设计存在的各种遗漏、错误等问题，及时与设计方和业主方沟通解决，降低了工作难度，保证了施工生产进度。

（2）解决本工程工期紧迫的问题。利用BIM技术进行机电管线综合排布，有效缩短前期机电管线综合排布占用的时间，在不影响建筑结构主体施工进度的前提下，为下一步机电管线施工预留充足施工时间。

（3）解决本工程机电安装参建单位多、协调工作量大的问题。利用BIM技术完成机电管线综合排布图，统一要求各机电安装单位严格按照综合排布图施工，并严格按照施工工序进行施工，很大程度上减少了施工过程中的协调工作量和拆改工程量。

（4）解决本工程机电安装系统繁多、工程造价难以核算的问题。利用综合排布完成的机电管线BIM模型自动统计物资材料，为施工成本造价核算提供数据支撑。

2) BIM应用为项目带来如下效益

（1）经济效益和工期效益

①本工程机电安装专业利用BIM技术进行机电管线综合排布，提前解决碰撞点位20余万处（机电管线与建筑结构，机电管线与机电管线之间），有效避免后期大量的机电管线拆改工作量，减少工程造价约3000万元，节省工期约90天。

②利用BIM技术完成机电管线综合排布并导出预留预埋施工图纸，在建筑结构施工阶段洞口预留准确率达90%以上，避免后期大量二次开凿，减少工程造价约200万元，节省工期约30天。

（2）管理效益

①通过BIM技术进行机电安装各系统之间的4D工序模拟，合理安排各机电安装单位的施工顺序。严格要求各机电安装单位按照机电管线综合排布图施工，显著减少各机电安装单位之间需协调解决的事情，便于施工过程中建设单位对各机电安装单位的管理。

②通过BIM技术协助进行施工方案的编制及交底，使传统书面交底变为可视化交底，使劳务工人对施工方案提前进行深入了解，有效应用于过程中的施工管理。

（3）技术效益

①通过总结BIM技术在T2航站楼机电安装工程中的应用成果，完成"基于BIM技术的建筑工程机电管线预留预埋及安装施工工法"，获得中建三局有限公司2015年度优秀工法奖，优秀工法获奖证书照片如图8-4-22所示。

②通过在新郑国际机场T2航站楼机电安装中全面深入利用BIM技术，为公司迅速培养了一批BIM技术人才，其中15人获得由人力资源和社会保障部出具的BIM应用设计师岗位证书。

（4）社会效益

①通过BIM技术完成机电管线综合排布，对管道交叉繁多、吊顶空间狭小的区域进行合理布置，在提高吊顶高度的同时又保证一定的检修空间，便于后期T2航站楼的运行维护使用，获得建设单位、设计单位等一致好评。

图 8-4-22 局优秀工法获奖证书照片

②利用 BIM 技术对 T2 航站楼工程重点部位（上人屋面、行李分拣区等）进行细致机电管线综合排布，提前策划，保证项目顺利申报鲁班奖工程。新郑国际机场 T2 航站楼工程上人屋面鲁班奖专家验收照片如图 8-4-23 所示。

图 8-4-23 新郑国际机场 T2 航站楼工程上人屋面鲁班奖专家验收照片

③ 通过总结 BIM 技术在 T2 航站楼机电安装工程中的应用的成果，获得中国建筑业协会和中国图学学会的多个奖项。其中中国建设工程 BIM 大赛单项奖二等奖证书如图 8-4-24 所示，"龙图杯"第三届全国 BIM 大赛二等奖证书如图 8-4-25 所示。

图 8-4-24 中国建设工程 BIM 大赛单项奖二等奖证书照片

图 8-4-25 "龙图杯"第三届全国 BIM 大赛二等奖证书照片

8.5 BIM技术在河南圣德医院项目中的综合应用

8.5.1 项目概述

1) 工程简介

河南圣德医院工程位于河南省信阳市羊山新区新五大道与新二十六大街交叉处,分为1号楼、2号楼、3号楼和中心园4个区域,总建筑面积229374.78m²,是圣德国际医院有限公司投资兴建的大型医疗综合体,建成后将成为信阳市最大的民营医院之一,如图8-5-1所示。

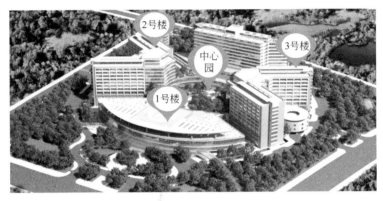

图 8-5-1 工程效果图

2) 项目重难点分析

(1) 河南圣德医院工程的工程质量目标为鲁班奖,工程安全目标为国家AAA级安全文明标准化工地,绿色施工目标为国家级绿色施工示范工程,科技创新目标为国家级新技术应用示范工程。由于工程目标高,在施工现场平面布置阶段就应该策划好,实施好,开好头,起好步。传统的施工现场平面布置二维图纸表达信息有限,执行过程难免有偏差。

(2) 本工程总建筑面积229374.78m²,体量巨大;专业多,各专业交叉施工;日历工期550天,工期紧,图纸内容多。施工质量管理、安全管理、进度管理、成本管理、绿色施工需要协调统一,统筹兼顾,方能实现预定目标。

(3) 本工程包含电气、消防、空调、给排水、医用气体等多个专业,安装工程量大、专业多、管线复杂,交叉返工会对工程工期造成严重影响,从而影响到整体目标的实现。

(4) 3号楼地下一层直线加速器机房钢筋混凝土墙板最大厚度3200mm,墙体高度4650mm。钢筋混凝土顶板厚度2900mm,如图8-5-2、图8-5-3所示,属高大模板。同时属于大体积混凝土、防辐射混凝土,要求混凝土成型整体性好,无裂缝,施工难度非常大。

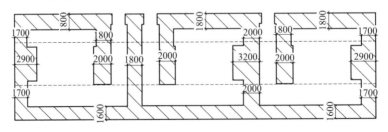

图 8-5-2 直线加速器机房平面图

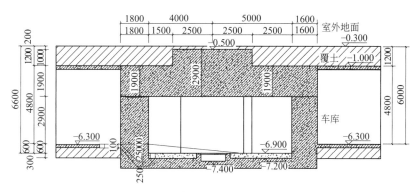

图 8-5-3 直线加速器机房剖面图

8.5.2 BIM 应用策划

1) BIM 应用目标

（1）通过 BIM 技术开好头，起好步，策划一步到位，做好施工现场平面布置。涵盖文明施工、样板区策划、安全体验馆策划、绿色施工等多项内容，并将其贯穿到施工过程之中，从而实现施工现场平面布置一次成型，符合工程目标要求，后期返工率小于3%。

（2）通过 BIM 技术，实现质量管理、安全管理、进度管理、成本管理、绿色施工管理的协调统一，实现项目施工信息化、流程标准化，提前发现和解决施工进度、质量、安全问题，实现工程质量提升1%，安全方面提升1%，工期方面提升1%，成本降低2%，绿色施工方面提升1%。

（3）通过 BIM 技术进行管线综合排布，将管线交叉碰撞问题提前解决，避免返工，确保工程质量，减少返工对工期的影响，控制返工率0.5%，工期提升1%。

（4）应用 BIM 技术辅助直线加速器机房方案制定，技术交底，指导施工，攻克难关，确保直线加速器机房混凝土浇筑一次成优。

2) BIM 的应用点

河南圣德医院 BIM 应用点共 3 大项 30 小项，其中技术应用 18 项，生产应用 7 项，商务应用 5 项，具体如图 8-5-4 所示。

3) BIM 应用软硬件介绍

（1）软件配置

圣德医院 BIM 应用所采用软件有：Autodesk Revit 2016、广联达 BIM 土建算量软件 GCL2013、广联达 BIM 钢筋算量软件 GGJ2013、Navisworks Manage 2016、Fuzor 2016、广联达 BIM5D 2.5 等，具体如表 8-5-1 所示。

BIM 软件一览表 表 8-5-1

序号	软件名称	用　　途
1	Autodesk Revit 2016	三维场布建模、机电建模、土建复杂模型的建模
2	广联达土建算量软件 GCL2013 广联达钢筋算量软件 GGJ2013	一般土建模型建模、钢筋建模
3	Navisworks Manage 2016	简单模型的 4D 进度模拟、施工工艺动画制作
4	Fuzor 2016	施工工艺动画制作、导出 exe 文件用于技术交底

续表

序号	软件名称	用途
5	广联达 BIM 审图	碰撞检查
6	广联达 BIM 浏览器	应用 ipad 查看单栋建筑土建与机电模型的合成模型
7	广联达 BIM5D 2.5	进度管理、质量安全管理、合约规划、三算对比、过程提量

	技术应用18项		生产应用7项		商务应用5项
三维场布应用 11项	方案确定	样板策划	定型化安全防护设施定制加工	明细表统计查看	预算成本对比
	标准化安全防护设施策划	安全体验馆策划			
	三维图纸技术交底	Fuzor 技术交底			
	标准化工作考评	模型交互			
直线加速器应用 6项	BIM辅助方案优化	BIM模拟混凝土浇筑	材料精确统计		Revit 限额领料
	三维模型技术交底	优化设计			
BIM5D管理应用 13项	图纸会审	Ipad验收	进度跟踪	质量安全管理	材料计划
	流水段划分	进度模拟	物质提量	砌体排砖	限额领料
	机电管综	管洞预留			资金管理

图 8-5-4 河南圣德医院项目 BIM 应用点

(2) 硬件配置

模型组配置台式机 2 台，笔记本 2 台，应用组配置台式机 6 台，笔记本 1 台，ipad 3 台。配置情况如表 8-5-2 所示。

硬件配置情况一览表　　　　表 8-5-2

硬件	配置标准	用途	安装 BIM 软件
台式机	戴尔 Precision Tower 5810	GCL BIM 模型建立	广联达土建算量软件 GCL2013 广联达钢筋算量软件 GGJ2013
		机电 revit 模型建立	Navisworks Manage 2016 广联达 BIM 审图
		现场 BIM5D 管理	广联达 BIM5D 2.5
笔记本	Lenovo rescuer-15isk	三维场布建模 复杂土建模型建模	Autodesk Revit 2016 Fuzor 2016
		模型组 BIM 5D 管理	广联达 BIM5D 2.5
iPad	12.9 英寸 Apple iPad Pro	现场 BIM 管理	广联达 BIM 浏览器

4)BIM 组织介绍

公司 BIM 中心和项目部主要成员一起组成项目 BIM 团队,建模人员由 BIM 中心专职,项目部不设专职 BIM 人员,BIM 应用属于项目上技术、商务、物资人员的岗位职责。BIM 组织机构如图 8-5-5 所示。

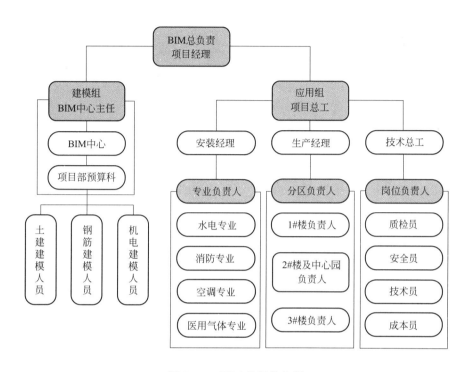

图 8-5-5　BIM 组织机构图

8.5.3　BIM 应用过程

1)模型建立

BIM 团队成立后,首先确定了公司 BIM 管理制度和规划实施方案,统一了建模标准,按照"分工建模,统一整合"的原则进行建模。

(1)三维场布建模。采用 Revit 软件创建,分为:现场布置三维场布模型、后浇带样板模型、卫生间样板模型、屋面样板模型、机电样板模型、安全体验馆样板模型、安全防护设施模型,如图 8-5-6 所示。

(2)土建模型。采用 GCL 软件创建,分为:1 号楼土建模型、2 号楼土建模型、3 号楼土建模型、中心园土建模型,如图 8-5-7 所示。

(3)机电模型。采用 Revit MEP 软件创建,按照分层、分专业建模的方式进行,如图 8-5-8 所示。

(4)直线加速器模型。采用 Revit 软件建模,分为:建筑模型、墙板模板模型、高大模板支撑模型,如图 8-5-9 所示。

2)三维场布 BIM 应用情况

项目 BIM 团队采用分工建模的方式建立 BIM 三维场布模型,BIM 应用工作流程如图 8-5-10 所示。

(b) 安全防护设施模型

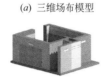

(c) 安全体验馆模型

(d) 机电样板模型　　(e) 卫生间样板模型　　(f) 屋面样板模型　　(g) 后浇带样板模型

图 8-5-6　revit 三维场布模型分工建模情况

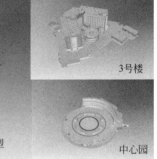

图 8-5-7　GCL 土建模型建模分工情况

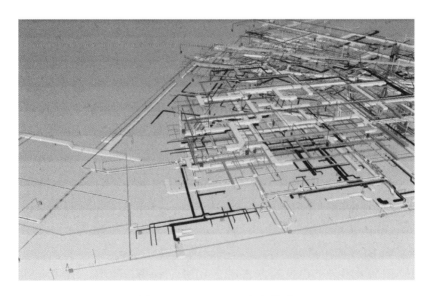

图 8-5-8　Revit MEP 机电模型

 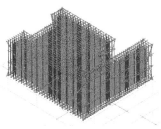 

(a) 建筑模型　　　　　　　(b) 高大模板支撑模型　　　　　　(c) 墙板模板模型

图 8-5-9　直线加速器机房模型

图 8-5-10　三维场布 BIM 应用工作流程

（1）在建模阶段，通过建立三维模型，项目部成员共同查看模型，提出方案并分析方案，最后确定最佳方案，保证临时设施一步到位，避免后期拆拆改改，造成返工浪费，如图 8-5-11 所示。

(a) 样板区的初步方案　　　(b) 样板区的最终方案　　　(c) 项目业主现场查看BIM
　　　　　　　　　　　　　　　　　　　　　　　　　　　　模型打印的三维图，
　　　　　　　　　　　　　　　　　　　　　　　　　　　　提出中肯的修改意见

图 8-5-11　方案优化

（2）在深化阶段，BIM 建模组和应用组共同完成了后浇带样板策划、卫生间样板策划、屋面样板策划、机电样板策划，所有样板均根据图纸1：1尺寸建模，可以直接指导施工。建模组和应用组一起完成了安全体验馆策划、标准化安全防护设施策划。

其中，卫生间样板经过修改，排版更为合理，避免了小块面砖的出现，如图 8-5-12 所示。

（3）在施工阶段，建模小组通过 revit 模型直接打印施工现场平面布置图、分区块的平面布置图、样板区平立剖面、三维图纸，详细标注，下发管理人员，用于指导施工，如图 8-5-13 所示。

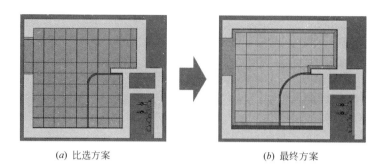

(a) 比选方案　　　　　　　(b) 最终方案

图 8-5-12　卫生间样板优化

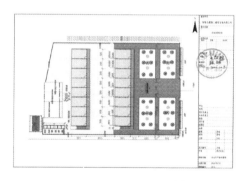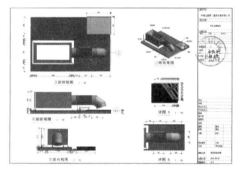

图 8-5-13　三维图纸技术交底

通过 Fuzor 2016 软件导出 exe 文件，分发管理人员实时查看三维模型。该文件在任何电脑均无须安装软件直接运行，查阅十分方便，如图 8-5-14 所示。

图 8-5-14　Fuzor 技术交底

通过建立参数化的构件族，建立共享参数，利用 Revit 明细表功能进行自动统计，生成临建设施一览表。在策划时预估造价，实施过程中指导采购，实行限额领料，如图 8-5-15 所示。

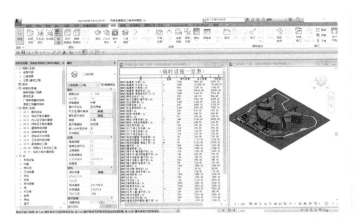

图 8-5-15　revit 明细表用于限额领料

通过 Revit 打印加工图，利用直接生成的明细表指导定制加工材料购买、加工制作、施工安装，确保安全文明标准化设施制作符合标准化要求，如图 8-5-16 所示。

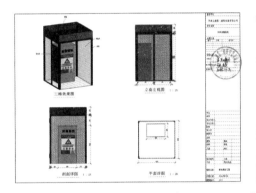

图 8-5-16　revit 用于标准化设施制作

施工现场平面布置完成后，在明细表内填入每项成本，与预算对比，控制成本，如图 8-5-17 所示。

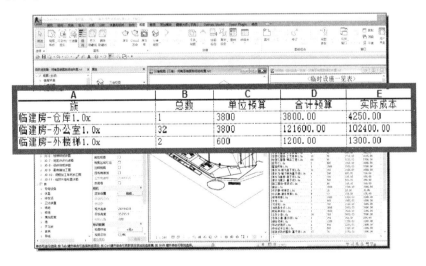

图 8-5-17　明细表用于实际成本录入

施工现场平面布置完成后,通过导出 Navisworks 文件,链接完成后的实际现场效果图,交公司工程部进行考评,如图 8-5-18 所示。其具体做法为:管理人员上传实体照片,模型组人员在 PC 端与模型建立链接,全部完成后上传给公司工程部考评打分。

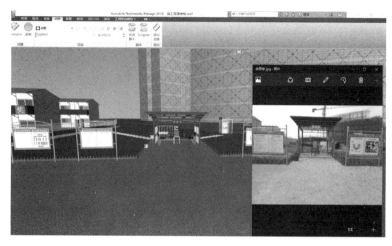

图 8-5-18　标准化考评

3)直线加速器机房 BIM 应用情况

直线加速器机房 BIM 模型采用 Revit 创建,应用工作流程如图 8-5-19 所示。

图 8-5-19　直线加速器机房 BIM 应用工作流程

项目部 BIM 团队依据项目部制定的施工方案建立了直线加速器机房 BIM 模型,邀请直线加速器厂家、业主、监理共同进行方案商讨,如图 8-5-20 所示。

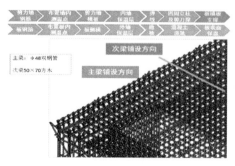

(a) 方案汇报时所用PPT节选

(b) 方案汇报现场

图 8-5-20　方案汇报

方案商讨时，BIM模型清晰直观地展现了直线加速器机房的三维立体效果，原设计方案机房入口处有一个600mm的斜坡，一开始查看图纸时，因为二维图纸表达不够清楚详细，施工、监理及业主方代表都没有注意到。为了提高该部位的使用功能，方案汇报时直线加速器供应商建议取消该机房入口坡道，设计调整后室内地坪抬高，顶板厚度由2900mm降低为2100mm，如图8-5-21所示。

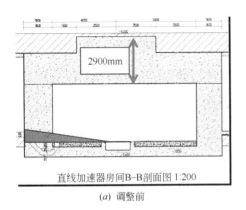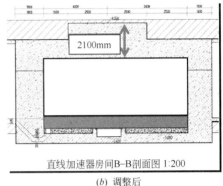

(a) 调整前　　　　　　　　　　　　　　(b) 调整后

图 8-5-21　设计方案调整

调整后的设计方案大大降低了施工难度，利用Revit的明细表功能，把调整前和调整后的施工方案进行对比发现，钢管用量减少377m，扣件用量减少了1704个，U托减少943个，如图8-5-22所示。准确的数量统计给施工方案调整决策提供了直接的数据参考。

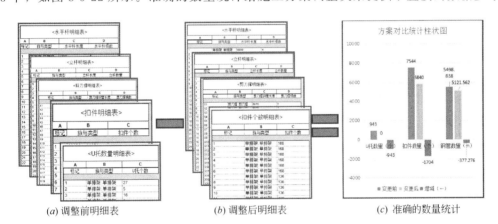

图 8-5-22　施工方案调整

专家论证时，专家提出混凝土浇筑的连续性如何保证的问题，BIM小组应用Navisworks动画模拟浇筑工况，综合展示混凝土浇筑过程中，商品混凝土供应的速度、泵送速度、振捣速度、分层厚度、凝结硬化的速度等多种因素叠加后的施工工艺效果，如图8-5-23所示，专家论证一次性通过。

施工过程中，项目部对施工班组进行技术交底直接采用三维模型交底，高大模板搭设人员清晰地了解施工方案，模板支撑搭设一次成优。

施工材料计划采用Revit明细表功能直接一次生成，用于材料计划、限额领料，既控制了成本，也确保了质量。具体做法为：利用revit 2016自动生成限额领料控制图，下发班组实行限额领料，如图 8-5-24 所示。

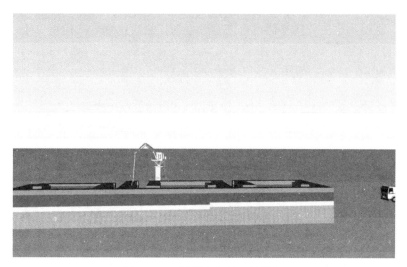

图 8-5-23 混凝土浇筑工艺模拟

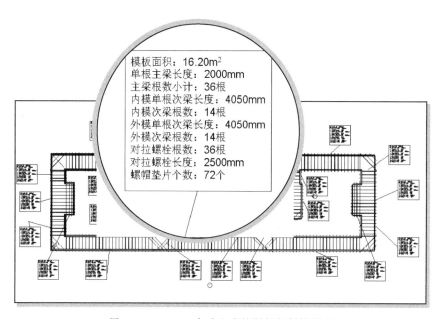

图 8-5-24 Revit 自动生成的限额领料控制图

4）BIM 5D 管理

项目 BIM 团队采用分工建模的方式建立工程 GCL 模型，导入 BIM 5D 进行质量、安全、进度、成本管理。BIM 5D 应用流程如图 8-5-25 所示。

（1）图纸会审及优化

GCL 模型建模阶段，预算人员发现图纸问题进行记录，通过项目总工审查后提交设计进行图纸会审。通过建模，发现了大量的图纸问题，其中 3 号楼和 2 号楼体量相当，3 号楼图纸会审在建模后进行，共会审问题 112 条，2 号楼图纸会审在建模前完成，共 26 条，3 号楼提前发现问题是 2 号楼的 4.3 倍，给 3 号楼工期提供了有力保障，如图 8-5-26 所示。

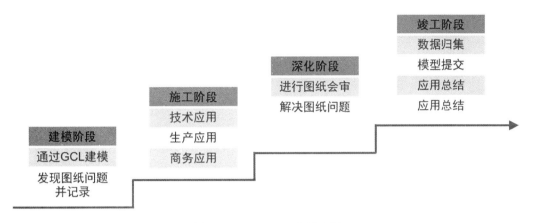

图 8-5-25　BIM 5D 应用流程

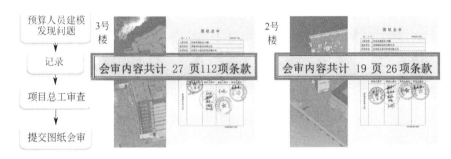

图 8-5-26　图纸会审

(2) 三维漫游

施工过程中，通过 GCL 模型导出 igms 文件，发送给各分区负责人，每个分区配备一台 ipad，在施工现场直接查看模型，进行模型与现场施工情况的比对，如图 8-5-27 所示。

图 8-5-27　iPad 验收

(3) 进度管理

在 BIM5D 中，通过流水段划分等方式将模型划分为可以管理的工作面，帮助生产管理人员合理安排生产计划，提前规避工作面冲突。通过 4D 进度模拟，找到施工过程盲点，检验进度计划合理性。在 BIM5D 中录入实际进度，通过颜色区分找到延迟的进度，及时采取措施进行纠偏，如图 8-5-28 所示。

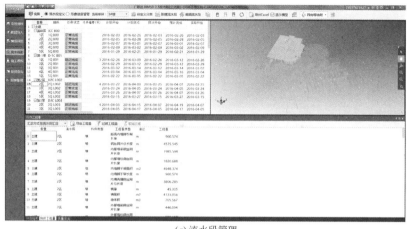

(a) 流水段管理

(b) 进度模拟　　　　　　　　　　(c) 进度跟踪

图 8-5-28　进度管理

（4）机电管线综合排布

项目 BIM 团队采用分工建模的方式在 Revit 软件中建立工程机电模型，导入 BIM 审图软件进行碰撞检查，按照设计优化后图纸进行管线综合排布，共检查碰撞点 722 条，设计单位进行答复，项目部 BIM 团队在 Revit 软件中进行调整，并将调整后的模型交现场施工，如图 8-5-29 所示。根据定稿后的管线综合排布模型生成墙体留洞图，指导土建预埋，如图 8-5-30 所示。

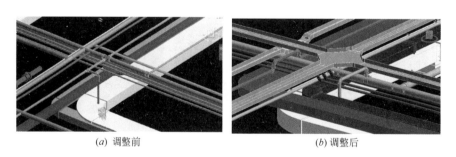

(a) 调整前　　　　　　　　　　　(b) 调整后

图 8-5-29　机电管线综合复杂节点案例

（5）成本管控

通过物资提量，随时调取查看构件工程量，为生产决策提供指导。分楼层、分流水段统计商品混凝土用量，用于每一次商品混凝土提量；过程中将混凝土浇筑后的实际用量与模型量进行比对，定期召开成本分析会，及时实施纠偏，动态控制成本。

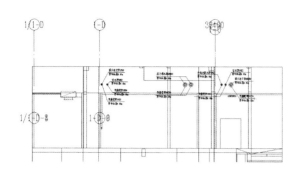 

图 8-5-30　安装工程土建预埋

分楼层统计砌体材料用量，实施限额领料。根据进度计划软件自动生成的资金曲线，合理规划，用活流动资金，如图 8-5-31 所示。

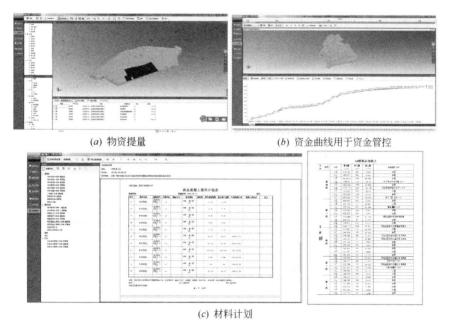

(a) 物资提量　　　　(b) 资金曲线用于资金管控

(c) 材料计划

图 8-5-31　成本管控

（6）质量安全管理

通过手机对质量安全内容进行拍照、录音和文字记录，并关联模型。软件基于云平台自动实现手机与电脑数据同步，以文档图钉的形式在模型中展现，协助生产人员对质量安全问题进行管理，如图 8-5-32 所示。

（7）砌体排布

根据现场情况设置：砌体规格、塞缝砖规格、灰缝厚度、错缝长度、最短砌筑长度、导墙高度等参数。一键智能排砖，从而代替手工排砖，并且图例形象生动，指导现场施工，快速统计材料量并生成报表。打印出排布图贴于柱上，工人施工时直接照图施工，如图 8-5-33 所示。

233

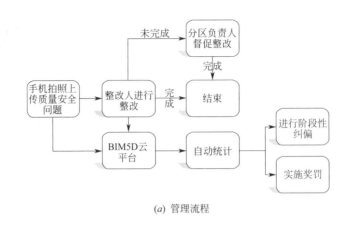

(a) 管理流程

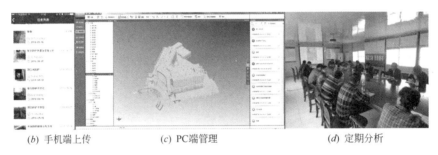

(b) 手机端上传　　　(c) PC端管理　　　(d) 定期分析

图 8-5-32　质量安全管理

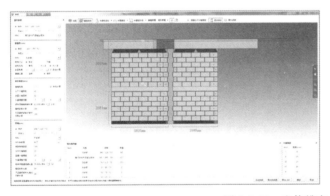

图 8-5-33　砌体排布

8.5.4　BIM 应用效果

1）三维施工现场平面布置 BIM 应用效果

建成后的施工现场与模型完全一致，BIM 技术在施工现场平面布置方面开花落地，如图 8-5-34 所示。通过公司工程部考评，施工现场平面布置完全符合安全文明施工要求，样板区策划实施到位，绿色施工策划点符合绿色施工要求，后期无返工，达到了返工率小于 3% 的目标。

三维场布 BIM 11 个应用点，解决了工程目标对施工现场平面布置要求高、策划方案制定、落地难的问题。

图 8-5-34 模型实景对比

2) 直线加速器机房 BIM 应用效果

直线加速器结构施工一次成优,如图 8-5-35 所示,使公司在 BIM 辅助高大难新工程施工方面实现了零的突破。

图 8-5-35 成型效果

直线加速器机房 BIM 应用方面 6 个应用点,解决了 3 号楼地下一层直线加速器机房 3200mm 厚钢筋混凝土墙板、2900mm 厚钢筋混凝土顶板的高大模板、大体积混凝土、防辐射混凝土施工难题。

3) BIM5D 管理应用效果

本项目投入 BIM 技术后,全面实施 BIM5D 管理,工程质量、安全、工期、成本、绿色施工等方面均有提升。初步统计的效果为:工程质量提升 2%;安全方面提升 5%;工期方面提升 1%;成本降低 2.32%;绿色施工方面提升 2%。

通过本项目建立 BIM 团队,团队人员能力大大提高,在 BIM 技术辅助工程标准化管理方面实现突破,完善了组织机构和标准,具有承接类似重大项目 BIM 成熟应用的能力。

8.6 BIM技术在南阳"三馆一院"工程中的应用

8.6.1 项目概述

1)工程简介

"三馆一院"二标段项目由大小剧院、群众艺术馆、展厅及商业服务设施等组成,如图8-6-1所示。其中大剧院1000个座位,小剧院500个座位,展览厅6000m², 总建筑面积61300m²。群艺馆主体6层,总高度32m;大小剧院主体为4层,总高度44m。本项目主体工程为劲性混凝土框架结构及钢桁架结构,机电安装工程包括给排水、电气、暖通、空调、消防、建筑智能化、综合布线等施工图纸设计范围内的全部工程内容。装饰装修工程包括玻璃幕墙16234m²,石材幕墙13752m²,铝单板收口7496m²,穿孔铝板幕墙25191m²,金属屋面22593m²。

图8-6-1 项目效果图

2)项目重难点分析

(1)造型复杂,主体、屋面多曲面组合(大空间、高支模),模板支设难度大,高大支模最大梁截面为500mm×1750mm,最高17.5m。

(2)型钢柱、型钢梁、钢桁架约3200t,钢网架约800t,吊装难度大,钢桁架吊装高度25.35m,吊装半径36m,其中超高凌空结构多且构件尺寸大,钢桁架单榀高度2m,跨度最大达30.5m,最大悬挑12.4m。

(3)大剧院与群艺馆顶部采用钢网架连接,网架南北长222.6m,东西长98.7m,其中网架最大跨度84m,整体吊装精度要求高。网架上部金属屋面造型起伏不平,23000m²铝镁锰金属直立锁边屋面结构形式复杂,排水沟较长,细部节点多,防开裂、渗透难度大。

(4)大小剧院空间高、大,空调风管、排烟风管、电气设备等安装难度大,高空作业、交叉作业多。在东、西群艺馆及大剧院公共走廊部分,因空间窄、梁底标高低且设计专业多,空调风、空调水、防排烟、给排水、电气强弱电布局存在严重交叉作业。

(5)大小剧院对声学要求高,舞台及看台装修需挂木质吸声板和墙面弧形石材,安装高度高,精度及工程量大,质量要求高,施工难度大,不合理施工对后期音效影响较大。

8.6.2 BIM 应用策划

1）BIM 应用目标

项目通过将建筑信息模型集成工程量信息、工程进度信息、工程造价信息等形成 5D 模型，实现建设工程的可视化展示、提升工程项目质量管理、控制工程造价、缩短工程施工周期，解决施工过程中遇到的难题，提高符合该工程特点的施工装配工艺流程的合理性，降低施工失误与返工，提高施工效率。

2）BIM 实施方案

为实现本项目资源与计划管理，本项目引进广联达 BIM5D 应用平台。该平台实现了 4D 乃至 5D 层面的功能，能够进行资源统计，辅助计划管理与决策。该平台作为应用平台，在模型深化完成后，导入该平台进行应用。具体方式如图 8-6-2 所示。

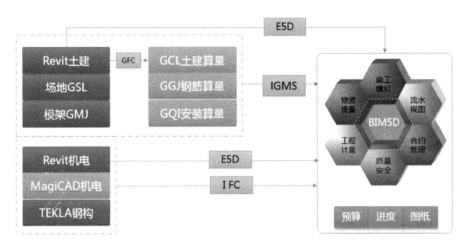

图 8-6-2　项目 BIM 实施技术路线图

3）BIM 应用的组织机构

成立总包 BIM 管理部，作为总包层牵头成立 BIM 应用部门。部门具体职责为：制定本项目 BIM 应用策划和计划，搭建并维护本项目与 BIM 相关的软硬件环境并负责培训，建立本项目实体部分 BIM 模型统一标准，具体实施 BIM 应用。组织结构如图 8-6-3 所示。

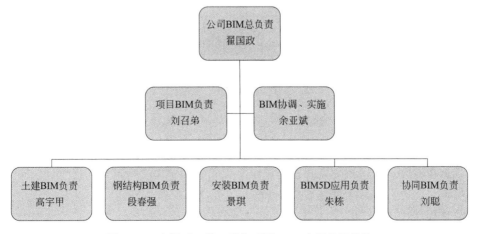

图 8-6-3　南阳"三馆一院"项目 BIM 应用组织机构

8.6.3 BIM 应用过程

南阳市"三馆一院"项目依据项目实际情况主要展开以下几点 BIM 应用：

1）技术应用

（1）综合 BIM 模型的创建

针对项目土建、安装、钢结构施工难度大，交叉作业多，项目创建了全方位、多专业的 BIM 模型，如图 8-6-4～图 8-6-8 所示。

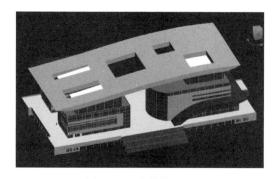

图 8-6-4 建筑模型图

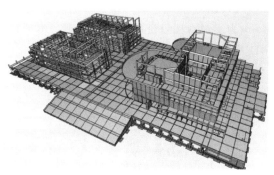

图 8-6-5 结构模型图

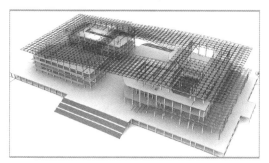

图 8-6-6 钢结构模型图

图 8-6-7 安装模型图

图 8-6-8 环境模型图

（2）施工场地布置

施工前通过 BIM 进行场地综合平面布置，如图 8-6-9 所示。三维模型结合施工现场，立体展现施工现场布置情况，合理进行施工平面布置和施工交通组织。通过优化布局，合理分配空间，将办公区和生活区合理分割。

（3）模型漫游

项目通过对建筑物室内外漫游（图 8-6-10），进行施工效果预览和错漏碰缺检测，发

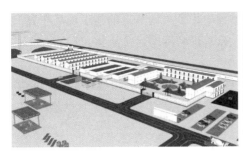

图 8-6-9 项目场地布置图

现问题及时标注，保存视点图片，以便后续进行整改。

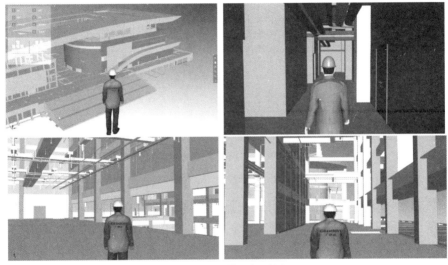

图 8-6-10 模型漫游图

（4）方案管理

项目通过 BIM5D 专项方案查询，项目查找出高大支模方案 24 处，大跨度梁方案 33 项，并将规范允许范围内的位置进行合并分析，如图 8-6-11 所示。

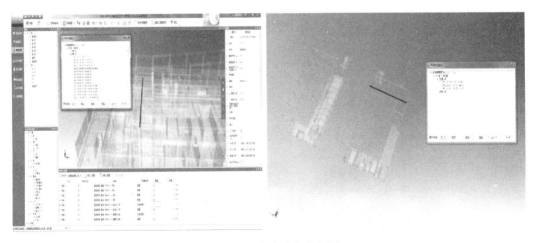

图 8-6-11 方案查询分析图

技术人员在施工之前提前预测项目建造过程中每个关键节点的施工现场布置、大型机械及措施布置方案,全部经专家论证后实施,有效提高施工安全质量。

(5) 模型动态剖切

通过 BIM5D 动态剖切形象地反映了设计施工后的部位效果和理论数据,形象直观地指导现场和问题排查。项目通过动态剖切(图 8-6-12)查找出施工中存在问题 36 处,并及时进行问题整改。

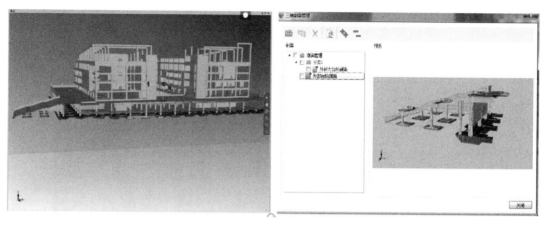

图 8-6-12 模型动态剖切图

(6) 技术交底

本项目通过 BIM 技术对现场施工工艺进行 3D 建模,然后应用 3Dmax/nw 等动画工具进行动画模拟,进而对工人进行动画交底(图 8-6-13),制作有劲性钢骨柱钢筋连接方案模拟、高支模方案模拟、塔吊操作平台搭建技术模拟等技术交底动画(图 8-6-14),形象直观地展示项目中的施工难点和关键节点的安装,简明易懂,确保了工程质量并提高了施工效率。

图 8-6-13 技术交底图

图 8-6-14 方案模拟图

(7) 钢结构深化设计

本项目型钢——梁柱节点图纸设计为常规套筒连接法。根据施工经验,套筒连接焊接定位精度要求高、进度慢且不经济。设计型钢混凝土柱与钢筋混凝土节点套筒连接法深化为搭筋板连接法(图 8-6-15),此法大大简化了施工过程,加快施工进度,节省工期 20 天,节省工程造价 8 万多元。

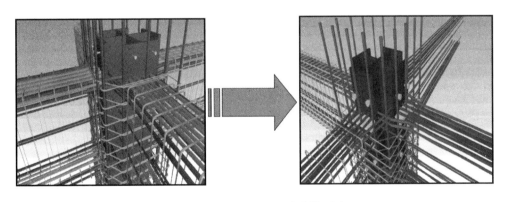

图 8-6-15 钢结构深化设计模型图

本工程网架球节点下部采用可灵活调节支撑点三维坐标的支撑胎架。通过调节四个螺杆顶托的标高,将平台钢板调至水平,再通过调节上部的活动定位支座即可准确定位网架球节点的支撑点空间坐标。钢结构支撑胎架三维示意如图 8-6-16 所示。

(8) 钢桁架分段及吊重分析

大剧院 23.5m 处,刚桁架最大悬挑 12.4m,在施工过程中需对结构预起拱设计,为保障结构外形尺寸,起拱值 $L/400$(L 为悬挑长度)。由于每榀桁架均不相同且重量大,尺寸控制难,精度要求高。桁架刚度差(平面桁架),安装高度高,吊装难度大,对临时支撑的要求高,故在施工前进行详细的吊装机械分析,全程 BIM 技术交底。项目钢桁架分布，如图 8-6-17 所示。

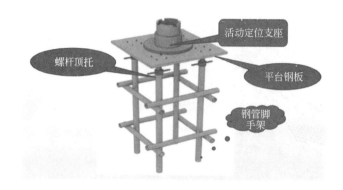

图 8-6-16　钢结构支撑胎架原理图

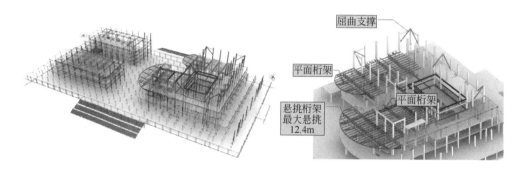

图 8-6-17　项目钢桁架分布图

本工程部分区域为压型钢板组合楼板承板体系；承重钢桁架高 2m，单榀桁架重达 20t，最大跨度为 33.6m，节点连接复杂。通过对桁架复杂节点优化设计，对桁架合理分段分节，施工时依次分段安装，解决了桁架超重、安装困难的施工问题。项目钢桁架吊装分段、吊重分析，如图 8-6-18 所示。

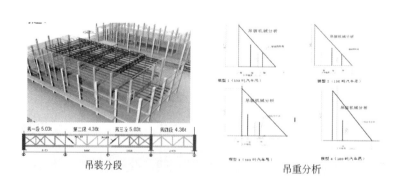

图 8-6-18　项目钢桁架吊装分段、吊重分析图

（9）网架拼装方案模拟

项目网架拼装模拟，如图 8-6-19 所示。

①在拼装场地使用全站仪,将待拼装的网架轴线放样至地面上并布置下弦球拼装胎架,将网架中部单元格的4个下弦球吊到拼装胎架上。②安装两根对称下弦杆件,调整两侧的下弦球及杆件,将另两根下弦杆件塞入安装就位。

③将上弦球与和其相连的腹杆焊接成单元吊装就位,精确调整后焊接固定。④拼装相邻的另一个球一杆单元。⑤拼装旁侧的两个球一杆单元。拼装上弦球间的弦杆。 ⑥以同样的方法,网架向四周扩散进行拼装;网架分块拼装完成。

图 8-6-19 项目网架拼装模拟图

(10) 网架吊装方案模拟

项目网架吊装模拟,如图 8-6-20 所示。

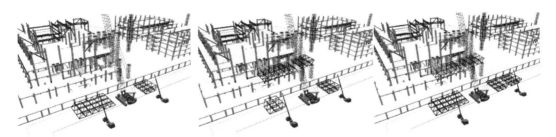

①履带吊、汽车吊进场;搭设临时支撑架;拼装W1-TD-1、W1-LDD-9。②分别由塔吊、履带吊吊装两块拼装好的网架。汽车吊拼装W1-LDD-8、B-TD-6、7,由塔吊补装两个分块单元间的杆件。③汽车吊继续拼装其他分块。

④吊装第二步中开始拼装的三块网架。⑤补装分块间未安装的杆件。⑥B区继续安装网架分块;A区开始吊装W1-TD-1、2和

图 8-6-20 项目网架吊装模拟图

243

⑦ 逐块安装A、B区网架分块及期间补装杆件。 ⑧ 逐安装A、B区剩余。 ⑨ 吊装C区网架C-LDD-1、C-TD-1、2等三个分块。

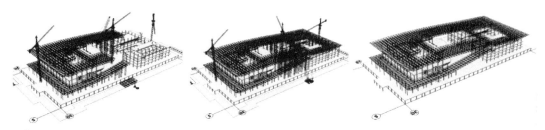

⑩ 继续安装C区其余网架；开始吊装D区网架W1-TD-7、W1-TD-8。 ⑪ 安装C、D区剩余钢网架。 ⑫ 钢网架全部安装完成。

图8-6-20 项目网架吊装模拟图（续）

(11) 移动终端应用

项目通过手机移动端在工程现场对工程质量、安全问题进行实时采集，同步到BIM模型，通过5D进行问题系统管理。对项目模型进行合理的拆分，用广联达BIM审图软件进行轻量化集成展示，对3D建筑物模型进行360°查看，形象直观，便于进行施工技术交底和协调沟通。终端应用如图8-6-21所示，终端分析对比如图8-6-22所示。

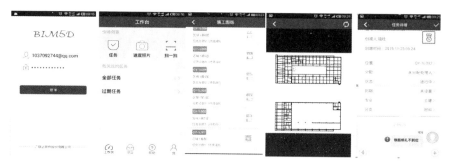

图8-6-21 终端应用图

图8-6-22 终端分析对比图

(12) 质量、安全管理

BIM5D 软件通过数据同步,把项目模型数据信息上传到广联达云端,通过结合手机端 App、Web 端对工程质量、安全问题进行跟踪管理。web 端对工程质量、安全问题进行多视角统计分析。同时通过手机端、web 端查看相关数据,随时随地了解工程情况。云端质量、安全、成本管理如图 8-6-23 所示。

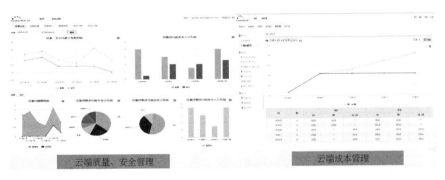

图 8-6-23　云端质量、安全、成本管理图

(13) 二维码应用

制作现场关键构件等的信息二维码(图 8-6-24),通过手机扫描二维码,显示项目的概况、建设进度、构件尺寸、混凝土强度、钢筋型号、责任工长、工程的检测报告、房屋的结构信息等一系列相关信息,方便现场进行实测实量,提高质量检测效率。

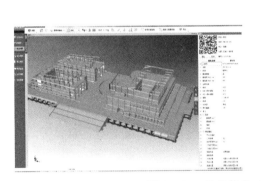

图 8-6-24　构件信息二维码图

2)生产应用

(1) 二次结构自动排砖

项目利用 BIM5D 技术进行二次结构自动排砖,大大压缩排砖设计时间,提高设计质量和材料利用率,并输出材料用量统计表,整体提高施工功效 80% 以上。排砖模拟如图 8-6-25 所示。

(2) 钢筋翻样

本工程应用广联达 BIM 钢筋云翻样软件,进行梁柱钢筋的排布和三维模型的显示,并自动生成三维钢筋对照表及输出钢筋下料单,快速高效地指导现场钢筋采购、下料、施工,经商务部门测算预计节约成本约 36 万元。钢筋翻样分析如图 8-6-26 所示。

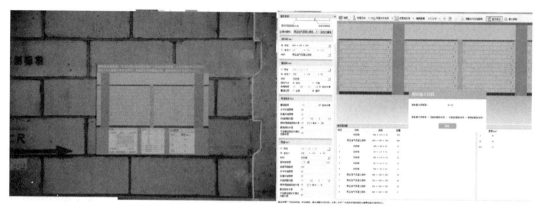

图 8-6-25 排砖模拟图

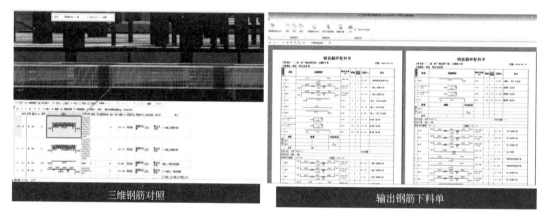

图 8-6-26 钢筋翻样分析图

（3）模板脚手架应用

现场应用 BIM 模架软件于施工中的脚手架搭设、模板下料、模板支架设计、材料用量计算、施工交底等各个环节，为施工过程中的材料、技术、质量、安全提供数据及技术支撑，提高了现场施工效率，预计可节约成本 17 万元。模板下料、拼接方案如图 8-6-27 所示。

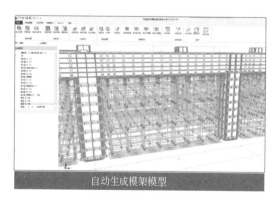
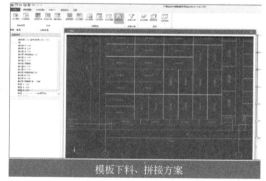

图 8-6-27 模板下料、拼接方案图

(4) 十字形劲性柱安装方法及措施

十字形劲性柱安装如图 8-6-28 所示。

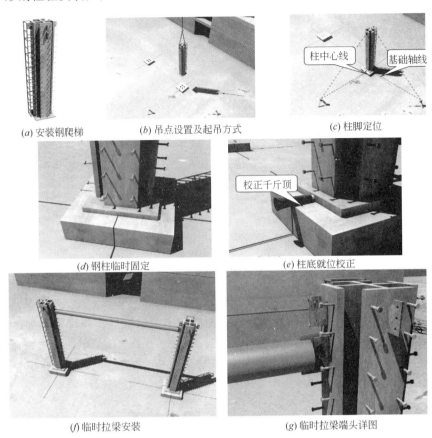

图 8-6-28　十字形劲性柱安装图

(5) 进度管理

项目根据现场分区图划分流水段,并与进度计划任务项相关联,应用 BIM5D 动态进度模拟,直观监控工程进度,针对具体问题利用 5D 动态进度统计,通过对工序、楼层、日期的选择,查看人、材、机等资源消耗情况,为管理人员对工程进度管控提供数据支持。项目进度管理如图 8-6-29 所示。

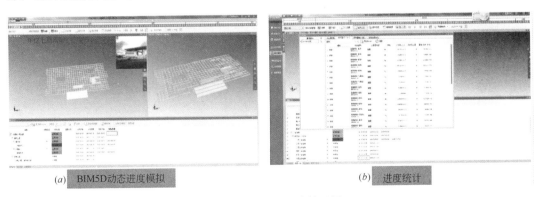

图 8-6-29　项目进度管理图

（6）5D模拟施工

项目通过5D动态模拟施工根据工程计划、BIM模型、成本信息，了解任意工程时间段的项目建造情况、资金、资源消耗情况。及时为施工过程中的技术、生产、商务等环节提供准确的进度、物资、成本等数据，提升了沟通和决策效率，实现对施工过程的数字化管理。BIM5D模拟施工如图8-6-30所示。

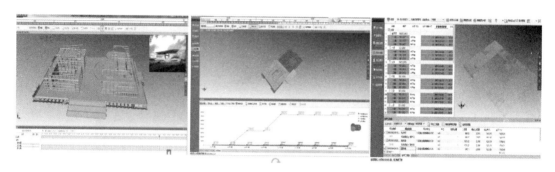

图8-6-30　BIM5D模拟施工图

3）商务管理应用

（1）物量及资源查询

项目应用BIM5D通过设定时间节点，或选择相应楼层构件，查询节点或区域内构件的工程量及资源用量，列出详细的物料用量表：一是用于采购部门制定物资采购计划，二是指导现场下料施工作业，三是协助商务部门与业主核对工程量。BIM5D物量及资源查询如图8-6-31所示。

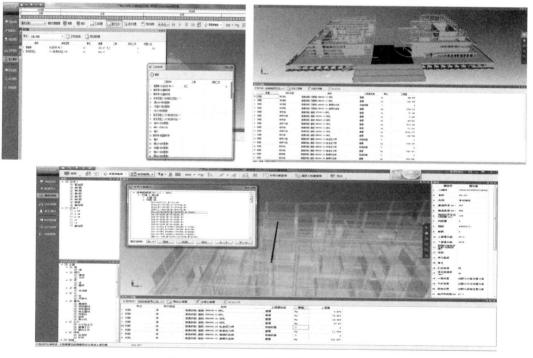

图8-6-31　BIM5D物量及资源查询图

(2) 基于 BIM 的成本动态分析

项目成本测算，存在工作量大、完成时间滞后、测算项目多、数量不准确、设计变更量大等问题，进而造成合同成本、责任成本、计划成本不能及时地对比分析，发现项目的成本风险。基于 BIM 的成本动态分析，利用 BIM5D 通过前期导入相应的成本、合同预算书，并与清单计价相关联，进而后期可随时依据时间节点，自动统计工程量，对项目的中标价、预算成本、实际成本进行三算对比（图 8-6-32），得到项目的盈亏分析报表，保障项目及时发现成本问题，采取应对措施。

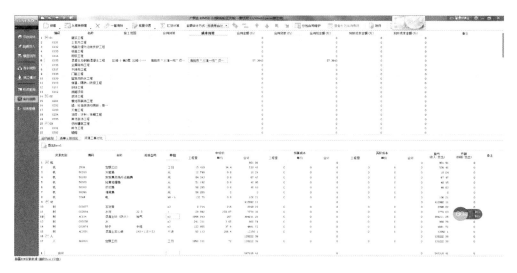

图 8-6-32 BIM5D 三算对比图

8.6.4 BIM 应用效果

1）经济效益

项目通过在商务管理、材料管理、技术管理、质量安全管理等方面开展的 BIM 技术综合应用，经商务部门测算整体可节约施工成本约 180 万元，节约工期约 36 天，质量、安全管控水平显著提高。

BIM 技术的应用提高了工程量计算效率和精度。通过对比 3 层主要材料的广联达图形算量、Revit 量、BIM5D 量与实际发生工程量，进行工程量精度分析，辅助现场商务人员办理工程结算。实际应用中还存在一些问题，如 BIM5D 软件对 Revit 模型识别能力较强，但计算规则有所差别。广联达图形算量软件与 BIM5D 能实现精确互通，BIM5D 输出数据更详细具体。后续工程 Revit 建模过程应遵循广联达图形算量的规则进行建模，以实现数据互通。

2）其他成果

（1）《"三馆一院"项目建设工程二标段项目 BIM 技术应用情况》在国家级期刊《城市建设理论研究》发表，如图 8-6-33 所示。

（2）基于 BIM 技术的《型钢混凝土柱与钢筋混凝土梁连接节点优化》QC 成果获河南省市政公用工程建设优秀质量管理小组一等奖，如图 8-6-34 所示。

（3）基于现场 BIM 技术应用的《一种大悬挑钢桁架施工支撑架》、《一种调节网架焊接球三维坐标的支撑胎架》已申报获批国家级实用新型专利，如图 8-6-35 所示。

图 8-6-33　论文期刊

图 8-6-34　QC 证书

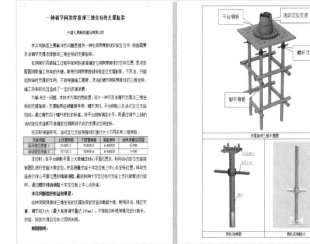

图 8-6-35　专利受理通知书

8.7 BIM技术在万锦嘉园工程中的应用

8.7.1 项目概述

1）工程简介

郑州万锦城项目，位于郑州经济技术开发区经北一路以南、经开第四大街以东，总面积32万多平方米，分为A、B、C三个施工区域，集商业、住宅一体，结构类型较多，建筑造型美观、复杂，是江苏南通二建集团有限公司打进河南郑州市场的第一个项目。项目由郑州华图利合实业发展有限责任公司投资兴建，中国核电工程有限公司郑州分公司设计，河南省华兴建设监理有限公司监理，江苏南通二建集团有限公司总承包。

目前在施一期项目为A区，分别为1号、2号、3号、4号、5号楼及地下车库，剪力墙结构。5幢单体地上27～33层，整体车库地下二层，局部三层，总建筑面积107635.84m^2，工程造价12731.41万元。工程2015年3月20日开工，计划2017年3月20日竣工。项目效果如图8-7-1所示。

图8-7-1 项目效果图

2）项目重难点分析

（1）地下建筑面积33560m^2，规划用地面积20000m^2，现场施工场地面积不足规划用地的1/10，给基础施工和整体施工场地布置带来相当大的困难。

（2）地下室面积较大，后浇带较多，如何确保工期、确保后浇带质量是施工难点。

（3）地下室预留管线综合排布任务量较大。所有系统全部在地下设备夹层，包括动力配电、照明系统、给排水、采暖、通风空调、消防、楼宇自控及智能化、电梯等系统。传统CAD机电管线综合排布需花费大量深化设计时间，且管线综合排布容易遗漏，在施工时常会出现管线打架现象。若再有设计变更调整管线将会造成更大的工作量，将会导致耽误工期、耗费材料、返工、窝工等现象。

（4）工期紧、质量要求高。既要必须满足业主要求的节点工期，又要满足业主对外媒体开放日的工期及质量要求，这也是工程的重点。

(5) 工程交付后的运维也是业主要求的重点。工程竣工后交付业主物业部门，若工程出现问题时，业主物业部门需查找相关竣工图纸，很繁琐，效率也很低，无法及时进行维修解决。

针对以上问题，项目部在筹建之初就策划通过应用 BIM 技术解决上述问题，保证项目目标的实现。

8.7.2 BIM 应用策划

1) BIM 应用目标

项目部从现场策划、工艺优选、各安装系统深化设计、现场质量、安全、工期管理，业主竣工智能化运维管理出发，制定各项 BIM 应用目标，如表 8-7-1 所示。

BIM 应用目标　　　　表 8-7-1

序号	BIM 应用目标	BIM 应用方式
1	加强项目策划，确保一次成优	基于 BIM 模型完成整体现场策划，实现策划最优化、合理化、品质化
2	减少施工现场碰撞冲突，降低设计冲突，提高设计质量，减少后期变更与返工	基于 BIM 模型，对建筑与结构之间、管线与结构之间、管线与管线之间进行碰撞检查、净高分析、综合排布，发现问题及时解决
3	优化施工方案及技术交底可视化，指导施工	各专业建立和应用三维 BIM 模型，确定最优施工方案。对重难点工艺生成动画模拟施工，使施工方案及交底直观形象可视化
4	确保施工进度、工序流程优化	基于 BIM 模型，进行施工进度模拟、施工工序模拟，发现问题及时解决
5	材料管理、质量安全管理智能化	利用鲁班 BE 浏览器平台、鲁班 MC 平台智能化管理，实现高效管理，并可进行数据追溯
6	为后期运营维护提供准确的工程信息	交付 BIM 竣工模型，运维事半功倍

2) BIM 应用点

(1) 技术管理

①前期策划。通过 BIM 模型与三维漫游结合，实现整个施工现场全景呈现，并制作交互式场景，使每位管理人员自行查看场景内任何一处细节，做到策划精细化、可视化、标准化、合理化、美观化，让前期策划一次成优，返工率为零，实现充分做好事前控制。

②深化设计。利用 BIM 技术对图纸进行深化设计，将施工操作规范与施工工艺融入施工作业模型，使施工图满足施工作业的需求，并提升深化后建筑信息模型的准确性、可校核性。

③碰撞检查。在施工之前利用 BIM 模型进行各专业间的碰撞检查，提前检查施工图纸中各种管线布设与建筑、结构平面布置与竖向高程可能存在的碰撞问题，通过优化避免空间冲突，尽可能减少碰撞，避免设计错误传递到施工过程中出现返工现象。

④净高优化。优化机电管线排布方案，并对建筑物最终的竖向设计空间进行检测分析，给出最优的净空高度。基于净高优化后的 BIM 模型分别出相关专业施工图，便于项目精确购料，提高工效。

⑤VR 三维漫游。应用 BIM 软件配合 VR 眼镜搭建建筑物的三维空间，通过漫游身临其境地在视觉和空间上直观发现设计上不易发现的缺陷或问题，减少由于事前设计不周全而造成的返工损失。

⑥施工方案模拟。在施工 BIM 模型的基础上附加建造过程、施工顺序等信息,进行施工过程、工序流程的可视化模拟,实现对方案进行分析和优化,提高方案审核的准确性。结合 3ds max 软件生成动画,实现施工方案的可视化交底。

⑦技术交底管理。通过 BIM 模型对项目重点、难点、细部节点生成图文并茂的交底书,对相关人员进行可视化技术交底,提高交底效率和质量。

(2) 生产管理

①进度管控。利用鲁班 MC 平台,基于 BIM 模型,形象地进行计划进度和实际进度的比对,找出差异,分析原因,实现对项目进度的合理控制与优化。

②质量与安全管理。通过现场施工情况与模型的比对,提高质量检查的效率与准确性,并有效控制危险源,进而实现项目质量、安全可控的目标。

③手机 APP 移动管理。通过手机 IBAN APP,BIMView APP 移动管理,现场管理人员不用携带大量图纸,现场使用 BIMView APP,可马上查看图纸信息,以及每个构件的所有信息,对现场出现的问题使用手机 IBAN APP 马上上传,实现管理高效、智能化。

④竣工模型。工程竣工后交付 BIM 竣工模型,包含后期运维所需要的相应信息,全面提升 BIM 技术实施品质。

(3) 商务管理

应用 BIM 施工模型,精确高效计算工程量,进而辅助工程预算的编制。在施工过程中,对工程动态成本进行实时、精确的分析和计算,提高对项目成本和工程造价的管理能力。

3) BIM 应用软硬件介绍

(1) 硬件介绍

公司为本项目的 BIM 团队配备了专门的办公室,为每位 BIM 工程师配备一台高性能电脑,其主要配置要求如下:

CPU:I7-6700K 四核;

显卡:专用丽台 K2200;

内存:32G;

硬盘:固态硬盘 250G,物理硬盘 1T;

显示器:24 寸。

(2) 软件介绍

本项目 BIM 应用涉及使用的软件如表 8-7-2 所示。

BIM 应用软件 表 8-7-2

软件名称及版本	软件用途
Autodesk Cad2012	图纸进行整理
鲁班土建 2016V27	建筑建模
鲁班钢筋 2016V25	结构建模
Revit 2015	机电建模及专业进行管线综合
Fuzor 2016	漫游、碰撞、净高优化等功能检查
UnrealEditor 4	制作可交互平台

续表

软件名称及版本	软件用途
HTC VR 眼镜	虚拟漫游,实现人机互动
Luban BIM Explorer(鲁班 BE 浏览器)	工程质量、安全、文档管控
Luban Management Cockpit(鲁班 MC)	工程进度管控、材料管理管控
IBAN APP	现场问题上传鲁班 BE 浏览器
BIMView APP	构件信息查看
3ds max2012 64bit 英文版	动画制作
SonyVegas V13 64bit	整体影视后期视频制作

4）BIM 组织介绍

公司科研中心 BIM 技术部与项目部主要成员一起组成项目 BIM 团队。建模、平台管理由 BIM 中心专职负责。项目部不设专职 BIM 人员,项目相关人员负责 BIM 技术应用,BIM 组织机构如图 8-7-2 所示。

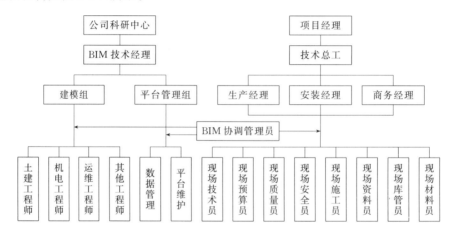

图 8-7-2 BIM 组织架构

公司科研中心 BIM 小组人员岗位分工如表 8-7-3 所示。

科研中心 BIM 小组人员岗位分工表　　表 8-7-3

序号	姓名	岗位	职能	岗位能力
1	杨文宇	BIM 工程师	建筑结构建模	1. 熟练掌握鲁班 BIM 软件、Reivt 软件; 2. 了解鲁班 BIM 技术鲁班 MC 平台、鲁班 BE 浏览器平台管理应用; 3. 对现场各种常见施工工艺有一定的了解; 4. 具有一定的带教能力,可以培养 BIM 技术员; 5. 具备项目协调、沟通能力
2	林伟杰	BIM 工程师	水、暖、通风建模	1. 熟练掌握鲁班 BIM 软件、Reivt 软件; 2. 了解鲁班 BIM 技术鲁班 MC 平台、鲁班 BE 浏览器平台管理应用; 3. 对现场各种常见施工工艺有一定的了解; 4. 具有一定的带教能力,可以培养 BIM 技术员; 5. 具备项目协调、沟通能力

续表

序号	姓名	岗位	职能	岗位能力
3	张雪亮	BIM工程师	消防、电气建模	1. 熟练掌握鲁班 BIM 软件、Reivt 软件； 2. 了解鲁班 BIM 技术鲁班 MC 平台、鲁班 BE 浏览器平台管理应用； 3. 对现场各种常见施工工艺有一定的了解； 4. 具有一定的带教能力，可以培养 BIM 技术员； 5. 具备项目协调、沟通能力
4	彭喆	BIM工程师	协调管理员	1. 熟练掌握鲁班 BIM 软件、Reivt 软件； 2. 熟练掌握鲁班 BIM 技术鲁班 MC 平台、鲁班 BE 浏览器平台管理应用； 3. 对现场各种常见施工工艺有一定的了解； 4. 具备良好的项目协调、沟通能力
5	王建英	BIM工程师	模型动漫后期影视	1. 熟练掌握 3dmax、Fuzor、Ue4 软件； 2. 模型动漫制作，人机交互平台制作； 3. 影视后期制作，对外评优宣传工作
6	孙华	BIM工程师	Luban 鲁班 MC 平台、鲁班 BE 浏览器平台管理	1. 熟练掌握鲁班 BIM 软件、Reivt 软件； 2. 熟练掌握鲁班 BIM 技术鲁班 MC 平台、鲁班 BE 浏览器平台管理应用； 3. 对现场各种常见施工工艺比较熟悉； 4. 具备良好的项目协调、沟通能力
7	马超	科研中心 BIM 经理、本项目 BIM 经理	应用监督检查管理体系建设	具有丰富的项目 BIM 技术应用经验，本项目 BIM 技术经理，负责 BIM 人员考核和培训能力、BIM 研究课题能力、公司 BIM 管理体系建立和调整能力
8	陆正飞	科研中心经理	公司 BIM 技术总指挥	公司 BIM 技术总指挥与 BIM 技术的推进发展工作

项目部 BIM 应用人员岗位分工如表 8-7-4 所示。

项目部 BIM 应用人员岗位分工表　　　　表 8-7-4

岗位	职责说明
项目经理	负责施工组织设计的编制与落实，负责工程项目的生产/技术/质量/安全/成本等一系列日常管理工作，负责 BIM 技术的使用监督和落地工作
项目总工	负责工程项目中图纸变更/施工方案/施工进度计划/材料计划/成本核算/工作安排/人员调配的落实工作，推进 BIM 技术的使用工作
生产经理 商务经理 机电经理	协助技术总工负责工程项目中图纸变更/施工方案/施工进度计划/材料计划/成本核算/工作安排/人员调配的落实工作，负责 BIM 技术的使用工作
项目技术员	负责施工组织设计、措施方案及工程专项施工方案的落实，负责技术交底工作的组织和落实，全过程参与 BIM 技术的使用工作
项目质量员	负责质量策划、质量管理规程的落实与实施，负责对工程项目质量执行情况进行监督检查，全过程参与 BIM 技术的使用工作
项目安全员	负责安全方案策划、安全生产落实与实施，日常安全情况进行监督检查，全过程参与 BIM 技术的使用工作
项目施工员	负责指导施工、负责施工进度下达、施工现场各工序"三检"验收及阶段性材料需求等现场管理工作，全过程参与 BIM 技术的使用工作
项目预算员	负责每月对项目各项指标进行核算工作，进行三算对比，数据上传鲁班 MC 平台，全过程参与 BIM 技术的使用工作

续表

岗位	职责说明
项目库管员	负责新进场材料及周转材料及时上传鲁班MC平台工作,全过程参与BIM技术的使用工作
项目资料员	负责各工序验收文档资料收集整理、各专业图纸及变更收集整理、现场各专业重点工程照片、视频等上传鲁班BE浏览器平台,全过程参与BIM技术的使用工作

8.7.3　BIM实施过程

项目中标后,公司科研中心BIM小组马上成立项目BIM技术小组开展BIM工作。BIM小组成员利用鲁班土建2016V27、鲁班钢筋2016V25、Revit 2015对5个单体和地下室分专业进行建模。模型完成后,交于协调管理员进行模型综合,进行下一步相应的工作。

1) 前期策划

本工程场区面积狭小,总体布置难度大。如何在有限的场地内进行最合理化布置是个难点。模型动漫管理员,使用3ds max2012软件实现对现场策划的优化。策划如下:1:1实景建模,大门、现场安全通道、加工区、样板区、生活区、办公区,全部三维实体模型搭建,如图8-7-3~图8-7-7所示,满足功能需要,再导入UnrealEditor 4软件生成可视化交互平台,如图8-7-8所示,实现人机互动,每位工作人员可使用计算机查看现场的每个角落,真正做到现场布置一次成优。

图8-7-3　大门策划图

图8-7-4　安全通道、现场临时用电策划图

图 8-7-5　综合样板区策划图

图 8-7-6　生活区策划图

图 8-7-7　办公区策划图

图 8-7-8　可视化交互平台策划图

2）深化设计

本工程地下室管线综合排布任务量较大，如何高效、最大限度地进行三维管线优化是个难点。BIM协调管理员通过对专业小组成员建立各专业的模型进行综合，尤其是机电安装各专业，使用Revit2015对各专业进行深化设计，在三维模型中进行沟通、讨论、决策，实现对建筑空间进行合理性优化，并为后续三维管线综合碰撞检查、净高优化等提供模型数据支持工作。图8-7-9为1号楼深化设计，图8-7-10为地下一层管线深化设计优化模型。

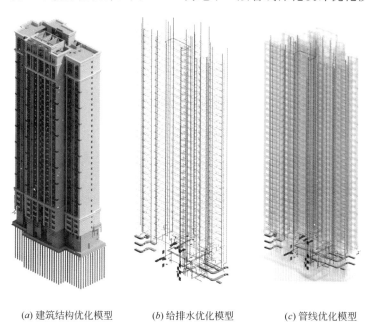

(a) 建筑结构优化模型　　(b) 给排水优化模型　　(c) 管线优化模型

图 8-7-9　1号楼深化设计优化模型

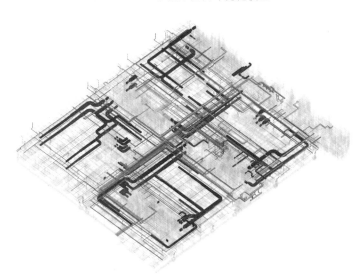

图 8-7-10　地下一层管线深化设计优化模型

3）碰撞检查

在施工前，通过对各专业模型分别进行综合碰撞检查，在建筑与结构之间、管线与结构之间、管线与管线之间共发现159处图纸问题,其中有数处严重影响施工。通过与建设方及设计方洽商后变更原图纸,问题及时解决,确保了施工的正常进行,避免了因图纸问题造成返工。具体应用成果举例如下:

(1) 使用鲁班钢筋2016V25对结构的问题进行碰撞检查,发现如图8-7-11所示问题。

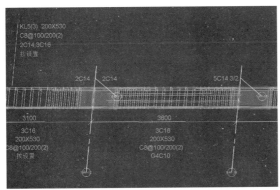

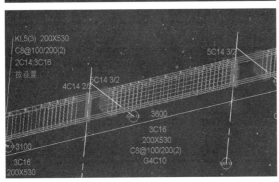

图8-7-11　1号楼二层框架梁钢筋问题

(2) 使用鲁班土建2016V27对建筑与结构之间的问题进行碰撞检查,发现问题如图8-7-12所示。

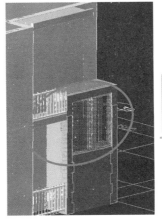

图8-7-12　2号楼一层空调板碰撞问题

(3) 使用Fuzor2016软件打开Revit2015软件建立的模型,对管线与结构、管线与管线之间进行碰撞检查,发现问题如图8-7-13、图8-7-14所示。

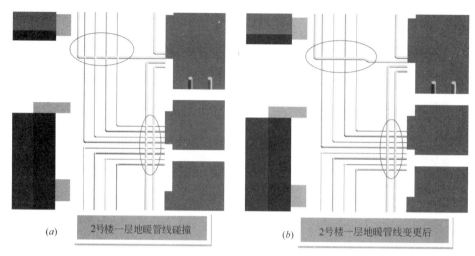

图 8-7-13 2号楼一层地暖管线碰撞问题

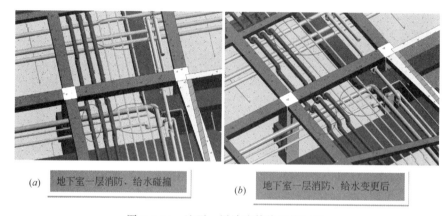

图 8-7-14 地下一层消防管线碰撞问题

4）净高优化

BIM 协调管理员对所有专业模型导入 Revit2015 后，使用 Fuzor2016 软件打开，用其净高分析功能对建筑物最终的竖向设计空间进行检测分析，给出最优的净空高度，并按专业分别出施工图，便于项目精确购料和作业工人安装。应用效果如图 8-7-15、图 8-7-16 所示。

图 8-7-15 净高分析

图 8-7-16 净高分析报告

5) VR可视化三维漫游

使用 Fuzor2016 软件对每个单体集成多专业模型，配合 HTC VR 眼镜进行虚拟体验，实现交互式三维漫游模拟场景，如图 8-7-17 所示。任何不熟悉现场的人员可自行控制漫游现场，身临其境地查看各种场景，如图 8-7-18、图 8-7-19 所示。当点击楼体内任何一根管线、任何一面墙体时相关的详细数据均可列表呈现，右侧相应的区域内同时显示控制人员所在精确轴线位置，为业主提供模型运维打下了坚实的基础。

图 8-7-17 VR 虚拟漫游

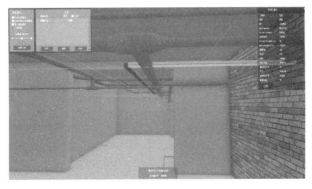

图 8-7-18 Fuzor 生成可交互视平台

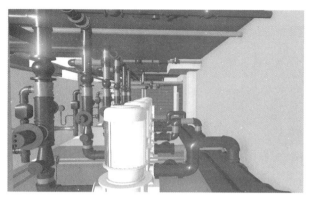

图 8-7-19 Fuzor生成可交互视平台

6）方案确认、技术交底

本工程地下室后浇带较多，施工前利于BIM技术、动画模拟技术实现对相关部位做法的方案优化。具体方法是将鲁班土建2016V27建立的结构模型导入3ds max2012软件中，然后利用3ds max2012对后浇带实施方案进行动画制作，最后使用SonyVegas V13制作成视频对项目作业人员进行可视化交底，效果明显，优化效果如图8-7-20～图8-7-23所示。

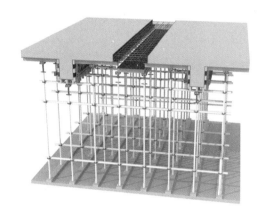

图 8-7-20 楼板后浇带做法

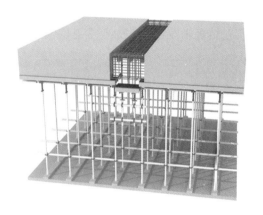

图 8-7-21 梁底后浇带做法

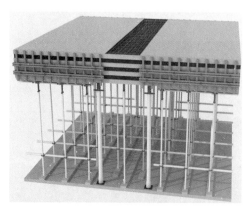

图 8-7-22 后浇带格构柱支顶做法（拆模前）

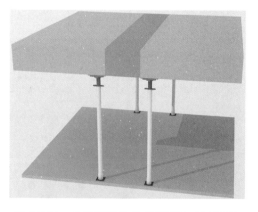

图 8-7-23 后浇带格构柱支顶做法（拆模后）

利用同样的方法实现了对现场施工重点、难点方案的模拟优化和交底。如图 8-7-24 所示是地下室墙体模板整板不开孔施工工艺，图 8-7-25 所示是标准层大面墙体使用钢框小模板整拼技术，用来指导作业人员施工，确保工程质量。

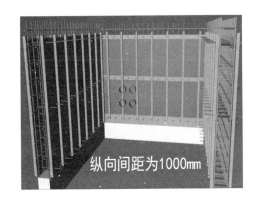 

图 8-7-24　地下室墙体模板整板不开孔施工工艺　　　图 8-7-25　钢框小模板整体拼装图

在技术交底方面，可以将在 Revit2015 中发现的问题、设计变更和重点难点节点等，直接导出模型节点，然后利用 word2007 生成技术交底书，对工人进行三维书面交底，如图 8-7-26 所示。利用 BIM 技术还可以进行可视化交底。将 Revit2015 中发现的问题、设计变更和重点难点节点导入 3ds max2012 进行动画制作，使用 SonyVegas V13 制作成视频对项目作业人员进行方案可视化交底。如图 8-7-27、图 8-7-28 所示，可以让复杂的问题简单化、让抽象的问题直观化，每道工序更易理解，事半功倍。

 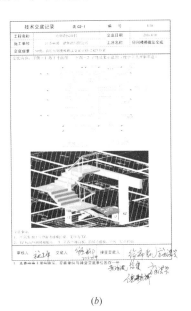

(a)　　　　　　　　　　　　　　(b)

图 8-7-26　利用 BIM 技术三维书面技术交底

7）材料成本管控

在传统的施工管理材料成本管控中存在着一些问题，如：根据班组计算得到的计划工程量制定采购计划，责权颠倒；施工过程中无法及时、准确获取拆分的工程实物量，无法

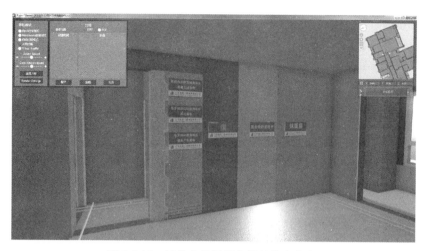

图 8-7-27 墙体砌筑可视化样板技术交底

图 8-7-28 屋面节点动画技术交底

实现过程管控；施工中材料领用经验主义盛行等。

通过模型关联进度计划、工程量，形成 5D 模型，可以快速、准确获得工程实物量，为采购计划的制定及限额领料提供及时、准确的数据支撑，为现场管理情况提供审核依据。

在该项目上利用鲁班 MC 平台，项目以及公司各岗位人员，可以随时随地调取到工程所需任何数据，同时严格控制主材的采购量，对班组实行限额领料，既避免了材料的浪费，又能保证材料到场的及时性，有利于公司对项目资金的调配及安排，减少资金积压和成本浪费，如图 8-7-29、图 8-7-30 所示。

8）进度管控

项目管理人员基于 BIM 技术的 4D 应用，利用鲁班 MC 平台驾驶舱功能，快速精确有效地对项目的施工进度进行精细化管理，直接从服务器项目数据库中获取 BIM 数据信息，查看各个进度的状态和修改信息，做到进度调整有据可查。通过每个月生成进度报表，形象地呈现实际进度与计划进度对比，便于及时调整纠偏。应用效果如图 8-7-31 所示。

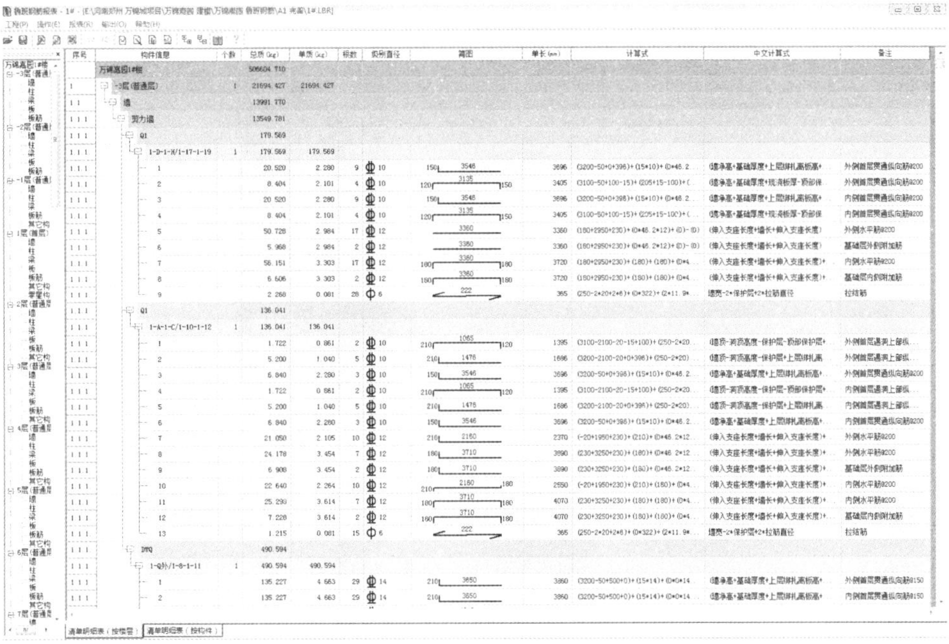

图 8-7-29 钢筋构件用料详单

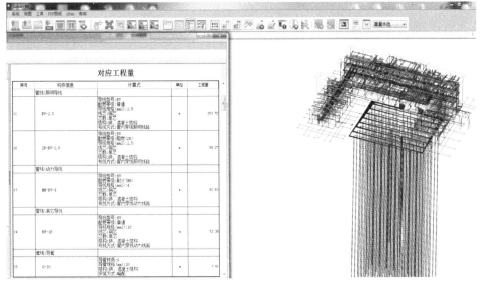

图 8-7-30 地下室电缆用量汇总表

9) 手机应用

(1) 二维码应用

通过鲁班 IBAN APP 移动应用,在 BE 浏览器平台中对构件生成二维码,也可利用鲁班 IBAN APP 直接对构件生成二维码。手机移动端与鲁班 BE 浏览器平台互联互通,当任何人员对其用手机扫描贴于施工现场的二维码,构件内容、工程做法、分包班组信息等一目了然,真正做到事半功倍,应用效果如图 8-7-32 所示。

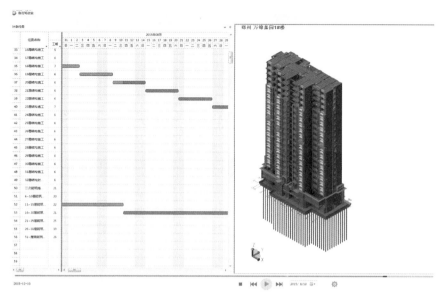

图 8-7-31　1号楼驾驶舱进度管控

(a)

(b)

图 8-7-32　二维码管理

（2）构件资料信息

利用鲁班 BIMView APP 移动应用，现场管理人员利用手机可直接查看三维模型上需要的构件信息，在验收时避免了质量员、施工员携带大量图纸。与传统的只能看二维 CAD 平面图相比，更加准确、直观，大大减少错误发生的概率，提高了工作效率。应用效果如图 8-7-33 所示。

10）现场质量、安全、文明施工

通过鲁班 IBAN APP 移动应用，现场管理人员可以时时上传照片、视频、语音对项目现场发现的质量、安全、文明施工等问题进行统一管理，并与 BIM 模型进行关联。在安全、质量会议上，可以通过鲁班 BE 浏览器平台三维可视化解决问题，并下达整改通知书。现场问题解决后，把整改后的照片、视频再上传到鲁班 BE 浏览器平台实现闭合管理。这种方式非常方便，追溯性强，大大提高了现场质量、安全及文明施工工作效率，应用效果如图 8-7-34～图 8-7-37 所示。

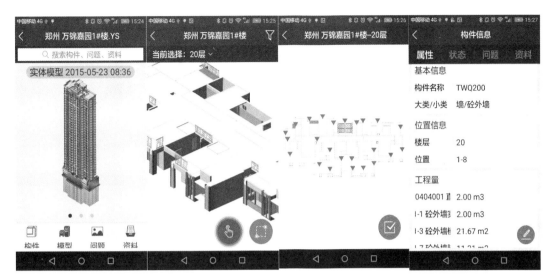

图 8-7-33　手机构件资料信息

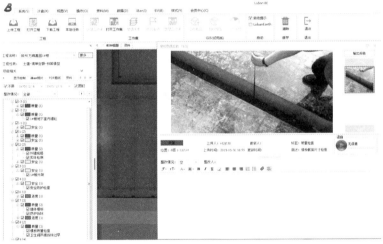

图 8-7-34　应用效果

图 8-7-35　架体验收

267

图 8-7-36　现场作业

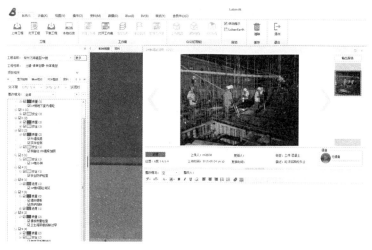

图 8-7-37　结构实体检测

11）竣工模型

竣工验收后，小组将所有的竣工模型重新更新校核后交模型协调员，用 Reivt2015 软件进行各专业模型重新组合后，再导入 Fuzor2016 中打包成可执行文件交业主。模型内所有的数据信息齐全完整，业主只需要用计算机打开文件，便可自行定位查看各项数据，运维管理更便捷、更精确、更准确，如图 8-7-38 所示。

8.7.4　BIM 应用效果

BIM 技术在万锦嘉园项目上的应用效果明显，项目各管理部门快速、准确获取管理所需的各种基础数据，为项目工程进度、成本控制、质量安全管理等提供了帮助。项目各管理部门协同、共享、工作效率提高，工程进度快，工程质量优，管理效率高，BIM 技术切实在本项目实施，成就了企业与项目部双赢，获得了巨大的效益。

1）工作效率提高

运用 BIM 技术对整个工程进行总体策划，最合理化、精细化布置施工现场，打有把握之仗，无形的效益显现无疑。由于前期策划充分，零返工，与各方协调较好，节约与各

图 8-7-38 管线运维管理

方协调联络时间20天,与传统方式比较节约比例80%。

BIM模型的工程基础数据及时方便合约部门进行多算对比,产值统计分析,与分包结算审计。以前近1个月的工作量,现在基本缩短到一周左右,要从其他项目部调人协助结算审计现象完全杜绝。

2) 进度调控优化

开工前BIM模型全部完成和进行应用,共发现图纸问题、不合理地方共159处,并积极与业主、设计人员进行沟通、洽商、变更,施工前全部解决,将影响工程施工进度的根本问题全部解决在萌芽状态,避免了施工中出现问题导致返工或怠工现象的发生。

通过三维模型,生成动画,提前模拟施工工艺,提前对工人进行交底,确保施工班组对图纸理解到位,无返工现象的发生,确保工程进度,真正做到了事前控制。

5幢单体于2015年10月18日一次性通过主体验收,比进度节点计划提前15天。

3) 质量安全管理优异

开工至今,质量事故为"零"、工伤事故为"零",安全事故为"零"。工程获得2015年度市"商鼎杯"、郑州市文明工地、观摩工地,2016年度河南省文明工地、观摩工地,5幢单体全部顺利通过了河南省"结构中州杯"的评审工作。

4) 经济效益凸显

利用BIM技术优化工艺,合理安排材料按工期进度流水进场,杜绝了资金积压和材料虚报现象。项目材料预算钢筋、混凝土两项总价约为4000万元,按材料节约率8%计算,节约资金约为320万元。综合计算,本项目使用BIM技术节省建造费用总额642万元,节约比例为5.04%。

5) 社会效益显著

万锦嘉园项目利用BIM技术提升项目精细化管理水平,得到了领导和业界的高度好评,观摩单位的赞赏,获得了河南省建筑业协会的高度评价。先后迎接了83次建筑公司的观摩和24家建设单位的考察,多家开发商邀请我们投标。如图8-7-39所示,2016年6月18日迎来业主承办的"泛家超级公寓社会媒体开放日",历时3天,共接待社会人事近千人参观,反响热烈。

图 8-7-39　社会媒体开放日

8.8 BIM 技术在中建·观湖国际一期 14 号楼中的应用

8.8.1 工程概述

1）工程概况

中建·观湖国际一期项目位于郑州市经济开发区第十五大街与经南八路交叉处西北，所处地貌为黄河冲积平原，整个场地地势起伏较大，最大高差 3.4m，场地稳定。拟建建筑面积 110629.36m²，包括 1 号～3 号三幢 34 层高层住宅，4 号～13 号十幢多层住宅，如图 8-8-1 所示。本工程为中建观湖国际项目 14 号楼，地下 2 层为现浇剪力墙结构，地上 24 层采用装配式剪力墙结构，地上部分结构体系采用全预制装配式环筋扣合混凝土剪力墙体系。

图 8-8-1 中建·观湖国际一期项目鸟瞰图

本工程采用装配式环筋扣合混凝土剪力墙体系，其原理为：将剪力墙结构的竖向构件拆分为"一字形"预制构件，楼层墙体采用"L 形"、"T 形"、"十字形"现浇节点连接，上下层墙体采用"一字形"现浇节点连接，水平构件采用叠合梁板形式，构件通过现浇节点连接形成装配整体式结构。本体系特点为：在不影响建筑设计意图的前提下，最大限度地提高产业化程度，仍然符合结构设计、服从建筑设计的设计理念，构件均为"一字形"，制作、运输方便；连接方式单一，便于工人掌握和熟练操作。

2）工程重难点分析

本工程的施工重点包括：

（1）三维构件库的建立；

（2）构件节点设计；

（3）三维模型精确指导构件生产；

（4）预制构件运输跟踪管理；

(5) 预制构件施工现场堆放管理;
(6) 预制构件安装及临时支撑措施模拟,如图 8-8-2、图 8-8-3 所示;
(7) 施工过程的质量安全管理。

图 8-8-2 临时斜支撑安装示意图

图 8-8-3 预制剪力外墙安装定位

本工程的施工难点为:预制构件的工厂制作过程质量控制;预制构件的运输;预制构件的吊装及临时固定连接措施;施工配套机械的选用;预制结构之间连接节点施工。

8.8.2 BIM 应用策划

1) BIM 应用目标

预制装配式建筑主要由预制"柱、梁、板、楼梯、阳台"等构件组成,由于这些构件具有设计标准化、模数化的特点,因此采用参数化建模,可大幅度减少建模时间,提高模型质量。

同时,由于预制件是在工厂生产然后运输到现场进行安装,预制件设计和生产的精确度就决定了现场安装的准确度,所以要进行预制构件设计的"深化"工作,其目的是为了保证每个构件到现场都能准确安装，不发生错漏碰缺。

预制装配式建筑的生产方式要求实现全产业链的、全生命期的管理，而这种生产和管理方式又与 BIM 技术所擅长的全生命期管理理念不谋而合。另外，在预制装配式建筑建造过程中也有对 BIM 技术的实际需求，如预制装配式建筑设计过程中的空间优化、减少错漏碰缺、深化设计需求、施工过程的优化和仿真、项目建设中的成本控制等。

因此，本工程采用 BIM 技术进行构件参数化设计、节点设计、施工模拟和构件跟踪，以期通过 BIM 技术提高构件安装精度、提高施工质量、缩短施工工期的目的。

2) BIM 应用组织及分工

建筑企业要想运用好 BIM 技术为企业提升价值，BIM 技术团队是重要基石。本工程是中建七局首个装配式建筑项目，受到行业广泛关注及领导高度重视，因此，项目部筹备伊始，就抽调经验丰富的 BIM 工程师，组建 BIM 团队，完成本工程的 BIM 组织与实施。项目 BIM 团队成员如表 8-8-1 所示。

项目 BIM 团队成员　　　　　表 8-8-1

序号	姓名	职位/职称	BIM 经验	在本项目中承担的具体任务
1	曹维存	工程师	4 年	全面负责，制定总体规划、研究实施方案制订与组织协调
2	田鹏	高级工程师	3 年	课题策划，项目 BIM 实施及技术顾问
3	要延凯	工程师	2 年	课题策划，负责项目策划、施工技术上的支持
4	王俊锋	高级工程师	3 年	课题协调，负责公司 BIM 技术协调
5	贾建伟	高级工程师	2 年	课题指导，负责项目策划、施工技术上的支持
6	轩莉	助理工程师	4 年	课题指导，全面指导项目 BIM 的实施与运用
7	姬欧明	助理工程师	2 年	BIM 实施，结构配筋绘制、完成 BIM5D 商务阶段的应用
8	江志鹏	助理工程师	2 年	BIM 实施，负责项目土建模型建模、协调及各专业模型整合
9	丁士杰	助理工程师	2 年	BIM 实施，负责项目土建模型建模、协调及各专业模型整合
10	孙辉	助理工程师	1 年	BIM 实施，负责机电深化阶段的应用
11	王文新	助理工程师	2 年	BIM 实施，负责项目土建模型建模、协调及各专业模型整合
12	张昌帅	助理工程师	1 年	BIM 实施，负责机电专业建模与成果汇总

本工程的 BIM 团队主要负责：BIM 模型的创建、使用及维护，BIM 应用，提出优化方案并指导施工，成员的角色分工如表 8-8-2 所示。

工程 BIM 团队组织角色表　　　　　表 8-8-2

主要岗位/部门	BIM 工作及责任
项目总工	负责本工程 BIM 工作的具体执行运用、沟通协调、组织管理等工作。定期组织 BIM 工作会议，按要求出席项目例会、设计交底等工程会议，特别强调在工程会议中 BIM 平台的作用
BIM 负责人	制定 BIM 实施方案并监督和组织 BIM 成员进行相关工作；模型创建及维护过程问题解决记录的汇总更新；BIM 成果收集整理及相关信息文件等知识产权进行保密；参加每周 BIM 进展协调会议
BIM 小组成员	BIM 模型的创建和维护；BIM 应用点的主要制作人员；对其他岗位同事进行相关软件培训；协助深化设计人员完成深化工作。 负责各自专业工程模型的深化、修改及日常维护，作为施工前的充分协调模型；定期提交 BIM 模型，施工前对模型进行充分协调；负责各自专业工程 4D 进度计划模型的优化、修改和更新

3）BIM 应用软硬件和网络

针对本工程对 BIM 技术的要求，采用的软件方案如表 8-8-3 所示。

工程 BIM 软件方案表　　　　　　　　　　　　　　表 8-8-3

软件类型	软件名称	保存版本
三维建模软件	Autodesk Revit	2014
模型整合平台	Autodesk Navisworks	2014
施工模拟软件	Autodesk Navisworks	2014
二维绘图软件	AutoCAD Autodesk Design Review	2014
文档生成软件	Microsoft office	2010

本工程采用的 BIM 建模工作站配置如表 8-8-4 所示。

工程 BIM 建模工作站配置表　　　　　　　　　　表 8-8-4

配置	参数
CPU	英特尔®至强®处理器 Intel 至强四核 E3-1225v2 主频 3.2GHZ
内存	4 * 4GBDDR3 1600MHZ
网卡	主板集成 1000M 自适应网卡
显卡	K20002G 独立显卡
硬盘	1TB/7200/SATA2
显示器	（两台）联想扬天 21.5 寸宽屏液晶显示器，符合国家一级能效，分辨率 1600×900
系统	Windows 7 专业版 64 位

本工程采用的网络示意图如图 8-8-4 所示。

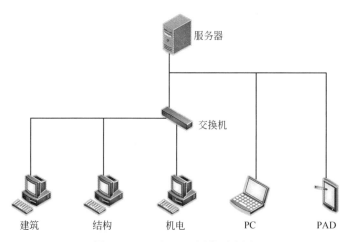

图 8-8-4　工程 BIM 网络示意图

本工程的服务器和交换机配置如表 8-8-5 所示。

工程网络服务器和交换机配置表　　　表 8-8-5

设备	型号	性能参数	制造厂商
服务器	联想 ThinkServerTS230	4U 塔式 CPU：Intel 至强四核 E3-1225v2 内存：4 * 4GB DDR3 网卡：集成 1000M 自适应网卡，RJ45 口 3 个（外加） 显卡：512M 独立显卡 硬盘：1TB/7200/SATA2 光驱：DVDRW SATA 光驱 键盘鼠标：USB 防水功能键盘，具备键盘关机功能 1000DPI USB 防菌光电鼠标 显示器：无显示器 电源：标配 280W 80PLUS 单电源 系统：Windows 7 专业版 64 位	联想（北京）有限公司
交换机	华为 S5700	28 口 10/100/1000/自适应三层交换机	华为科技有限公司

8.8.3 BIM 应用过程

本工程采用 BIM 技术进行构件设计、节点优化，借助工厂化手段进行预制生产，结合物联网技术指导构件的运输和现场吊装、安装，充分发挥 BIM 技术在建筑全生命期的应用价值，走出了一条适合装配式建筑的 BIM 应用之路。

1) BIM 技术在预制装配式建筑设计中的应用

(1) 三维建模及图纸绘制

BIM 技术建模以 3D 为基础，以参数化的设计方式建立构件的信息资料库，呈现的方式是数据库、三维模型。BIM 模型建立主要分三大阶段：标准制定、模型建立、模型应用。BIM 模型中任一个图形单元都涵盖了构件的类型、尺寸、材质等参数，因所有构件模型都是由参数控制，这就实现了 BIM 模型的关联性。若构件模型中某一参数发生改变，与之相关的所有构件都会随之更新，解决了图纸之间的错、漏且导致的信息不一致问题。BIM 模型建成后，可根据需要导出二维 CAD 图纸、各构件数量表等，方便快捷。

BIM 建模工程师分别对预制外墙、内墙、楼板、楼梯等构件进行建模，如图 8-8-5～图 8-8-8 所示，并建立构件库。

图 8-8-5　预制外墙剪力墙模型

 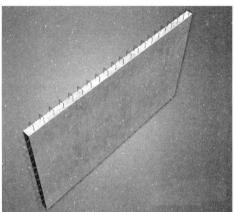

图 8-8-6 预制内墙剪力墙模型

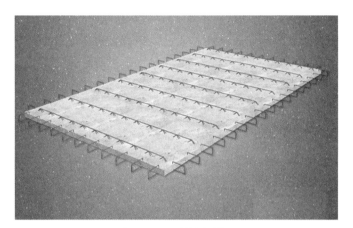

图 8-8-7 预制楼板模型

图 8-8-8 预制楼梯模型

（2）节点设计

针对所有节点，采用 BIM 技术进行深化设计，解决因信息不互通造成的各专业设计冲突，优化工程设计，在项目施工前预先解决问题，减少不必要的设计变更与返工，如图 8-8-9～图 8-8-12 所示。

图 8-8-9　基础与墙体连接

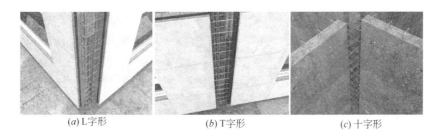

(a) L字形　　　　　　　(b) T字形　　　　　　　(c) 十字形

图 8-8-10　楼层内相邻剪力墙连接

 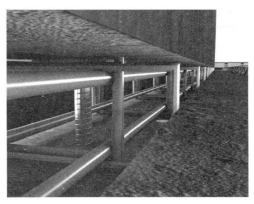

图 8-8-11　上下层相邻剪力墙连接

2）BIM 技术在预制装配式建筑生产中的应用

（1）构件生产制作

装配式建筑建造中特有且非常重要的一个环节是预制构件生产，此环节是连接建筑设

图 8-8-12 预制叠合楼板与墙体连接

计与施工吊装的桥梁与纽带。预制构件生产商可直接从 BIM 信息平台调取预制构件的尺寸、材质等，制定构件生产计划，开展有计划地生产，如图 8-8-13 所示。同时将生产信息反馈至 BIM 信息平台，及时让施工方了解构件生产情况，以便施工方做好施工准备及计划，有助于在整个预制装配过程实现零库存、零缺陷的精益建造目标。

图 8-8-13 预制构件生产车间

为保证预制构件的质量，且便于对构件在生产、存储、运输、施工、运维全过程管理，在构件生产制作阶段，如图 8-8-14 所示，将 BIM 与物联网 RFID 技术相结合，根据用户需求，借鉴工程合同清单编码规则，对构件进行编码。编码具有唯一性、扩展性，从而确保构件信息的准确性。然后制作人员将含有构件类型、尺寸、材质、安装位置等信息的 RFID 芯片植入构件中，供各阶段工作人员读取、查阅并使用相关信息。根据实际施工情况，及时将构件质量、进度等信息反馈至 BIM 信息共享平台，以便生产方及时调整生产计划，减少待工、待料，通过 BIM 平台实现双方协同互通。

（2）构件运输管理

图 8-8-14 预制剪力墙生产过程

在运输预制构件时,如图 8-8-15 所示,通常可采用在运输车辆上植入 RFID 芯片的方法,这样可准确地跟踪并收集到运输车辆的信息数据。在构件运输规划中,要根据构件大小合理选择运输工具(特别是特大构件),依据构件存储位置合理布置运输路线,依照施工顺序安排构件运输顺序,寻求路程及时间最短的运输线路,降低运输费用,加快工程进度。

图 8-8-15 预制构件装车运输

3) BIM 技术在预制装配式建筑施工中的应用

(1) 预制构件现场管理

装配式建筑因预制构件种类繁多,经常会出现构件丢失、错用、误用等情况,所以对预制构件现场管理务必要严格。在现场管理中,主要将 RFID 技术与 BIM 技术结合,对构件进行实时追踪控制。构件入场时,在门禁系统中设置 RFID 阅读器,当运输车辆的入场信息被接收后,应马上组织人员进入现场检验,确认合格且信息准确无误后,如图 8-8-16 所示,按此前规划的线路引导到指定地点,并按构件存放要求放置,同时在 RFID 芯片中输入构配件到场的相关信息。在构件吊装阶段,工作人员手持阅读器和显示器,按照显示器上的信息依次进行吊运和装配,做到规范且一步到位,提升工作效率,其工作流程如图 8-8-17 所示。

图 8-8-16 预制构件堆放

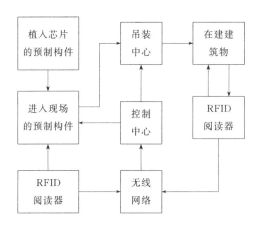

图 8-8-17 BIM 和 RFID 技术在现场施工阶段的应用

(2) 施工工艺模拟

装配式建筑施工机械化程度高,施工工艺复杂,安全防护要求也高,需要各方协调配合,为此在施工前,如图 8-8-18 所示,施工方可利用 BIM 技术进行装配吊装的施工模拟和仿真,进一步优化施工流程及施工方案,确保构件准确定位,从而实现高质量的安装。利用 BIM 技术优化施工场地布置,如图 8-8-19 所示,包括垂直机械、临时设施、构配件等位置合理布置,优化临时道路、车辆运输路线,尽可能降低二次搬运的浪费,降低施工成本,提升施工机械吊装效率,加快装配进度。在各工序施工前,利用 BIM 技术实现可视化技术交底,通过三维展示,使交底更直观,各部门沟通更高效。

(3) 施工进度与成本控制

在装配式建筑施工过程中,利用 BIM 技术将施工对象与施工进度数据连接,将"3D-BIM"模型转换成"4D-BIM"可视化模型,实现施工进度的实时跟踪与监控。在此基础

图 8-8-18 施工样板间

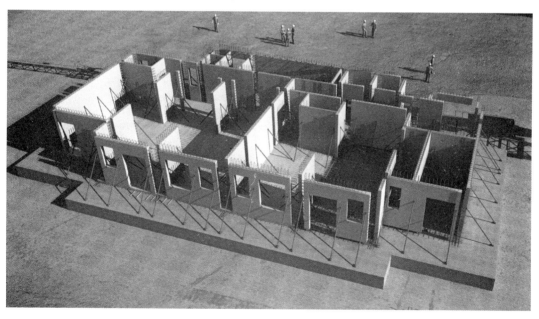

图 8-8-19 施工工艺模拟

上再引入资源维度,形成"5D-BIM"模型,如图 8-8-20 所示。施工方可通过此模型模拟装配施工过程及资源投入情况,建立装配式建筑"动态施工规划",对质量、进度、成本实现动态管理。

8.8.4 BIM 应用效果

1) 应用价值

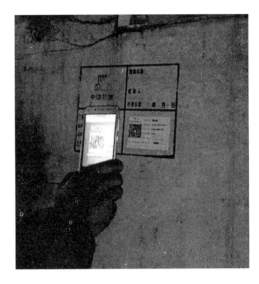
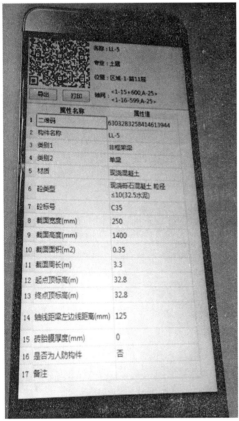

图 8-8-20 施工管理

本工程采用 BIM 技术，从预制装配式建筑"设计-生产-施工"三个阶段入手，研究了 BIM 技术在装配建筑中的应用价值，总结起来如下：

（1）实现装配式预制构件的标准化设计

BIM 技术可以实现设计信息的开放与共享。设计人员可以将装配式建筑的设计方案上传到项目的"云端"服务器上,在云端中进行尺寸、样式等信息的整合,并构建装配式建筑各类预制构件(例如门、窗等)的"族"库。随着云端服务器中"族"的不断积累与丰富,设计人员可以将同类型"族"进行对比优化,以形成装配式建筑预制构件的标准形状和模数尺寸。预制构件"族"库的建立有助于装配式建筑通用设计规范和设计标准的设立。利用各类标准化的"族"库,设计人员还可以积累和丰富装配式建筑的设计户型,节约户型设计和调整的时间,有利于丰富装配式建筑户型规格,更好地满足居住者多样化的需求。

(2) 降低装配式建筑的设计误差

设计人员可以利用 BIM 技术对装配式建筑结构和预制构件进行精细化设计,减小装配式建筑在施工阶段容易出现的装配偏差问题。借助 BIM 技术,对预制构件的几何尺寸及内部钢筋直径、间距、钢筋保护层厚度等重要参数进行精准设计、定位。在 BIM 模型的三维视图中,设计人员可以直观地观察到待拼装预制构件之间的契合度,并可以利用 BIM 技术的碰撞检测功能,细致分析预制构件结构连接节点的可靠性,排除预制构件之间的装配冲突,从而避免由于设计粗糙而影响到预制构件的安装定位,减少由于设计误差带来的工期延误和材料资源的浪费。

(3) 优化整合预制构件生产流程

装配式建筑的预制构件生产阶段是装配式建筑生产周期中的重要环节,也是连接装配式建筑设计与施工的关键环节。为了保证预制构件生产中所需加工信息的准确性,预制构件生产厂家可以从装配式建筑 BIM 模型中直接调取预制构件的几何尺寸信息,制定相应的构件生产计划,并在预制构件生产的同时,向施工单位传递构件生产的进度信息。

(4) 改善预制构件库存和现场管理

装配式建筑预制构件生产过程中,对预制构件进行分类生产、储存需要投入大量的人力和物力,并且容易出现差错。利用 BIM 技术结合 RFID 技术,通过在预制构件生产的过程中嵌入含有安装部位及用途信息等构件信息的 RFID 芯片,存储验收人员及物流配送人员可以直接读取预制构件的相关信息,实现电子信息的自动对照,减少在传统的人工验收和物流模式下出现的验收数量偏差、构件堆放位置偏差、出库记录不准确等问题的发生,可以明显地节约时间和成本。在装配式建筑施工阶段,施工人员利用 RFID 技术直接调出预制构件的相关信息,对此预制构件的安装位置等必要项目进行检验,提高预制构件安装过程中的质量管理水平和安装效率。

(5) 提高施工现场管理效率

装配式建筑吊装工艺复杂、施工机械化程度高、施工安全保证措施要求高,在施工开始之前,可以利用 BIM 技术进行装配式建筑的施工模拟和仿真,模拟现场预制构件吊装及施工过程,对施工流程进行优化;也可以模拟施工现场安全突发事件,完善施工现场安全管理预案,排除安全隐患,从而避免和减少质量安全事故的发生。利用 BIM 技术还可以对施工现场的场地布置和车辆开行路线进行优化,减少预制构件、材料场地内二次搬运,提高垂直运输机械的吊装效率,加快装配式建筑的施工进度。

2) 效益分析

本工程采用 BIM 技术进行构件和节点设计,设计时长增加 10%,但实现了各专业的协同设计,减少沟通成本,有效避免了现场的返工和材料浪费,预计为现场节约成本 50

多万元。同时，由于本工程采用预制装配式结构体系，与传统现浇体系相比，施工效率提高 3～4 倍，减少人工 90%，节水 95%，节地 10%，节能 30%，节材 60%，减少建筑垃圾 80%。

3）未来展望

借助 BIM 技术，避免装配式建筑"错、漏、碰、缺"等施工问题，实现装配式建筑从设计到运维的一体化协同管理，有效地提升装配式建筑整体建造及管理水平。BIM 技术作为 21 世纪建筑业发展的重要变革，将有力推动装配式建筑发展，促进建筑业转型升级，实现建筑产业工业化、信息化。但在装配式建筑 BIM 技术应用过程中，还存在很多困难，如相关技术标准不完善、行业认可度低等，要达到 BIM 技术与装配式建筑完全无缝结合，还需在实践中进一步完善。

8.9 BIM技术在郑州机场高速收费站钢结构工程中的应用

8.9.1 工程概况

1) 工程简介

郑州机场高速收费站钢结构工程位于郑州到新郑机场高速路的入口处。收费大棚共2个，采用一站两点的收费站形式，分为南北两个站区，南口13车道（高11.7m、24m宽，79.8m长）、北口24车道（高10.9m、24m宽，139.8m长），主体均由10个圆弧钢架（箱型）组成，不同的是南口2个弧形钢架之间通行1个车道，北口两个弧形钢架之间通行2个车道，如图8-9-1～图8-9-3所示。

图8-9-1 机场收费站模型效果图

图8-9-2 机场收费站南门

2) 重难点分析

（1）本工程的难点在于椭圆形的箱型截面主框架，以及纵向相连的弧形箱梁。10个弧形钢架各不同，标高+9.000以下是圆形，+9.000～+10.000之间是直段，+10.000以上是椭圆形，最大的椭圆框架宽36m，高23m。

（2）有5道箱型连系梁和弧形钢架相贯，总轮廓是圆形，在不同切线位置截面逐渐变大或变小。两端是弧形圆管柱，与平台梁以及弧形渐变截面工形悬挑梁连接，以上所述均为出图时的难点。

图 8-9-3 机场收费站北门

(3) 单一构件尺寸大,最小曲率半径 9.3m,铆装困难。主截面尺寸为 700mm×700mm×18mm×18mm,不易采用热弯成型,必须采用切割成型腹板的办法加工制作。

(4) 弧形钢架焊缝要求高,制作难度大,既要保证单节几何尺寸,又要保证总拼单元尺寸。纵向箱梁局部为三维扭曲截面,加工困难。对于异形构件的检验也是首次,很多检验方法都需要摸索。

8.9.2 BIM 应用策划

1) BIM 应用目标

该工程钢结构形式较为复杂,是多曲面异形结构,采用 BIM 技术能更好展示各构件之间的相互关系,因此将 BIM 技术应用于钢结构的设计、生产、施工全过程,不仅解决工程难点,而且也提高企业竞争力。在本工程中,通过 BIM 技术的应用,实现以下应用目标:

(1) 全方位研究钢结构工程的 BIM 技术应用点,实现钢结构工程从设计、生产、施工、安装等一系列的 BIM 技术应用。

(2) 采用与模型相关的高新测量、放样设备,指导钢结构生产施工的精细化管理。

(3) 能动培养出一批具体 Tekla 钢结构模型建模、提取信息的专业化技术团队,为更复杂的钢结构工程施工奠定技术基础。

(4) 利用 BIM 技术进行钢结构产业化建筑相关领域的研究,实现公司今后 BIM 技术施工的常态化,提升公司的高科技创新能力。

2) BIM 的应用点

郑州机场高速收费站钢结构工程 BIM 技术应用过程中,采用钢结构领域施工新技术,实现了各种技术创新点的示范应用。主要体现在利用 Tekla 软件对钢结构进行模型建造,对钢构节点下料,利用数控机床进行钢构件加工,进行相关的模型商务应用;利用二维码技术对构件进行标识；利用三维激光扫描技术进行点云扫描，对成品钢构件进行验收，并在专业软件中进行预拼装，保证成品质量；将模型数据导入放样机器人中，对现场钢构件进行放线定位。

3）BIM 应用软件

本工程应用了欧特克的 Revit、Navis，Tekla 的 Xsteel，其他配套使用的软件有 Lumion、3Dmax 等。该工程利用 Revit 软件进行土建、结构工程的模型建造，利用 Tekla 软件进行了钢结构工程的模型建造，并利用模型在 Lumion、3Dmax 等软件中进行了模型的综合应用。

4）BIM 组织团队

在李遐经理的带领下，成立了公司 BIM 技术中心，鸿丰钢构（系郑州一建集团注资企业，如图 8-9-4 所示）利用 Tekla 软件开展 BIM 技术应用施工。公司成立了以黄四元为首的 BIM 技术小组，如图 8-9-5 所示，进行了详细的人员职责分工，如表 8-9-1 所示。经过多次工程实践，技术团队掌握了 BIM 技术，并在大量的钢结构工程中进行了应用，获得良好效果。在郑州机场高速收费站钢结构工程中实现了设计、加工、安装等方面的 BIM 技术应用。

图 8-9-4 鸿丰钢构厂

鸿丰钢构 BIM 技术团队人员职责表　　　　表 8-9-1

姓名	所在单位	部门	岗位	职责
李遐	河南鸿丰精工钢构有限公司	公司决策层	总经理	对 BIM 技术有深入的了解，为工作的开展提供资源
黄四元	河南鸿丰精工钢构有限公司	BIM 技术小组	组长	落实公司对钢结构 BIM 技术的需求
武广英	河南鸿丰精工钢构有限公司	BIM 技术小组	模型工程师	负责使用 Tekla 软件进行钢结构模型建造
毛亚伟	河南鸿丰精工钢构有限公司	BIM 技术小组	模型工程师	负责使用 Tekla 软件进行钢结构模型建造

图 8-9-5 鸿丰 BIM 技术团队

8.9.3 BIM 应用过程

1）BIM 模型建造

鸿丰钢构 BIM 小组于 2015 年 5 月 10 日开始对郑州机场高速收费站钢结构工程进行模型建造工作。机场收费站的弧形钢架，建模时先建一个椭圆柱体，沿着椭圆柱体的参考点绘制折梁，再平滑过渡，这是＋10.000 以上是椭圆形构件的建模方法，是机场项目首次采用。对两个方向弯曲的主梁翼、腹板，先做成一个方向弯曲的曲梁，再用弯曲的形体切割出另一个曲面。经过 5 个工作日的努力，模型建造完毕，通过模型与原有设计图纸的对比，模型的轮廓获得设计单位的认可，如图 8-9-6 所示。

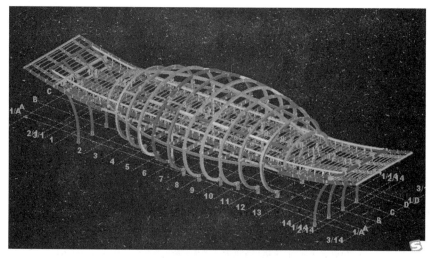

图 8-9-6 Tekla 软件钢结构建模

2) BIM 模型检查

郑州机场高速收费站钢结构模型建造完毕后，BIM 技术小组对模型进行了检查验收，与原有图纸设计内容进行复核，确认模型的空间结构尺寸能够准确无误地反映设计意图。同时对钢构的连接节点进行检查确认，使节点连接形式复核图纸设计和规范要求。钢构模型经检查无误后，转入到模型信息的提取等方面的应用，如图 8-9-7 所示。

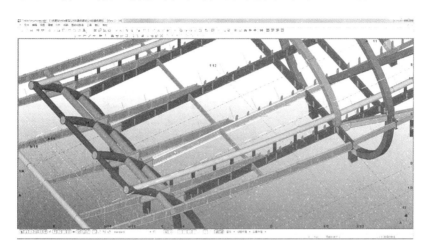

图 8-9-7　钢结构模型检查

3) 复杂节点的下料

Tekla 基于面向对象技术的智能软件包，这就是说模型中所有元素包括梁、柱、板、节点螺栓等都是智能目标，即当梁的属性改变时相邻的节点也自动改变，零件安装及总体布置图都相应改变。在确认模型正确后就可以创建施工详图了，Tekla 可以自动生成构件详图和零件详图，构件详图还需要在 AutoCAD 进行深化设计，深化为构件图、组立图和零件图，可供加工应用。

对于复杂钢结构节点可以自动展开，五维相贯线切割机只能切割 2 个圆管的相贯线；多个圆管的相贯线，用 Tekla 展开放样后，1∶1 打印就是样板，如图 8-9-8～图 8-9-10 所示，对复杂钢结构节点的下料具有明显的技术优势。

 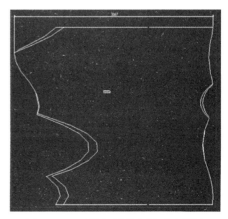

图 8-9-8　五维相贯节点模型图　　　　图 8-9-9　五维相贯节点展开大样图

图 8-9-10 钢结构节点模型图

4) 模型信息提取

依据钢结构模型,进行相关的信息提取。利用模型信息也可以提取油漆用量,并能够自动生成构件清单,并形成生产料单。利用模型可以进行构件下料清单,根据现场钢板材料的规格,进行精确的排版,最大限度地减少钢板的损耗率。利用 Tekla 软件自动生成的各种报表和接口文件,软件自动转化各种工程量报表,极大地提高了工作效率和提料的准确度,如图 8-9-11、图 8-9-12 所示。

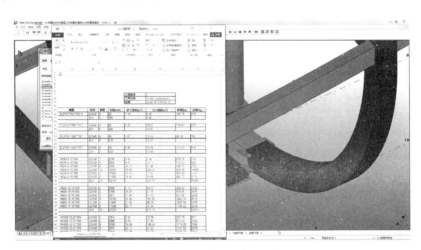

图 8-9-11 模型材料用量

5) 钢构件加工生产

根据模型信息提取的钢板下料信息,通过数控机床进行构件加工,实现钢构件的自动化生产,长度较长的采用分段下料后对接法,减少人为失误。采用手持式铣边机开坡口,保证坡口精度。主焊缝采用弧焊机器人气体保护焊,保证焊缝外观。焊接顺序由中间往两边分,确保 4 条主缝焊接方向一样,防止扭曲变形。制作一些专用的火焰切割开坡口设备来保证坡口质量,在钢构件的生产加工过程中,采用一系列的措施来保证产品质量,如图 8-9-13、图 8-9-14 所示。

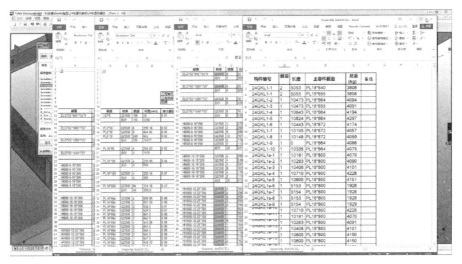

图 8-9-12 模型材料明细

图 8-9-13 钢结构加工成品 1

图 8-9-14 钢结构加工成品 2

最终使钢结构成型箱体参数指标控制在：长度±3mm，扭曲≤4mm，对角线与理论尺寸差≤3mm；焊缝要求节点上下 600mm 全熔透，评定等级Ⅲ级；主焊缝余高 0～3mm，外形美观；预拼尺寸长度±15mm，扭曲≤15mm。

6）钢构件验收

钢结构生产加工完毕后，对其进行结构几何尺寸的验收。在本工程中，采用三维激光扫描仪对钢结构的外观造型进行脉冲式激光扫描，获取钢构件的激光点云模型。对模型扫描的精度控制在±4mm@50m 内，满足实际模型对比需要。通过三维激光扫描仪对钢构件进行验收，减少了人工误差，提高了验收的精度，提高了人员的工作效率。在对钢结构几何尺寸验收的同时，也对钢结构的焊缝质量、油漆喷涂等进行验收。同时对焊缝进行超声波探伤检查，使外观达标，漆膜厚度符合规范要求，具备出厂吊装安装的条件，如图 8-9-15、图 8-9-16 所示。

图 8-9-15　钢结构探伤检查验收

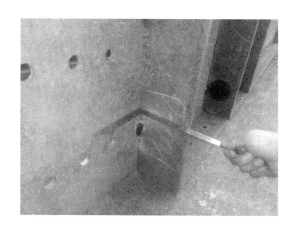
图 8-9-16　钢构件结构尺寸检查验收

7）钢构件虚拟预拼装

利用验收的点云模型进行 BIM 模型的预拼装。对点云数据进行处理，三维点云图上，利用点云切面，快速勾画钢构件水平截面的轮廓线，自动利用点云计算钢构件的轮廓，建造实体钢构件三维模型。通过模型的数据转换，以 .ifc 的文件格式转换到 Revit 软件中，对钢结构进行预拼装。检查钢构件成品的尺寸规格是否满足现场施工精度要求，有质量缺陷的构件进行返工处理，对在预拼装中满足模型要求的进行验收确认，直接进入下道工序，如图 8-9-17、图 8-9-18 所示。

8）钢构架二维码标识

在 Tekla 钢结构模型中，对独立焊接的钢构件进行唯一 ID 码的确认，利用 ID 码生成具有数据信息的二维码，二维码和构件具有一对一的关联性，如图 8-9-19 所示。打印二维码贴纸，把二维码粘贴在与模型相一致的钢构件中，加以辨识和确认。在钢构件出厂前，对照着 Tekla 软件出具的材料明细表进行核对，并对二维码构件进行检查校核，防止编码放置错误，如图 8-9-20 所示。利用二维码识读设备 RFID 对构件信息进行确认，保证构件信息与模型构件相一致。所有的验收工作完毕后，钢构件可以出厂进行吊装安装。

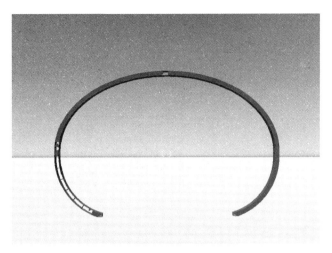

图 8-9-17 虚拟预拼装（一）

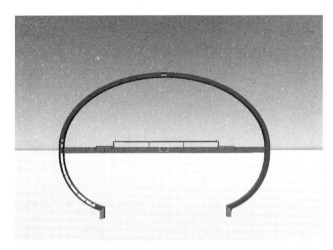

图 8-9-18 虚拟预拼装（二）

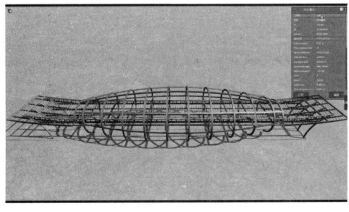

图 8-9-19 构件信息 ID 确认

图 8-9-20　构件生成二维码信息

9）钢构件现场安装

郑州机场高速收费站土建基础施工完毕后，钢构件开始进场施工。进场后的各种构件向监理单位进行报验，然后开始钢构件的吊装焊接。由于该工程已经对作业班组进行了详细的交底和前期吊装策划安排，因而只需要对钢构件进行辨识后便可进行吊装。由熟练技工对钢构件的连接点进行焊接，保证焊缝质量。吊装过程中控制钢构件的精度，防止出现安装误差，保证工程质量，如图 8-9-21 所示。

图 8-9-21　钢结构的现场吊装安装

10）利用二维码定位钢构件

在收费站钢构件的吊装过程中，对于入场的钢构件进行辨识，明确各个构件的具体位置。采用二维码扫描钢构件和模型相结合的技术对钢构件的位置进行辨识。利用二维码识读设备 RFID 对钢构件的二维码信息进行读取，读取后找到构件的 ID 号码，通过模型对 ID 码进行查找，在整个模型中对该钢构件进行定位辨识。然后根据吊装顺序进行排序，按照吊装方案对钢构件进行码放，防止构件放置混乱，便于构件查找，如图 8-9-22 所示。

11) 放样机器人构件定位

根据模型中各个构件的标高定位参数，把模型信息参数输入放样机器人中，通过放样机器人对构件的定位进行放样，大大提高了构件定位的精度和放样效率。采用 LN-100 三维放样机器人进行该工程异形钢构件的放样定位，将 Tekla 模型的数据导入放样机器人中，在吊装过程中对两侧异形的构件进行空间定位，使钢构安装效果符合图纸和模型设计要求。在对主骨架进行吊装时，采用放样机器人对上方定位标高进行校核，使主骨架的垂直度符合规范要求，并为后续的钢构件横梁连接提供质量保障。

12) 三维动画施工模拟

在该项目钢结构施工方案的编制过程中，除明确钢构件的加工制造是重点难点外，对钢构件的吊装也进行了详细的文字说明和图片演示。在模拟施工过程中，BIM 技术团队采用了 3Dmax 软件对钢构件进行分解，在 Tekla 模型的基础上制作了钢结构吊装的模拟施工动画视频。利用视频的形式发现吊装过程中的难点，并通过视频向吊装工人进行详细的技术交底，让工人知道施工中的注意事项，提高吊装工艺策划的可视化。通过吊装工艺的施工模拟，提升了 BIM 技术团队的技术实力，提高操作工人对技术交底的接受度，如图 8-9-23～图 8-9-26 所示。

图 8-9-22 利用二维码的钢构件定位

图 8-9-23 钢结构的吊装模拟 A

图 8-9-24 钢结构的吊装模拟 B

图 8-9-25 钢结构的吊装模拟 C

图 8-9-26 钢结构的吊装模拟 D

13) 模型商务应用

Tekla 钢结构模型文件可以自动生成的各种报表和接口文件,这些文件报表可以显示螺栓数量、构件表面积、构件数量、材料用量等信息。螺栓报表可以统计出整个模型中不同长度、等级的螺栓总量;可根据构件表面积估算油漆使用量;根据材料报表可估算每种规格的钢材使用量。报表能够服务于整个工程,是今后工程预算、工程管理的重要依据。利用模型核算工程量非常的方便快捷,对过程中控制材料用量、后期的核算工程成本、进行经济数据分析、最终完成三算对比都有非常重要的意义,如表 8-9-2、表 8-9-3 所示。

油漆用量清单　　　　　　表 8-9-2

工程编号					1			
工程名称					Tekla Corporation			
日期					10.12.2014 09:04:59			
构件编号	数量	长度	主零件截面	单个面积(m²)	合计面积(m²)	单重(kg)	总重(kg)
CG1	13	5828	O140*4	3.17	41.22	92.87	1207.34
CG2-1	13	5994	O114*4	2.14	27.81	63.98	831.70
GZ1-1	14	2500	O219*6	10.83	151.55	346.11	4845.60
LG1	14	4784	O60*3	1.02	14.22	22.87	320.21
LG2	14	2216	O60*3	0.53	7.48	12.32	172.47
LG3	14	1897	O60*3	0.47	6.65	11.01	154.14
总计					248.93		7531.46

部分材料采购清单　　　　　　　表 8-9-3

PL22*55	Q235B	256	600	1458.97
	合计	256	15360	1458.97
PL22*600	Q235B	64	550	3647.42
	合计	64	35200	3647.42
PL25*250	Q235B	144	400	2296.12
	合计	144	57600	2296.12
PL25*600	Q235B	16	10308	19420.27
PL25*600	Q235B	8	18828	17735.98
	合计	24	31555	37156.25
PL25*650	Q235B	16	10308	21038.63
PL25*650	Q235B	8	18828	19213.97
	合计	24	31555	40252.60
PL30*1150	Q235B	12	1150	3737.38
	合计	12	13800	3737.38
总计				239900.02

8.9.4 BIM 应用效果

1）BIM 应用成果

在郑州机场高速收费站钢结构工程施工过程中，BIM 技术小组进行了钢结构 BIM 技术应用的各种探索，取得了以下应用成果。

（1）在修改节点时，主构件和其连接的次构件会同时变化，图纸、报表也会相应变化，避免出现图纸修改时顾此失彼的情况。

（2）实现了异形钢结构工程全过程的 BIM 技术应用，即设计、加工、材料标识、吊装安装等过程的 BIM 技术应用，为更复杂的钢结构施工奠定了技术基础。

（3）利用钢结构模型进行生产料单的下料，与数控机床相结合，实现钢结构生产的自动化控制。利用钢结构模型，采用 3Dmax 软件，制作了相关的吊装模拟施工动画视频。该钢结构吊装工艺可以进行成果积累，对类似工程有指导意义。

（4）通过该钢结构工程的 BIM 技术应用，为公司培养了更专业的 Tekla 钢结构 BIM 技术应用人才队伍。

（5）以该工程项目为契机，深化该工程的各种技术应用亮点，形成公司的作业指导书，指导同类工程施工，为更复杂的钢结构工程施工进行了技术储备。

2）BIM应用价值

郑州机场高速收费站钢结构工程施工过程中实现了全过程的BIM技术应用，产生了很好的社会效益和可观的经济效益，得到了相关方的认可。具体体现在：

（1）利用BIM技术进行设计、施工，减少了图纸的设计错误，方便了现场施工，降低了施工过程中的返工现象，取得了直接经济效益。根据造价人员的初步核算，实现经济效益约3.2万元。

（2）利于BIM技术进行钢结构工程施工，可以进行全专业的技术应用，特别是对异形构造物更有技术优势。该工程是郑州机场的必经之地，良好的外观造型获得了社会认可，产生了积极的社会效益，树立了鸿丰精工钢构的品牌形象。

（3）通过该工程BIM技术应用的尝试，体会到了技术创新的好处。通过技术创新，节约材料，提高经济效益，大大提升了市场占有率。

8.10 BIM技术在新疆神火4×350MW动力工程中的应用

8.10.1 项目概述

1) 工程简介

新疆神火4×350MW动力工程项目位于新疆维吾尔自治区昌吉回族自治州吉木萨尔县境内,该工程由新疆神火煤电有限公司投资建设,本期建设4×350MW超临界间接冷燃机组。该工程由河南省第二建设集团有限公司施工,新疆昆仑工程监理有限责任公司监理,西北电力设计院设计。

间冷塔塔高170m,底部是50对X支柱,柱高27.74m,断面尺寸为1m×1.7m,上部是塔筒,出口直径100.26m,喉部高度130.90m,喉部直径96.87m,下环梁壳体厚度1.8m,壳体最小厚度0.32m,±0.000直径159.2m。塔体本身不采用装饰,全部为清水混凝土。

2) 项目重难点分析

间冷塔造型独特,曲线优美,如图8-10-1所示。间冷塔在施工过程中有以下难点:

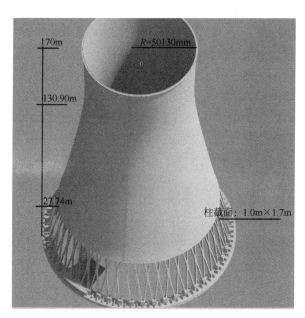

图8-10-1 间冷塔主要几何参数

(1) 间冷塔X支柱体量大,上部和下部断面尺寸为1m×1.7m,中间部位断面尺寸为2m×1.7m,并且径向、环向双向倾斜。脚手架承担X支柱的大部分重量,因此受力比较复杂。采用传统脚手架施工,钢管密度大,单个工程用钢量达3000t,钢材消耗量偏大,不符合绿色施工要求。

(2) 间冷塔造型独特、受力复杂,其下部X支柱径向、环向双向倾斜,垂直高度27.74m,实际斜长30多米。由于图纸表述不清,施工过程中间冷塔X支柱技术交底以及空间定位比较困难,施工难度大。

(3) 间冷塔X支柱中间部位及X支柱上部与塔筒下环梁相交处钢筋排布复杂,钢筋施工图纸对复杂节点表述不清,现场施工及技术交底困难。

(4) 间冷塔塔筒壳体施工精度很高,其几何尺寸须按有关技术规定严格控制。塔中心偏差控制在 20mm 以内,半径允许误差为 +20~-5mm;壁厚允许误差为 +10~-5mm;子午向斜率的偏差控制在 1‰ 以内,若出现过大偏差,应按纠偏斜率小于 1‰ 来纠正。水平向的曲率误差应小于 1‰,纠偏曲率为 1‰,不得突变纠偏。

(5) 间冷塔塔筒采用清水混凝土技术,且塔筒不同高度半径及斜率都不相同。通过控制模板尺寸及拼接来确定模板上下缝的位置,以呈现清水混凝土的天然之美,但控制模板尺寸及拼接位置难度较大。

8.10.2 BIM 应用策划

1) BIM 应用目标

利用 BIM 技术的可视化功能,实现项目施工全过程的展示,方便参与方之间的交流,同时可有效解决施工中 X 支柱定位、复杂节点钢筋优化、塔筒控制、模板排布等问题。通过 BIM 技术提前发现并解决问题,减少施工变更,并结合 BIM 模型进行技术交底和可视化施工,从而对工程质量、进度、造价进行有效控制。

利用 BIM 技术的多方协同功能,实现各不同参与方之间的数据及信息的交换共享,方便各参与方之间的沟通与协调,从而节省工期、资源、创造良好的经济效益。

2) BIM 的应用点

间冷塔的造型独特,复杂节点较多,使得施工难度大、技术交底困难、施工进度和成本控制难、施工质量难以保障。针对这些问题,应用 BIM 技术进行优化、改进,并对施工难度大的部分进行动画模拟和可视化技术交底,以指导施工。BIM 技术的应用,解决了很多施工难题,在工期、质量、安全、造价上也取得了较好的效益。BIM 技术主要应用点,具体包括脚手架优化布置、X 支柱定位及施工技术交底、复杂节点钢筋优化、双曲线塔筒垂直度及斜率控制、模板优化排布、钢模预制、爬梯安装、工程量统计、模型数据互用、族库建立等。

3) BIM 应用软硬件介绍

新疆神火电厂间冷塔项目采用了 Revit2014、Midas、Navisworks2014 等软件进行搭建、整理、整合 BIM 模型,如表 8-10-1 所示。本工程通过服务器,采用分部位多人同步协同工作。

该工程中应用到的 BIM 技术软件　　　　表 8-10-1

序号	模型和应用内容	相关软件	应用情况
1	模型搭建	Revit 2014	良好
2	钢结构深化设计	Midas、Tekla	良好
3	模型整合、专业协调	Navisworks 2014	良好
4	施工进度模拟	Navisworks 2014	良好
5	移动手持设备现场管理	BIM 360 Glue	良好
6	施工过程文档信息集成	Navisworks 2014 二次开发	良好

针对本工程,BIM 技术各项软件功能分析如下:

(1) Autodesk Revit 2014:采用该软件建立模型,并进行综合深化设计,生成优化后的二维和三维图纸。

（2）Autodesk Navisworks 2014：应用该软件进行模型碰撞检查、施工进度模拟和施工工序模拟，并用于施工现场的图片、视频动画技术交底、施工信息集成管理。

（3）Midas：通过有限元分析软件，建立间冷塔 X 支柱满堂脚手架有限元模型，根据现场实际荷载优化脚手架搭设方案。

（4）BIM 360 Glue：强化基于云计算的协作和移动接入，有助于确保整个项目团队参与协调过程，缩短协调周期，为团队成员提供了可以随时随地查看文件的工具。

项目配置的硬件设备如表 8-10-2 所示。

工程中应用的 BIM 技术硬件　　　　表 8-10-2

类型	品牌	型号	CPU	内存	数量
台式机	DELL	ALWADR-1728 X51-R2	i7-6700	32G	4
笔记本	Alienware	Alienware 18（ALW18D-1768）	i7-4700MQ	16G	2
笔记本	DELL	ALWADR-1728 X51-R2	i7-3720	16G	2

4）BIM 组织策划

本项目 BIM 小组由 7 人构成，如图 8-10-2 所示。采用分工合作方式进行。团队成员主要负责 BIM 模型搭建与管理、BIM 相关资料收集和整理、优化施工方案、进行技术交底、指导现场实施，人员分工如表 8-10-3 所示。

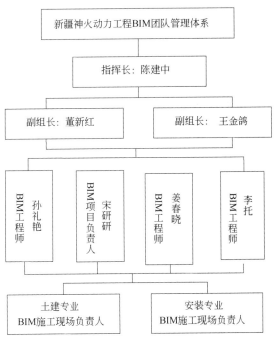

图 8-10-2　BIM 团队管理体系组织结构

本工程 BIM 应用团队　　　　表 8-10-3

姓名	工作单位	职务	任务与分工
陈建中	河南第二建设集团	河南第二建设集团总工	负责团队建设及管理
董新红	河南第二建设集团	技术中心技术负责人	配合团队建设及管理，带领团队培训和实施

续表

姓名	工作单位	职务	任务与分工
王金鸽	河南第二建设集团	设计公司经理	BIM 实施阶段技术应用总设计
宋研研	河南第二建设集团	BIM 项目负责人	统筹 BIM 模型建立与应用
姜春晓	河南第二建设集团	BIM 工程师	建立 BIM 模型并应用
孙礼艳	河南第二建设集团	BIM 工程师	建立 BIM 模型并应用
李托	河南第二建设集团	BIM 工程师	建立 BIM 模型并应用

8.10.3 BIM 实施过程

1）X 支柱脚手架搭设方案优化

因 X 支柱三维倾斜，受力复杂，其大部分重量由脚手架承担，因此脚手架的布置是重中之重。采用传统脚手架施工，钢管密度大，钢材消耗量大，施工成本高。

为此，施工前期增大策划力度，运用 Midas 软件对 X 支柱脚手架搭设方案进行有限元分析，如图 8-10-3 所示。对 X 支柱满堂脚手架建立有限元模型，并进行计算、分析、修改，根据现场实际施工顺序确定荷载、优化脚手架搭设方案，以达到脚手架受力合理、节约资源的目的。

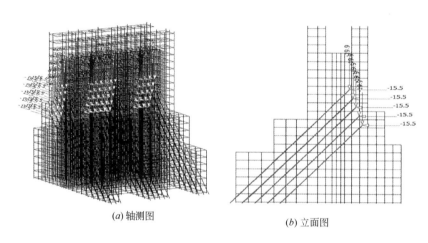

(a) 轴测图　　　(b) 立面图

图 8-10-3　用 Midas 建立的有限元分析模型

通过有限元分析，提出 5 种优化方案，方案内容如下：

(1) 优化方案 1。立杆环向间距 1m，较传统方案节约钢管（3.0mm 厚）约 87t，其中立杆 12320m，径向水平杆 13640m，环向水平杆 8800m，如图 8-10-4 所示。剪刀撑设置按原设计，未考虑减少。

(2) 优化方案 2。立杆环向间距 1.1m，步距 1.7m，较传统方案节约钢管（3.0mm 厚）约 153t，其中立杆 17080m，径向水平杆 20760m，环向水平杆 8800m，如图 8-10-5 所示。剪刀撑设置按原设计，未考虑减少。

(3) 优化方案 3。立杆环向间距 1.6m，较老方案节约钢管（3.0mm 厚）约 323t，其中立杆 39340m，径向水平杆 32630m，环向水平杆 16280m，如图 8-10-6 所示。剪刀撑设置按原设计，未考虑减少。

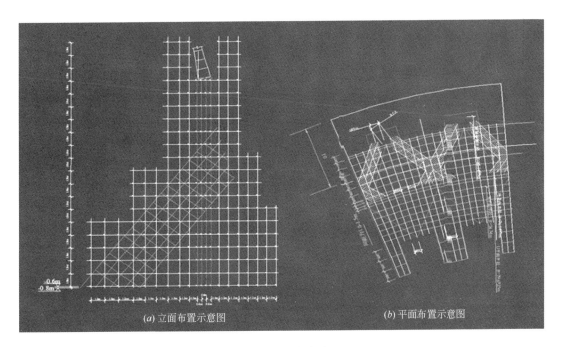

(a) 立面布置示意图　　(b) 平面布置示意图

图 8-10-4　优化方案 1

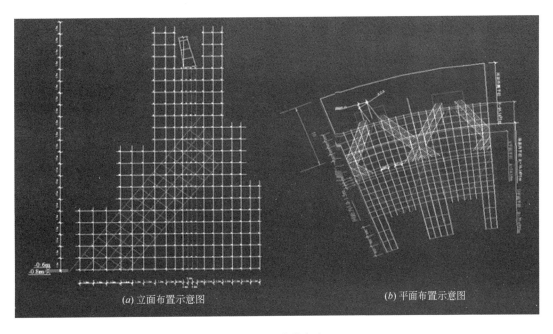

(a) 立面布置示意图　　(b) 平面布置示意图

图 8-10-5　优化方案 2

（4）优化方案 4。立杆环向间距 1.8m，较传统方案节约钢管（3.0mm 厚）约 300t，其中立杆 44734m，环向水平杆 16280m，径向水平杆 29624m，如图 8-10-7 所示。剪刀撑设置按原设计，未考虑减少。

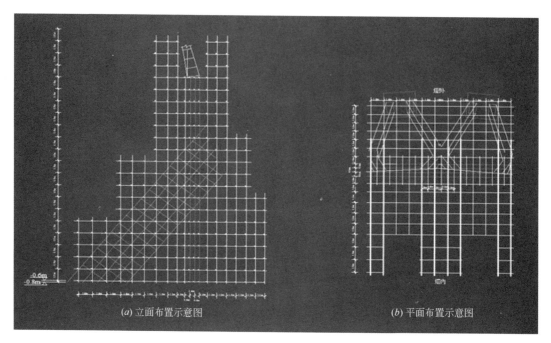

图 8-10-6 优化方案 3

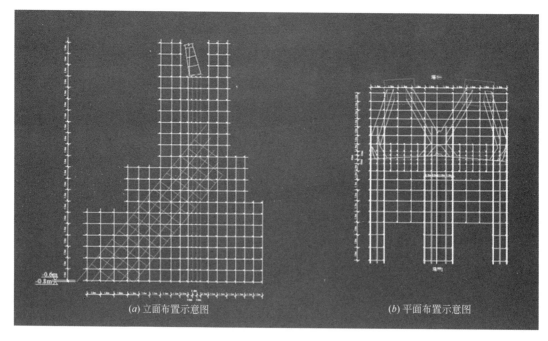

图 8-10-7 优化方案 4

(5) 优化方案 5。立杆环向间距 1.8m，与方案 4 相比增加暗柱数量，较传统方案节约钢管（3.0mm 厚）约 270t，其中立杆 44734m，环向水平杆 16280m，径向水平杆 29624m，如图 8-10-8 所示。剪刀撑设置按原设计，未考虑减少。

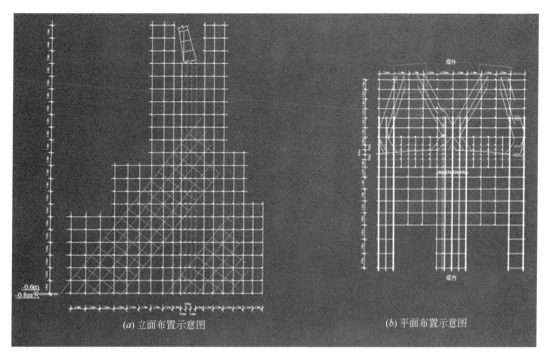

图 8-10-8 优化方案 5

通过比较 5 种优化方案,最终决定采用优化方案 5。经工程量精确统计,优化后相同规模的 X 支柱脚手架较传统施工方案节省钢管 270.3t,节省率 10.3%,大大节省了钢材使用量,降低了施工成本。

2) X 支柱定位

三维倾斜的 X 支柱,空间几何关系复杂,受力不明确,难以准确定位,同时测量参数较多,容易增大误差范围值,如图 8-10-9 所示。同时,X 支柱要承受自身及上部塔筒的重力,施工难度较大,如采用传统方式测量定位、施工,不仅拖延工期,而且影响工程质量。

针对 X 支柱定位难的问题,利用 BIM 技术予以解决。采用 Revit 软件建立三维模型,通过几何投影关系将三维的几何参数转化为二维平面几何参数,并找到该参数与中心点的几何关系,如图 8-10-10 所示。通过中心点位将二维的几何参数进行放线、定点,简化了施工难度,也避免了多次转站带来的麻烦,与此同时每个 X 支柱点位相对独立,避免了误差累积,使得放线、定点更加准确。具体步骤如下:

(1) 通过简单的几何投影关系,找到每个高度关键位置在水平内的投影;
(2) 确定投影与观测点的角度以及水平长度;
(3) 通过测量定位仪器将点位置确定到相应的位置;
(4) 结合已知关键点位置的高度确定构件在空间的位置。

X 支柱是间冷塔工程中最重要的部位,同时也是施工难度较大、技术含量较高的部位。针对 X 支柱施工复杂问题,应用 Revit 软件对 X 支柱及其模板、脚手架进行建模,然后导入 Navisworks 软件中,进行 X 支柱施工过程动画模拟,实现三维可视化技术交底。利用施工动画模拟指导现场作业,从而减少误差,提高工程效率。

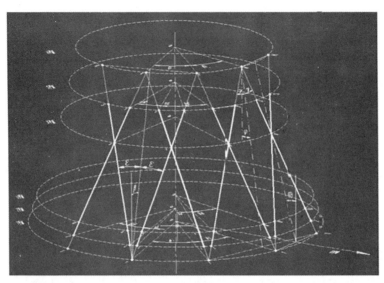

(a) 定位图

(b) 定位参数

图 8-10-9　X 支柱空间几何关系图

3）复杂节点钢筋优化

间冷塔 X 支柱中间部位及 X 支柱上部与塔筒下环梁相交处钢筋排布复杂，钢筋施工图纸对复杂节点描述不清，导致现场施工及技术交底困难。对于复杂节点钢筋排布问题，依据图纸利用 BIM 技术对这些节点进行模型搭建、钢筋排布，然后对节点进行钢筋优化，并生成相应的节点详图，如图 8-10-11 所示。

复杂节点钢筋优化步骤如下：

（1）整理复杂节点的相关图纸并作简单处理。清理不用的图层和标注，使图纸简单明了，并方便图纸导入 Revit 中。

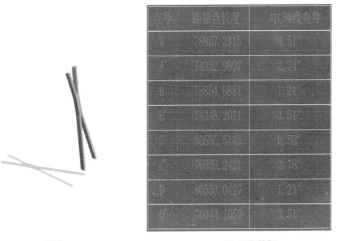

(a) 模型　　　　　　　　　　　(b) 定位数据

图 8-10-10　二维平面几何参数

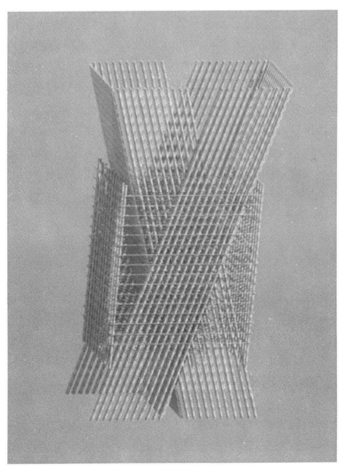

图 8-10-11　BIM 优化后的 X 支柱交点

(2) 依据图纸在 Revit 中建立复杂节点结构模型，检查建好的模型，确保模型的准确性。

(3) 利用 Revit 中钢筋排布功能进行排布。由于 X 支柱径向、环向双向倾斜，钢筋排布比较复杂需要创建参照平面，并在参照平面内手动放置钢筋。

(4) 对排布好的钢筋模型进行碰撞检测，对碰撞部位进行合理筛选。根据碰撞结果对钢筋排布进行优化，并生成相应的节点详图。

在施工过程中结合 BIM 模型进行三维可视化技术交底，减少返工，实现施工中钢筋排布合理，无碰撞，无盲点，从而有效地保证工期。

4) 双曲线塔筒垂直度及斜率控制

间冷塔塔筒壳体施工精度很高，塔中心偏差控制在 20mm 以内，半径允许误差为 +20～-5mm，壁厚允许误差为 +10～-5mm；子午向斜率的偏差控制在 1% 以内，若出现过大偏差，应按纠偏斜率小于 1% 来纠正；水平向的曲率误差应小于 1%，纠偏曲率为 1%，不得突变纠偏。通过应用 BIM 技术改进塔筒精度控制装置，流程如下：

应用 Revit 搭建传统垂直度控制模型，利用 Revit 三维可视化功能进行交流；技术人员结合长期施工经验进行优化，提出新的方案和意见；根据新方案和意见修改模型，并利用 Navisworks 进行施工方案模拟，制作样板进行实际操作，验证技术方案的可行性。

BIM 技术在双曲线塔筒垂直度及斜率控制中的应用，不但解决了精度控制难题，还形成了"一种间冷塔中心垂直度控制装置"实用新型专利和"一种间冷塔施工支撑架结构"的实用型专利，如图 8-10-12 所示。垂直度控制专利工作原理为：在塔体底部中心位置放置激光发射装置，在塔筒施工段放置接收靶，打开激光发射装置并发射激光束，观察激光束射到接收靶的位置，调整接收靶，确保激光束与接收靶中心位置重合。间冷塔塔口内悬吊一吊盘，通过调节模板使激光束正好通过靶心。斜率控制专利工作原理：模板左右各设置有内顶撑，左侧内顶撑逆时针旋转，右侧顺时针旋转，模板整体向左微调；左侧内顶撑顺时针旋转，右侧逆时针旋转，模板整体向右微调。

5) 模板排布及钢模预制

(1) 模板排布

间冷塔筒体外饰采用清水混凝土，为保证筒体美观，必须严格控制模板缝的位置，传统施工技术及工艺很难满足施工要求，BIM 技术的应用解决了这一施工难题。

结合塔筒施工图纸，利用 Revit 搭建塔筒模型，使用 Revit 中的幕墙系统功能进行模板排布。对模板排布进行优化，保证模板规格统一且模板缝上下对齐，使制作出来的清水混凝土筒体美观大方，如图 8-10-13 所示。模板优化工作量较大且冗杂，需耐心仔细。利用 Revit 中的明细表功能对优化后的模板进行尺寸、数量、位置等信息进行统计，方便模板工厂加工生产，提高了施工效率。

(2) 钢模预制

本工程塔筒为双曲线形式，造型特殊，斜率和壁厚随着高度变化而变化，采用常规模板将增大施工难度、降低施工效率，模板排布过程中将造成极大的浪费，运用 BIM 技术进行模板预制可解决上述问题。首先提取模板排布时明细表统计的模板尺寸和数量，结合图纸对不同尺寸的模板通过 Revit 进行建模并深化，如图 8-10-14 所示。利用 Revit 生成优化后的模板加工详图，在工厂提前预制加工；利用 Revit 可视化特点在现场拼接，减少

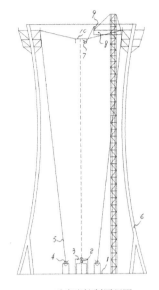

(a) 垂直度控制原理图　　(b) 一种间冷塔中心垂直度控制装置专利证书

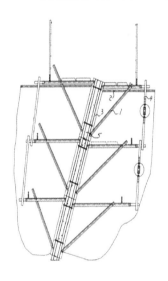

(c) 斜率控制原理图　　(d) 一种冷间塔施工支撑架结构专利证书

图 8-10-12　借助 BIM 技术形成的专利技术

材料浪费，提高施工效率。

6）爬梯安装

爬梯安装在风筒筒壁外侧，从标高 19.55m 开始安装，每节高 3.6m，在双曲线形式的塔筒上安装爬梯需要对预埋暗榫精确定位。利用 BIM 技术建模，确定爬梯与暗榫的位置，确保构件能够准确定位和安装，在对构件进行 BIM 模型搭建的过程中，需要对局部构件进行细化，避免安装有误差。需要收集、整理图纸，对爬梯图纸进行分类并作处理，方便导入 Revit。根据整理的图纸用 Revit 分别进行建模，并对做好的模型进行深化，确保模型的准确性，特别是爬梯和塔筒连接部位的构件。根据深化后的模型，对塔筒预埋暗

图 8-10-13　借助 BIM 技术对间冷塔筒体模板进行优化排布

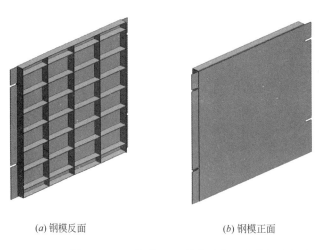

(a) 钢模反面　　　　(b) 钢模正面

图 8-10-14　借助 BIM 技术对定型大模板进行放样

榫位置图纸进行深化,由于塔筒为双曲线结构,使得每节爬梯倾斜角度各不同,爬梯与暗榫间的垂直高度也不相同。导出深化后的加工详图,根据加工详图进行下料,现场拼装,如图 8-10-15 所示。

7) 工程量统计

应用 BIM 技术可以对项目工程量进行准确统计,让管理者快速准确获取工程基础数据,为施工企业制定准确的人、财、物计划提供有效支撑,为实现限额领料、消耗控制提供技术支持。同时还可加快概预算速度,减轻概预算人员的工作量,提高概预算质量。

应用 BIM 技术进行工程量的统计,需要整理搭建好的模型,确定需要统计工程量的构件种类,对需要统计的构件进行处理,Revit 可以直接对门、窗、梁、板、柱等构件设置过滤条件进行统计。由于间冷塔是双曲线结构,模型均是采用常规模型建立,因此进行统计时需要做相应的标记及分类,使统计结果准确。使用 Revit 中的明细表功能对需要统

图 8-10-15 爬梯精细化建模

计的构件设置统计条件，自动生成工程量清单，如设置脚手架统计条件，将明细表生成的工程量清单导出，再用 Excel 进行汇总合并，如图 8-10-16 所示。

<竖向杆件>

钢管长度(m)	使用数量(根)	体积(m³)	质量(t)
竖向钢管-1	9	0.003816854	0.029962303
竖向钢管-2	16	0.013571036	0.106532633
竖向钢管-2.5	3	0.003180712	0.024968586
竖向钢管-3	4	0.005089139	0.039949738
竖向钢管-3.5	10	0.014843321	0.116520068
竖向钢管-4	81	0.137406741	1.078642913
竖向钢管-4.5	27	0.051527528	0.404491093
竖向钢管-5	4	0.008481898	0.066582896
竖向钢管-5.5	40	0.093300873	0.732411855
竖向钢管-6	604	1.536919839	12.064820735
总计：798		1.868137939	14.664882819

图 8-10-16 脚手架工程量统计

8）模型数据互用

我国建筑工程项目存在着"信息传递效率低、信息协同和共享性差、信息利用价值

311

低"等问题。在此项目上将迈达斯模型以 dxf 格式导出，并导入 Navisworks 中，通过模型及数据互相导入实现数据的传递与互用，减少了重复建模，实现了信息传递，提高了工作效率，取得了良好的效果。

目前已经完成了迈达斯与 Navisworks 的数据互用，迈达斯与其他软件的结合正在研究中。模型数据互用是公司努力的方向，还需要不断探索、借鉴和逐步完善。

9）族库建立

公司目前使用的主要建模软件是 Revit，该软件建立模型离不开族，通过建立自己的族库，对常用族进行分类管理，方便查找，也便于新项目的应用。同时减少临时新建族，从而提高建模效率。在日常工作中，不断增加族的种类，并结合项目实际情况建立"通用族"，满足项目的实际需求。公司在电厂工程中有自己的特色，因此建立了电厂专用族库，目前仍在不断完善。

在新疆神火电厂间冷塔项目中，BIM 团队创建了爬梯、爬梯平台、脚手架、钢模板等与现场施工相配套的族，进一步完善了电厂族库，为其他工程建模提供了方便，如图 8-10-17 所示。

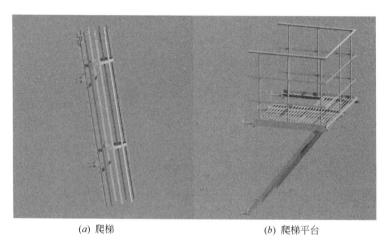

(a) 爬梯　　　　　　　　　(b) 爬梯平台

图 8-10-17　建立的爬梯、爬梯平台族库

8.10.4　BIM 应用效果

通过 BIM 技术在新疆神火电厂间冷塔中的应用，使得以往施工中存在的一些难点问题得到了很好解决，提高了施工效率，节约了成本，缩短了工期，创造了较好的经济效益。

1）BIM 技术解决的项目难题

本工程通过 BIM 技术的应用，解决了 X 支柱定位难的问题；对脚手架进行建模并优化设计，达到排布合理、节省钢材的目的；脚手架模拟动画实现了可视化技术交底，提高了施工效率；实现了安装预埋件的精确定位，减少因返工造成的经济损失、工期延误；实现了数据互用，极大地提高了数据信息传递的效率。

2）BIM 应用为项目带来的效益

在新疆神火电厂间冷塔项目中应用 BIM 技术解决了施工难题，提高了施工效率，节约了工期和资源。

（1）对脚手架进行优化设计，仅此一项就节省了270.3t钢材，节约了成本，降低了造价。

（2）施工难点、技术复杂要点应用Revit软件建模、进行Navisworks软件施工动画模拟和三维可视化技术交底，指导现场施工，减少了返工，缩短了工期，保证了工程质量。

（3）针对双曲线塔筒垂直度及斜率控制问题，应用BIM技术建立模型并结合工作经验，形成了两项实用新型专利，提高了施工效率，创造了经济效益。

8.11 BIM结合测量机器人技术在新郑机场塔台小区工程中的应用

8.11.1 项目概述

1)工程简介

郑州新郑国际机场二期扩建空管工程塔台小区土建及配套工程，是河南省重点工程，是保障机场4F等级飞行区所有航班正常起降、管制区域所有航线安全通畅的核心交通指挥中心，是郑州新郑国际机场的重要标志性建筑，如图8-11-1所示。

图 8-11-1 郑州新郑国际机场二期项目全景图

本工程主要由塔台与航管楼两座建筑通过钢连廊连接组成。其中塔台建筑高度94.1m，地下1层、地上21层，结构形式为筒中筒结构，其中核心筒为钢筋混凝土剪力墙结构，外筒为160mm厚空间异形曲面清水混凝土墙体，自下而上先收缩后放大，内外筒通过钢筋混凝土梁板连接，平面形式为不规则类椭圆形状，且随高度不断变化，每层截面均不同，如图8-11-2所示。塔身由上至下依次布置有塔台明室、检修环、设备层、气象观测室。航管楼建筑高度15.9m，地上3层，建筑面积6205m^2，结构形式为钢筋混凝土框架结构。

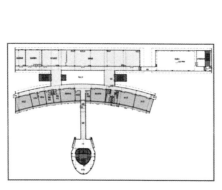 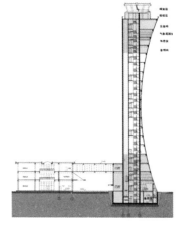

图 8-11-2 塔台立面、剖面图

塔台由河南籍设计大师王振军设计，塔台侧立面的造型取自河南省的文物瑰宝——贾湖骨笛弧形外观。塔台外形外侧刚直内侧柔和，寓意为河南人性格外刚内柔，极具根骨，大巧若拙，平和而不平庸，如图 8-11-3 所示。

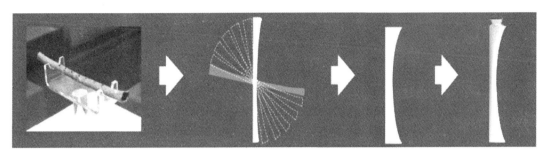

图 8-11-3 塔台设计灵感来源

2）工程重难点分析

本工程工期紧、结构形式复杂、作业面狭小、需测设点位多、精度要求高，其重难点主要体现在三个方面：

(1) 塔台造型独特，平面形状为类椭圆形，外立面为空间异形双曲面结构，每层需定位的坐标点就多达 50 个，整个塔台结构定位点约 1100 个，且测量定位困难，需采用 BIM 技术结合测量机器人进行精准空间定位。

(2) 塔台外墙为 160mm 厚空间异形曲面清水混凝土，质量要求较高，配模困难。需采用 BIM 技术三维建模、逐块分解、指导 PVC 模板精准下料，保证薄壁墙体一次成优。

(3) 塔台空间异形狭小，且各专业管道较多、错综复杂，管线排布困难，极易发生碰撞。需采用 BIM 技术对管线进行综合排布及碰撞检测，并采用测量机器人对管线位置进行精准定位。

8.11.2 BIM 应用策划

传统测量方式不能直接对接 BIM 模型，点位坐标需要人工计算（或加插件软件取点），手工输入全站仪中，不仅消耗大量的人工时间，而且容易出错。目前，充分利用 BIM 模型指导施工甚至实现更深层次的应用，在国内仍处于空白，如何让 BIM 技术落地还是业内比较棘手的问题。对此，美国天宝公司提出了 BIM TO FIELD 解决方案，解决了从设计到施工没有硬件支撑的问题。同时也充分利用 BIM 模型的理念，通过测量机器人，可更好地解决现场施工测量难题。

1) 测量机器人技术的应用目标与应用点

塔台结构形式复杂，作业面极其狭小，专业管道较多、错综复杂，传统作业模式极易出现差错，给现场施工放线定位以及工程质量复查带来很大困难。本项目在施工前首先通过 BIM 技术进行三维建模，将所形成的 BIM 模型导入测量机器人中，能很好地解决快速、精确测量放线的需求，给施工方案的制定和现场施工提供了可视化支持，如图 8-11-4 所示。

(1) 实现精确定位。以往放样时使用的多数是二维图纸，在放样前需要对放样数据进行计算和整理。在放样过程中直接使用的是一系列坐标，即一串数字。因此放样时不直观，放样点之间的几何关系和相对位置不清楚，同时在放样时出现错误也不易发现。

图 8-11-4 输入 3D 数据，将数据带到施工现场

BIM 技术的引入使得放样过程变得更加简单，该项技术利用测量机器人的坐标采集功能，实现了 BIM 平台内的现场施工和设计模型的三维数字信息交互（比对、判断、修正、优化），以此来实现 BIM 在实际施工中的指导作用。通过利用测量机器人复核现场结构完成面数据，建立实用的 BIM 模型，将 BIM 模型设计的成果以三维坐标数据形式导入测量机器人中。通过测量机器人实现机电管线及设备在施工现场的高效精确定位。

(2) 质量校核（辅助施工验收）。利用测量机器人采集施工现场数据，通过免棱镜功能，检查墙、柱、梁的水平度、垂直度、标高，可以实现精准的现场施工验收，如图 8-11-5 所示，且更直观全面，利于提高施工验收质量。同时，可以通过无线网络实现现场验收数据与办公室实时传递，确保施工验收过程真实可靠。

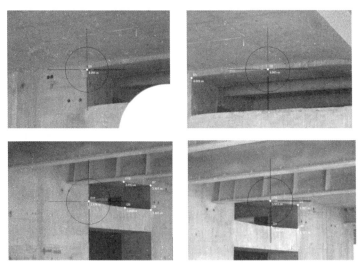

图 8-11-5 完成作业标高检测

2) 测量机器人系统介绍

本工程所采用的测量机器人系统是由机器人主机、军工级手簿、360°棱镜及其他附件组成，如图 8-11-6 所示。各组成部分的特性及功能如下：

(1) 手簿，1.5m 防摔，7 寸顶级多点触控电容屏显示器，高亮显示屏，强光下可读。一体化的 2.4GHz 电台通讯，自带摄像头和闪光灯。Win7 操作系统，自带 WiFi，可实时接入云平台进行数据传输，如图 8-11-7 所示。

(a) 手簿　　　　(b) 机器人主机　　　　(c) 360°棱镜

图 8-11-6　系统组成

在手簿上，对测量目标进行点击后，便可在棱镜或无反射镜表面捕获测量数据。同时，可以以第一人称视角在手簿上进行观察，使操作者身临其境，更好地对施工区域进行把控。

当利用棱镜进行施工放线时，手簿即刻变身为施工场地的导航仪，可以快速使放线人员找到放样点，最大限度地提高放线效率。

(2) 测量机器人提供免棱镜功能，即可用于放线，也可用于测量。这种工作方

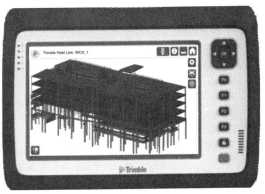

图 8-11-7　手簿

式在机电管线放样、墙体开洞、质量复核等方面发挥着巨大的作用。

(3) Trimble MultiTrack™ 多目标技术通过锁定和跟踪被动棱镜以控制测量数据，通过跟踪主动目标以进行动态测量、放样和坡度控制。强大的报告功能可以一键生成《日常放样汇总》、《放样偏移》、《现场报告》三种不同的报告形式；并利用自身所带的摄像头进行现场拍摄照片，使报告内容丰富，图文并茂，充分涵盖了放样操作人、放样时间、放样效率、放样误差等必要的信息。同时，可利用 WiFi 即时向相关领导汇报现场情况，报告真实有效且不能更改，使现场数据更准确可信。

(4) 放样原理。从 BIM 模型中设置现场控制点坐标和建筑物结构点坐标分别作为 BIM 模型复合对比依据，在 BIM 模型中创建放样控制点。在已通过审核的土建、机电 BIM 模型中，设置需要放样点位布置，并将所有的放样点导入 Trimble Field Link 软件中。进入现场，使用 BIM 测量机器人对现场放样控制点进行数据采集，即刻定位测量机器人的现场坐标。通过平板电脑选取 BIM 模型中所需放样点，指挥机器人发射红外激光自动照准现实点位，实现"所见点即所得"，从而将 BIM 模型精确地反映到施工现场。

3) BIM 及测量机器人技术团队组织

本项目 BIM 及测量机器人技术团队组织架构如图 8-11-8 所示，由项目经理担任工作组组长，BIM 总工程师负责小组管理，统一协调 BIM 各相关方。BIM 相关各部门按工作量大小，至少指定 1 位以上熟练掌握本专业业务、熟悉 BIM 建模、测量机器人、浏览软件操作人员，组成项目各部门 BIM 团队，负责相关专业工作，如表 8-11-1 所示。

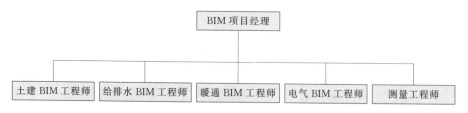

图 8-11-8　项目测量组织架构

工作职能表　　　　　　　　　　　　　　　　　　　　　表 8-11-1

序号	职务	工作职能
1	BIM 项目经理	协调设计、监理、总包和上级关系,全面负责本工程 BIM 系统的建立、运用、管理,组织召开相关会议,全面推进工程 BIM 应用目标的实现
2	土建 BIM 工程师	具体负责包括本工程建筑专业 BIM 建模、模型应用、深化设计等工作,主要为提供完整的梁、柱、板等结构,墙、门窗、楼梯、屋顶等建筑信息 Revit 模型,以及主要的平面、立面、剖面图和门窗明细表,以及平面、立面、剖面图三道尺寸标注,方便施工沟通
3	给排水 BIM 工程师	具体负责对本工程给排水、消防专业建立并运用 BIM 模型,管线综合深化设计、水泵等设备、管路的设计复核等工作,主要包括提供完整的给排水管道、阀门及管道附件的 Revit 管网模型,以及主要的平面、立面、剖面图和管道及配件明细表,以及平面图主要尺寸标注
4	暖通 BIM 工程师	具体负责对本工程暖通专业建立并运用 BIM 模型,管线综合深化设计、空调设备、管路的设计复核等工作,主要包括提供完整的暖通管道、系统机柜等的 Revit 暖通管网模型,以及主要的平面、立面、剖面图和管道及设备明细表,以及平面视图主要尺寸标注
5	电气 BIM 工程师	具体负责对本工程给电气专业建立并运用 BIM 模型,管线综合深化设计、电气设备、线路的设计复核等工作,提供完整的电缆布线、线板、电气室设备、照明设备、桥架等的 Revit 电气信息模型,以及主要的平面、立面、剖面图和设备明细表,以及平面图主要尺寸标注
6	测量工程师	负责对所有专业整合模型的坐标校核和提取工作,把 BIM 模型用测量机器人准确反映到施工现场

8.11.3　BIM 应用过程

针对新郑国际机场二期空管塔台小区项目,由于其塔台外立面为空间异形曲面结构,平面为不规则类椭圆形状,随高度上升不断变化,所以施工放线难度非常大。运用 BIM 技术进行三维建模,确定建筑模型的三维几何尺寸和详细的三维坐标导入天宝 RTS 自动全站仪。

针对清水混凝土外壁,如图 8-11-9 所示。用 BIM 精确放样之后,根据电脑算出实际尺寸,用 RTS 自动全站仪用相对坐标在平整地面放出大样并且保证每层截面的总弧长和每个轴线的精确位置。

图 8-11-9　清水混凝土外墙(正、侧面)

为满足机电施工要求，结合本项目的实际应用情况，总结了利用测量机器人指导机电综合管线现场施工的方法。通过该项技术将设计的成果高效快速地反映到施工现场，为施工人员提供更加直观准确的施工指导，提高施工效率。现场测绘人员将施工现场的实际信息反馈给深化设计部门能够帮助优化设计。与此同时利用机器人全站仪的现场数据采集功能，能够快速采集现场施工成果（管线、支吊架等）的准确三维信息，如图 8-11-10 所示。通过分析这些数据及时调整模型达到与施工现场一致，同时也为以后的施工质量验收提供可靠的数据保障，保证工程的顺利实施。

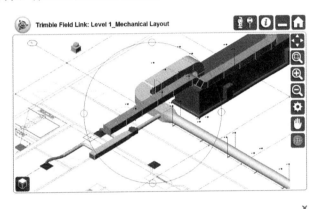

图 8-11-10　机电放样点抓取

应用流程如下：

1）首先创建任务

在 CAD 或者 BIM 模型中提取好即将放样的点，导入手簿中，打开管理工具，如图 8-11-11 所示。打开提取好的文件，如图 8-11-12 所示。

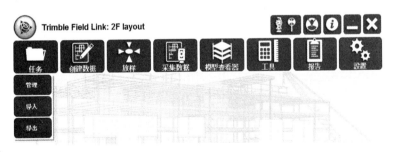

图 8-11-11　任务菜单

2）放样

对于核心筒放样，事先设置放线孔，圆弧部分工作面狭小且放点数量较多，天宝 RTS 自动全站仪架设在测控点 1、2 任意一点即可对每层工作面精确放样，如图 8-11-13 所示。放样前把 BIM 三维模型或 CAD 图纸导入测量机器人，任意设置需要放样点，克服了普通全站仪输入数据缓慢且容易出错的问题，一层 53 个放样点 2h 左右完成，效率大大提高。

仪器设置：仪器能在任意位置设置或者在一个已知位置设置，如图 8-11-13 所示。

（1）在任意位置设置仪器，选择任意位置设站。

（2）安置棱镜在第一个参考点的地理位置然后点照准。

图 8-11-12　已有的放样点文件

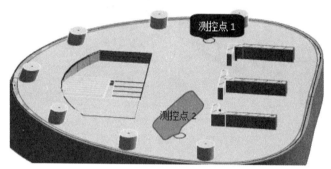

图 8-11-13　放样控制位置设置

(3) 在第二点输入或选择第二个参考点名字。

(4) 安置棱镜在第二个参考点的地理位置然后点照准。

(5) 下方指示将评估你的设站质量，如有需要将取出参考点来调整设站质量或重新照准，如图 8-11-14 所示。

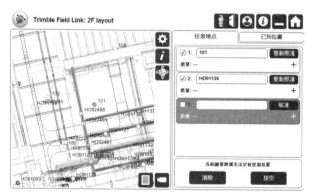

图 8-11-14　仪器设置

3）设置放样点

针对导入的点文件，选取需要放样的点，创建放样点列表，包括塔台轴线位置、圆弧边、管线布设、支吊架预埋点、机电设备安装轴线的三维坐标，如图 8-11-15 所示。

4）放样（使用棱镜）

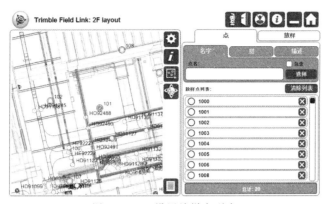

图 8-11-15 设置放样点列表

在塔台核心筒内部放轴线大样时,运用 360°棱镜解决了空间狭小放线难的问题,同时也克服了地下室管线密集定位困难的问题。

在操作过程中,需要注意:确保仪器锁定棱镜,在点列表里或者图纸中选择放样点,接下来的屏幕会指示当前位置和目标位置信息(备注:指示是需要面对仪器方向),如图 8-11-16 所示。当靠近放样点 1m 时,图纸界面自动转换到目标界面,棱镜在误差范围内,方向指示变成绿色,如图 8-11-17 所示。

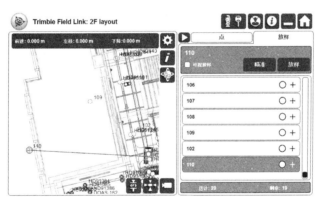

图 8-11-16 可视化放样

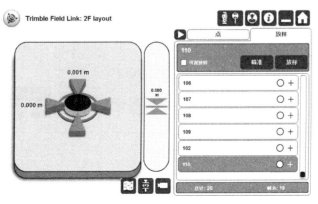

图 8-11-17 放样点位置

5）生成放样报告

每日工作可创建一个放样报告，这个报告包含相关的项目信息、使用率、生产效率和每日放样的精度信息，它被发布成 PDF 文件，如图 8-11-18 所示。

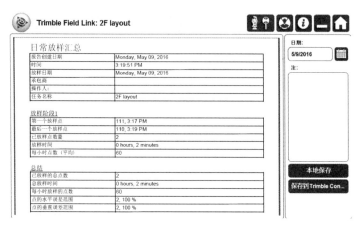

图 8-11-18　创建点文件

6）放样点误差

核心筒完成后，用 RTS 免棱镜功能对其混凝土墙壁、预留洞口和关键节点位置进行数据采集，通过现场采集点与 BIM 模型相比对，找出误差，生成误差报告，对下一层施工提出改进意见，保证交底质量。下一层施工时，测量机器人架设在施工现场，实时对模板拼装对接进行校准，保证模板横竖缝位置与 BIM 模型一致，从根源上减少了成品的误差，保证施工质量。

放样误差报告能创建单独的放样列表，这个数据直接显示了误差值（在 X、Y 和 Z）方向，如图 8-11-19 所示。

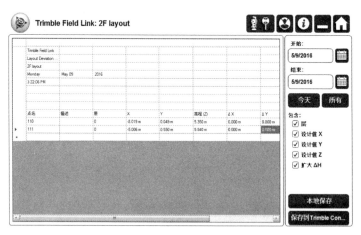

图 8-11-19　放样点误差报告

7）现场报告

现场报告用文件记录工地相关信息，报告包含了文字、图片和位置测量信息，它被发布成 PDF 文档，如图 8-11-20 所示。实际施工中，建筑结构会存在微小偏差，对于复杂管线系统来说,这些偏差恰恰是不可忽略的,如不及时将现场实际偏差反馈至 BIM 模型,而仅按照设计图纸进行建模,则可能造成综合排布在现场无法实施或标高无法满足要求。通过测量机器人对现场预留洞标高及位置、梁底标高、结构柱倾斜度情况等影响机电管线分布关键部位的监测,将实测实量数据与现有设计成果 BIM 模型数据对比,及时调整 BIM 模型中建筑结构的三维数据。

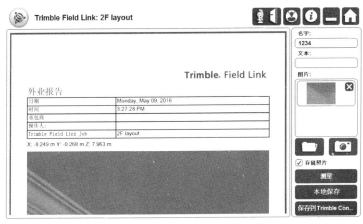

图 8-11-20 现场报告

8.11.4 BIM 应用效果

BIM 及测量机器人技术在郑州新郑国际机场二期扩建空管工程塔台小区土建及配套工程中的应用取得了可喜成果,解决了异形建筑施工难题,加快了施工进度,保证了工程质量,节约了施工成本。该工程先后获得河南省"中州杯"、"结构中州杯"、"河南省建筑业新技术应用示范工程金奖"、"河南省工程建设省级工法"、"国家级实用新型专利"、"河南省建设工程优秀 QC 小组"等多个奖项,多次受到河南省委省政府及机场二期指挥部的大力表彰,赢得了社会各界的一致好评。

1) BIM 技术为本工程解决的问题

(1) 塔台结构形式复杂,且作业面极其狭小,采用普通全站仪进行测量控制难度极大,效率极低。采用 BIM 技术结合测量机器人技术进行快速精准定位,通过三维建模,得到塔台外曲面和各节点详细三维坐标,如图 8-11-21 所示,导入测量机器人,现场可视化放样,放样效率提高 10 倍以上。

(2) 本工程各专业管道较多、错综复杂,采用 BIM 技术对管道进行提前布置及碰撞检测,生成协调数据,提供各管线支吊架详细三维坐标,导入测量机器人,现场可视化放样,避免在施工过程中浪费资源和耽误工期。

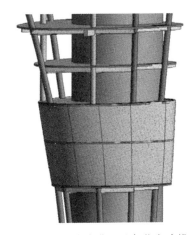

图 8-11-21 塔台曲面及各节点建模

(3) 利用测量机器人采集施工现场数据,检查墙、柱、梁的水平度、垂直度、标高,可以实现精准的现场施工验收并且更直观全面,有利于提高施工验收的质量。

2）BIM 技术为项目带来的效益

（1）采用 BIM 技术结合测量机器人测量定位，提高了测量精度及效率，较传统测量方式节约工期约 60 天，节约费用约 75.76 万元。

（2）采用 BIM 技术，对管道排布及安装进行提前布置及碰撞检测，生成协调数据，提出的问题在施工前给予解决，避免在施工过程中出现材料浪费、返工情况。共节约工期约 22 天，节约材料及人工费用约 46.6 万元。

（3）塔台外表面清水混凝土为空间异形双曲面结构，项目部采用 BIM 技术进行建模、放样及配模控制，并购入一套全自动数控机床对钢板龙骨进行加工，避免了采用传统方式造成的精度下降、材料浪费等问题。通过此项措施，节约工期约 40 天，节约费用约 68 万元。

8.12 BIM技术在商丘市第一人民医院儿科医技培训中心综合楼项目中的应用案例

8.12.1 项目概述

1) 工程简介

商丘市第一人民医院儿科医技培训中心综合楼项目位于河南省商丘市睢阳区凯旋路292号,东临凯旋路,南临北海路,是一个集儿科、医技门诊和全科医生培训为一体的现代化医疗综合楼。该工程延续了始建于1912年加拿大圣公会创办的圣保罗医院建筑的特点,又具有现代化的结构与特性。建成之后该医院将成为豫东地区具有广泛代表性的现代化三级甲等综合医院,如图8-12-1所示。

图8-12-1 商丘市第一人民医院儿科医技培训中心综合楼鸟瞰图

该项目由商丘市第一人民医院投资建设。工期要求：2014年3月27日到2016年11月4日,总工期960天。质量目标为"争创鲁班奖"。项目总建筑面积75455m^2（不含设备层）,其中地上60231m^2,地下15224m^2,建筑总高度74.450m,主楼17层,裙楼5层,地下2层,结构类型为框架剪力墙,设计床位600张,如图8-12-2所示。

图8-12-2 商丘市第一人民医院儿科医技培训中心综合楼三维模型

其中机电专业系统主要包括：给排水、通风、空调水、消防等系统，如图 8-12-3 所示。

2）项目重难点分析

通过对本工程机电专业图纸与现场的实际情况进行分析，总结概括为以下 6 个方面：

(1) 工程量大，性能要求高：机电工程造价 8131 万元，安装工程量大、不同专业之间管线交叉严重，如果翻弯过多，势必会影响到管线的各项性能指标，同时也增加施工难度和施工成本，并且管线设备的空间占位要求高，施工过程中协调难度大。采用传统的施工方法无法实现安装一次成优。

图 8-12-3 机电专业综合模型效果图

(2) 劳务作业交叉多，交底困难：由于本工程涉及专业多，管线复杂，机电安装专业施工队伍 7 支、高峰期工人 260 名，交叉作业多，对工程施工班组工人提出了很高要求。如果依旧采用传统的交底方式，将会加大施工工人对系统工艺及管线布置理解的难度。

(3) 进度控制难度大：多专业交叉施工沟通难度大；复杂综合管线排布不合理，施工次序不规范，极易影响施工进度。

(4) 材料种类多，管理难度大：机电安装涉及的材料种类极多，管线的综合排布难度会增加材料计划的误差，导致材料的浪费；另一方面，现场进行预制、加工的样板不准确，容易出现边角料过多等浪费现象。

(5) 协同管理难度大：机电安装涉及专业多，各专业之间的工程质量、安全、资金、进度等方面的协同管理难度大，传统协同管理方法难以保证工程的顺利进展。

(6) 工期紧，任务重：本项目总工期 960 日历天，建设方要求紧，社会期望度高，阶段时间内资源投入大，资金实现有效调配困难大。

8.12.2 BIM 应用策划

1）BIM 应用目标

(1) 实现 BIM 技术在项目管理、工程施工、技术创新等方面的应用。

为了积累 BIM 融入机电专业承包管理模式中的相关经验，公司将本工程立项为公司 BIM 示范项目，探索 BIM 在深化设计、施工技术应用、日常质量安全管理、进度管理、材料及成本管理等方面的协调应用，将 BIM 融入到项目管理制度中，从框架上确定 BIM 的作用，最终形成一系列 BIM 流程、工作方式。希望 BIM 技术在该工程运用的案例能够以点带面，把 BIM 技术应用于工程的日常管理工作中，实现集团公司未来 BIM 技术施工的普及化，提升公司的新技术、新工艺创新能力，增强企业的竞争力，为企业带来一定的社会、经济效益。

(2) 项目以 BIM 技术为核心，取得工期缩短、成本减少、施工效率提高等成果。

应用 BIM 技术的可视化、信息数字化等特点，同时尝试将 BIM 融入项目管理的各流程与框架中，提高项目人员的管理水平、保障工程的质量与保证安全生产工作效率，并利用 BIM 技术的优势减少返工及材料浪费，保证工期，节约成本，为项目创造价值。

(3) 培养一批优秀的 BIM 技术专业人才,为将来 BIM 技术的普及奠定良好的基础。

本工程立项为公司 BIM 示范项目,BIM 技术相关人员均是通过培训、实际操作演练等考核合格的优秀人才,他们将从 BIM 建模、BIM 应用、BIM 管控等全过程参与本项目 BIM 技术的应用,以便能够成为有技术、有经验的 BIM 技术专业人才。

2) BIM 的应用点

根据集团公司 BIM 应用目标要求和项目重点难点,确定如下的 BIM 应用点:

(1) 深化设计:根据设计图纸及企业族库进行 BIM 建模,并进行碰撞检查,生成问题报告。根据问题报告进行图纸会审,解决各专业问题,确定深化设计方案,建立深化后的 BIM 模型。

(2) 技术应用:利用深化后的模型,通过净空分析进行管线综合排布,并进一步进行净空优化,根据最终综合管线排布方案制定综合支吊架样式并进行预制加工,同时利用 BIM 模型及相关数据进行系统调试。

(3) 生产应用:根据最终建立的 BIM 模型,项目部制定可视化的技术方案,采用全新的三维交底,利用 BIM 模型进行现场检查对照,并采集设备参数传至云端实现移动端查看,制定标准化施工对质量安全管理、进度跟踪等过程加以控制,对各项信息和数据进行监督和管理。

(4) 商务应用:根据最终建立的 BIM 模型,项目部能够制定详细准确的材料计划与施工进度计划,并利用 BIM5D 软件实现可视化的控制,实现材料管理上的合理利用与节约,成本管理上资金的合理分配以及造价上的节省。

3) BIM 应用软件介绍

结合项目重难点、BIM 应用目标和实施范围,本项目确定使用 Revit、MagiCAD、Navisworks、Fuzor、广联达 BIM5D 等多种 BIM 软件开展 BIM 实施工作,并在实施的过程中结合应用对软件的有效性进行评估,如表 8-12-1 所示。

BIM 应用软件分析 表 8-12-1

软件	软件在工程中完成的工作	软件在工程中最有效的功能
Revit	1. 土建专业建模; 2. 创建本项目自定义族库; 3. 完成本项目建筑和结构模型校核	1. 强大的参数化设计支撑 BIM 设计; 2. 丰富的族及自定义族,为建模带来极大便利; 3. 强大的材质及渲染功能,让模型更趋于真实; 4. 良好的兼容性及丰富的数据接口
MagiCAD	1. 机电各专业建模; 2. 定制设备模型; 3. 各专业碰撞检测; 4. 错、漏、碰、缺的调整及综合管线优化排布; 5. 标准 IFC 接口模型及数据导出; 6. 机电深化设计	1. 风、水、电各系统全功能建模; 2. 丰富的 BIM 机电设备模型库,设备库用户扩充及设备定制; 3. 碰撞检测和编辑调整; 4. 良好的兼容性及丰富的数据接口
Navisworks	1. 完成建筑、结构、机电模型整合; 2. 进行全专业碰撞检查; 3. 完成专业应用中工艺模拟等相关工作	1. 良好的兼容性,可对接多软件创建的模型; 2. 强大的渲染和模拟功能,为可视化指导施工创造了条件; 3. 将工艺模拟用常用的视频格式导出
Fuzor	1. 对个专业模型检视、检查; 2. 弥补 Navisworks 软件漫游操作复杂的问题	1. 与 Revit 软件无缝对接,可实现同步数据传输; 2. 操作简单易学,界面友好; 3. 目视范围内的构件检查

续表

软件	软件在工程中完成的工作	软件在工程中最有效的功能
广联达 BIM5D	1. 各专业模型集成； 2. 模型划分工作面； 3. 模型与清单、进度、合同、图纸等属性的关联； 4. 为分包报量提供模型数据参考； 5. 完成专业应用中进度模拟、工程模型生长模拟等相关工作	1. 可集成不同格式的模型文件，实现全专业模型浏览； 2. 可分层、分专业、分部位、分切面浏览模型及相关属性； 3. 模型加载速度快，浏览效率高； 4. 可以快速对比计算出变更工程量，减少人工分析工作； 5. 提供清单工程量、构件工程量和分包工程量，可以为分包报量审核与材料计划提供参考数据

4）BIM 组织介绍

本工程根据 BIM 实施的要求，组织公司 BIM 中心人员、项目人员共同组成 BIM 团队，由软件公司技术人员提供技术支持，如图 8-12-4、表 8-12-2 所示。

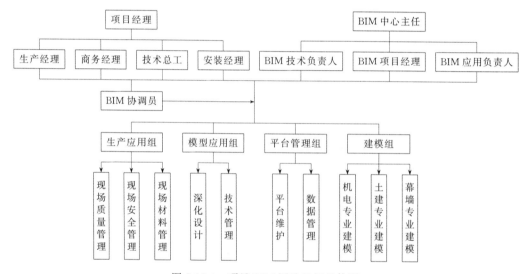

图 8-12-4 项目 BIM 团队组织机构图

各岗位职责　　　　　表 8-12-2

职务	姓名	职责	BIM 能力
项目经理	常传立	整体协调及生产管理	基本应用
生产经理	刘启山	现场生产应用	基本应用
商务经理	白国灿	负责进度成本的控制	基本应用
技术总工	李广	现场技术管理及模型管理	基本应用
安装经理	李剑超	负责机电等安装工程	精通
BIM 协调员	马宏广	结合现场与团队进行沟通、协作	熟练运用
BIM 中心主任	刘振东	BIM 应用整体策划	基本应用
BIM 技术负责人	朱宏峰	BIM 建模及模型管理	精通
BIM 经理	刘连杰	本项目 BIM 实施管理	熟练运用
BIM 应用负责人	刘军文	模型的现场应用	精通

8.12.3 BIM 应用过程

1）BIM 实施标准制定

本工程项目部在该工程前期依据企业级规范制订了《BIM 实施方案》，对本工程 BIM 技术的应用做了详细的策划，如图 8-12-5、图 8-12-6 所示。

图 8-12-5 企业级《BIM 实施规范》

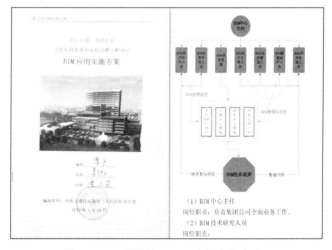

图 8-12-6 项目级《BIM 应用实施方案》

制定了完整的 BIM 工作流程，如图 8-12-7 所示。在建模时，统一建模标准，建模组成员依据建模标准提交模型，技术人员通过模型对施工图进行深化，将修改完善的工程模型，用于技术、生产和商务管理，做到策划严密、模型精确、过程细致、应用落地。

2）深化设计

（1）制定深化设计流程图

根据商丘第一人民医院儿科医技培训中心工程前期发布的《BIM 应用实施方案》要求，制定了深化设计流程图，如图 8-12-8 所示。

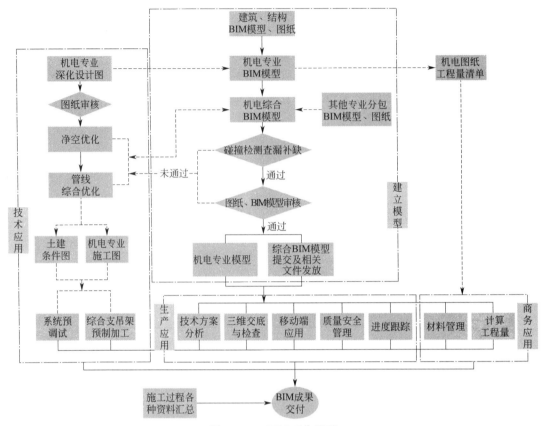

图 8-12-7 BIM 工作流程

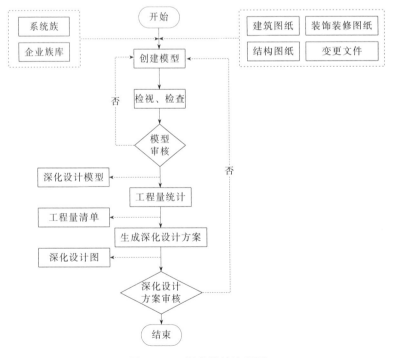

图 8-12-8 深化设计流程图

（2）建立模型

工程开工前期，项目 BIM 团队依据施工图纸与《BIM 应用实施方案》中的流程图，运用 Autodesk Revit、MagiCAD 等软件建立了土建、机电等专业模型，从施工全过程对机电安装进行控制，并利用 Autodesk Navisworks、fuzor 等软件进行三维模拟漫游检视、检查，对项目信息数据加以有效的监督和管理，准确还原设计意图，如图 8-12-9～图 8-12-12 所示。

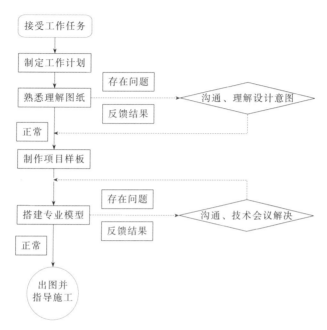

图 8-12-9　建立模型流程图

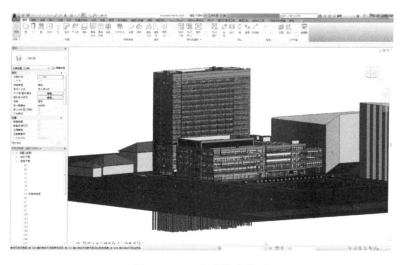

图 8-12-10　土建综合模型

（3）碰撞检查

将各专业模型整合后，在 MagiCAD、Navisworks 等软件中进行软硬碰撞检查，找出

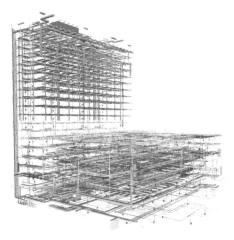

图 8-12-11 机电专业模型

图 8-12-12 Fuzor 检视、检查

碰撞点进行分析归类,找出重大碰撞点 235 条,并结合现场施工提出详细的优化建议,如图 8-12-13～图 8-12-16 所示。

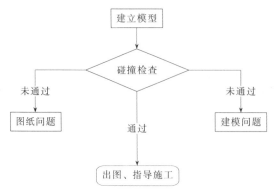

图 8-12-13 碰撞检查流程图

图 8-12-14 碰撞点检查 1

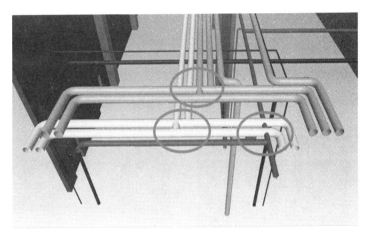

图 8-12-15 碰撞点检查 2

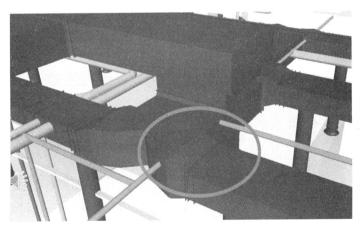

图 8-12-16 碰撞点检查 3

（4）问题报告及图纸会审

建模过程中，记录各专业图纸问题，形成图纸问题清单，如图 8-12-17～图 8-12-19 所示。模型建立完成后，利用 MagiCAD、Navisworks 等软件进行碰撞检查，找出冲突点，并形成碰撞报告和净空分析报告，针对每一个问题提出初步调整意见，供业主和设计方参考，如图 8-12-20～图 8-12-22 所示。

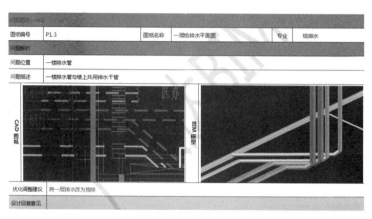

图 8-12-17　图纸问题清单 1

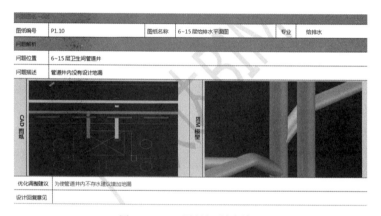

图 8-12-18　图纸问题清单 2

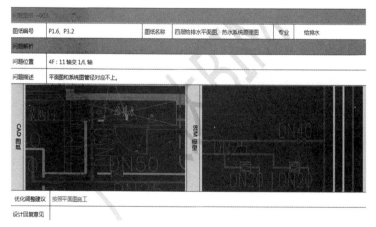

图 8-12-19　图纸问题清单 3

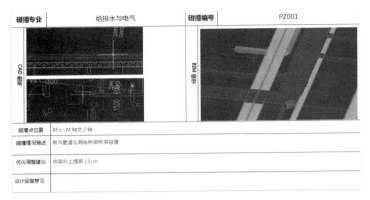

图 8-12-20　碰撞报告 1

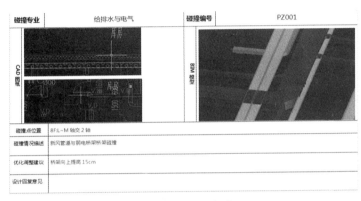

图 8-12-21　碰撞报告 2

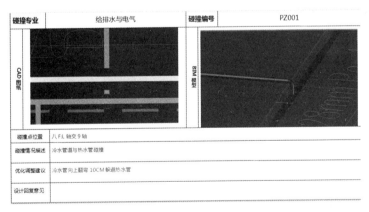

图 8-12-22　碰撞报告 3

由甲方组织设计方、施工方等进行图纸会审，针对报告中的问题，利用三维模型进行沟通交流，如图 8-12-23 所示。确定修改方案，最终形成修改意见书，如图 8-12-24～图 8-12-27 所示。解决了传统图纸会审沟通效率低的问题，保证了工程参建各方沟通的高效性，比传统会审时间节约 50%。各专业整合模型，如图 8-12-28 所示。

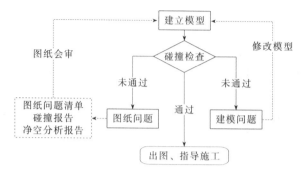

图 8-12-23 问题报告流程图

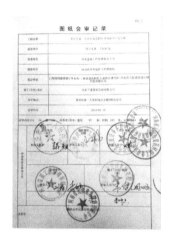

图 8-12-24 图纸会审记录 1

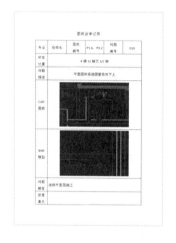

图 8-12-25 图纸会审记录 2

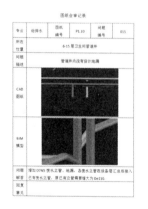

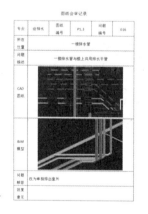

图 8-12-26 图纸会审记录 3　　图 8-12-27 图纸会审记录 4

3）技术应用

利用深化后的模型，项目部对管线综合排布、净空优化、系统预调试、综合支吊架预制加工等施工过程加以控制，对各项信息和数据进行监督和管理。

(1) 管线综合排布优化

商丘第一人民医院儿科医技培训中心工程内部空调、给排水、电气、医用气体等专业多，管线复杂，相互之间交叉多，如何合理科学地布置管线，既能避免相互冲突、返工，

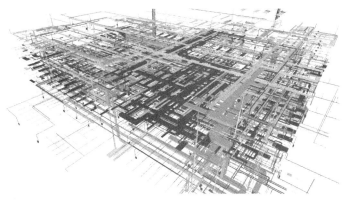

图 8-12-28　各专业整合模型

又能够保证楼层空间，仅靠传统的平面图在现场排布摸索施工是很难保证的。因此，项目部依据经各方充分探讨审核过的图纸会审记录文件，结合各安装方案，尤其是针对地下室机房、楼层走道吊顶等关键部位，利用 MagiCAD、Navisworks 等软件多视角解决管材部件的错漏碰、安装尺寸、连接方式、限高、作业面工序不合理等问题，进行管线的综合优化提升合理性及空间价值。得到最终无碰撞和净空满足使用要求的 BIM 模型，为后期 BIM 模型应用和施工管理提供准确的数据支撑，如图 8-12-29～图 8-12-36 所示。

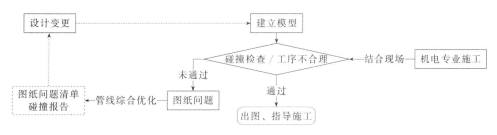

图 8-12-29　管线综合优化流程图

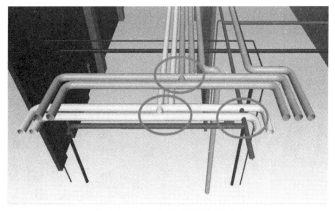

图 8-12-30　优化前的碰撞点 1

（2）净空优化

根据管线综合优化后的 BIM 模型，会同业主、监理单位和各安装专业单位进行管线的最终排布，确定标高，对走廊等净空利用率低的公共区域进行净空优化。例如：标准层

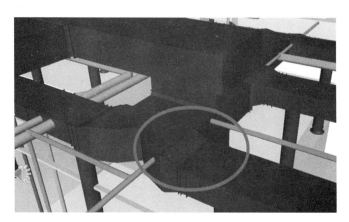

图 8-12-31 优化前的碰撞点 2

图 8-12-32 优化后无碰撞点 1

图 8-12-33 优化后无碰撞点 2

医患共用走廊内桥架、风管、喷淋、空调水管、给排水等管线比较集中、净空较低，利用 BIM 模型进行管线综合优化后，管线净空提高了约 10～15cm，提高了本工程的空间利用率，如图 8-12-37～图 8-12-39 所示。

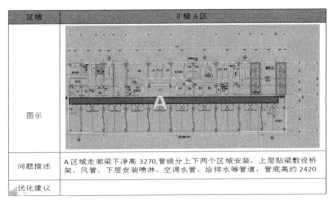

图 8-12-34　优化后模型的净空分析 1

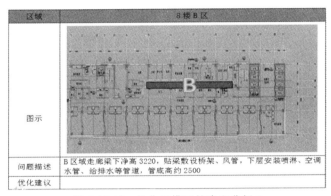

图 8-12-35　优化后模型的净空分析 2

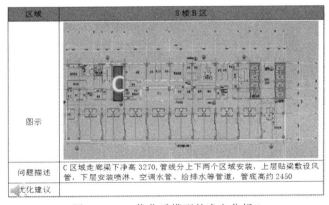

图 8-12-36　优化后模型的净空分析 3

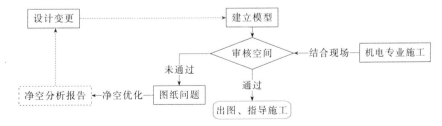

图 8-12-37　净空优化流程图

图 8-12-38 优化前模型局部漫游图

图 8-12-39 优化后模型局部漫游图

（3）综合支吊架预制加工

依据 BIM 模型，项目部协同各安装专业召开碰头会，确定综合支吊架样式，利用 MagiCAD 软件在 BIM 模型中加设综合支吊架，选取代表性位置进行剖面截图，并进行预制加工，节省人工，减少了材料的浪费，如图 8-12-40～图 8-12-44 所示。

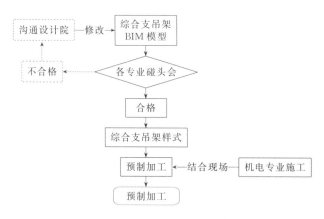

图 8-12-40 综合支吊架预制加工流程图

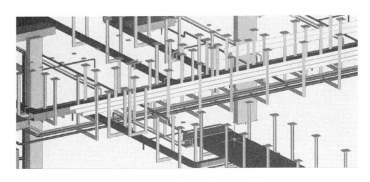

图 8-12-41 综合支吊架 BIM 模型

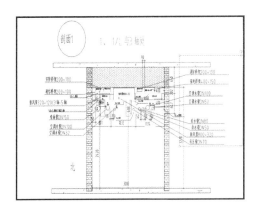

图 8-12-42 综合支吊架剖面详图

图 8-12-43 综合支吊架预制

图 8-12-44 综合支吊架预管线安装完毕

(4) 系统预调试

本工程应用 BIM 模型，依据系统调试流程图，在 MagiCAD 软件中对各专业系统进行数据模拟调试，以保证安装后的系统满足设计要求，减少了现场可能存在的返工，节省了工期和成本，如图 8-12-45～图 8-12-49 所示。

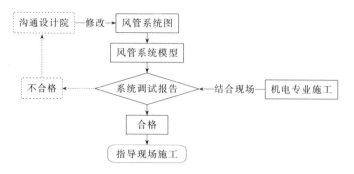

图 8-12-45 系统调试流程图

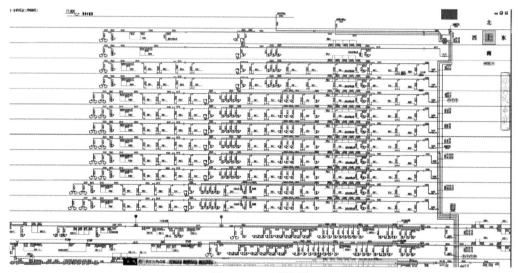

图 8-12-46 系统图

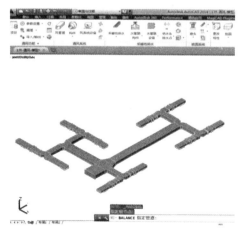

图 8-12-47 BIM 模型

图 8-12-48 调试报告

4）生产应用

生产应用方面，结合项目实际难点，利用深化后的模型，项目部从技术方案分析、三维交底与检查、移动端应用、质量安全管理、进度跟踪等方面进行了探索。

图 8-12-49 预调试合格现场施工完毕

(1) 技术方案分析

本工程地下二层泵房内设备较多、管线复杂，项目部技术人员综合各专业模型，对复杂安装部位施工工艺进行比选，选取最优安装方案，改善了传统施工中交叉作业多，避免了经常停工、返工，保证了施工的顺利进行，如图 8-12-50、图 8-12-51 所示。

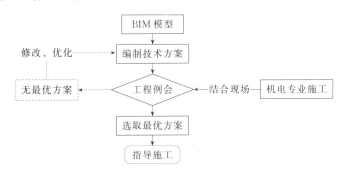

图 8-12-50 技术方案分析流程图

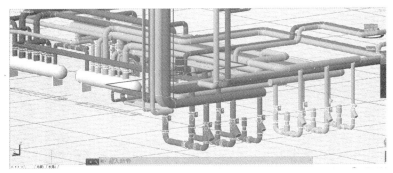

图 8-12-51 泵房设备模型

(2) 三维交底与检查

技术负责人利用三维动画向现场管理人员和施工人员进行施工要点的讲解，并编制技术交底资料，向作业人员进行三维交底。现场施工完毕后，质检员依据 BIM 模型进行现场质量检查，确保施工质量一次成优，如图 8-12-52～图 8-12-55 所示。例如，在地下室空调机房施工中,采用优化好的BIM模型对施工班组进行了详细的3D交底,确保施工人员对现场管线布置的充分理解,保证了施工质量优良无返工。

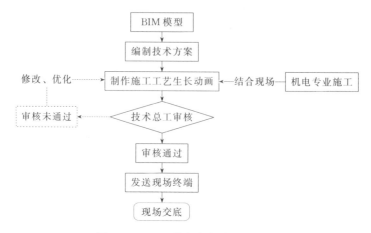

图 8-12-52　三维交底与检查流程图

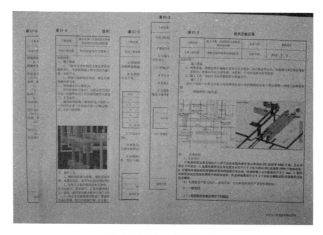

图 8-12-53　交底资料

图 8-12-54　现场技术交底

图 8-12-55　现场检查

(3) 移动端应用

利用手机、ipad 现场查看施工图纸以及各构建信息，施工现场运用二维码进行管理，移动端扫描二维码即可显示出构件的详细参数及施工信息，便于现场的施工及检查、验收，如图 8-12-56～图 8-12-58 所示。

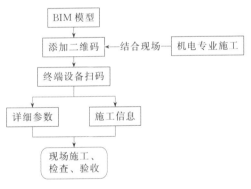

图 8-12-56　移动端应用流程图

图 8-12-57　构件二维码　　　　图 8-12-58　二维码查看的详细信息

（4）质量安全管理

项目部利用BIM5D平台对施工现场发现的质量、安全问题进行跟踪，将现场采集的照片上传至BIM5D，关联模型进行直接定位，并指定人员整改，通过客户端对整改情况进行检查，实现了质量、安全问题全员参与、协同解决，如图8-12-59所示。

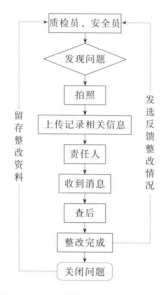

图 8-12-59 质量安全云管理流程图

（5）进度跟踪

项目运用施工模拟技术，比较计划进度与实际进度的时间差，工期滞后时，系统自动预警，管理人员实时分析施工过程中存在的问题，找出影响施工进度的原因，对进度计划进行调整，实现工程项目的动态管理，如图8-12-60、图8-12-61所示。

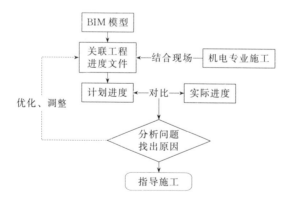

图 8-12-60 进度跟踪流程图

5）商务应用

利用深化后的模型，项目部将BIM技术应用于材料及成本管理，进行了积极探索。

（1）材料管理

造价人员从BIM模型中提取工程量清单，制定材料计划，避免了材料采购不足或一次采购过多造成积存。材料管理人员运用BIM5D软件生成领料单，对施工队伍限额发

图 8-12-61　计划与实际时间对比图

料，有效地避免了材料浪费。经测算，比传统管理方法节省材料约 23 万元。材料管理人员依据 BIM 模型对施工队伍进行限额领料、发料，依据 BIM 模型对施工队伍进行过程结算，有效地避免了结算过程中经常出现的纠纷，如图 8-12-62 所示。

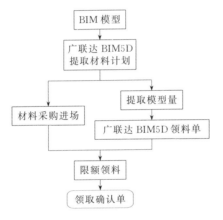

图 8-12-62　材料管理流程图

（2）计算工程量

造价人员把 MagiCAD 模型导入广联达 GQI 软件进行算量，运用广联达计价软件套价，快速计算工程造价，解决预算人员工程量计算繁琐，工作量大等难题，如图 8-12-63 所示。

图 8-12-63　计算工程量流程图

（3）统筹项目资金调配

流动资金是企业的"血液"，管好用活工程项目的流动资金，加快流动资金周转，对提高企业经济效益至关重要。项目部根据 BIM5D 生成的项目进度资金曲线，进行统筹的资金调配，合理制定资金使用计划，保证了流动资金的使用效率，如图 8-12-64～图 8-12-66 所示。

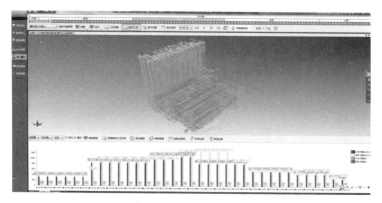

图 8-12-64 资源需求值

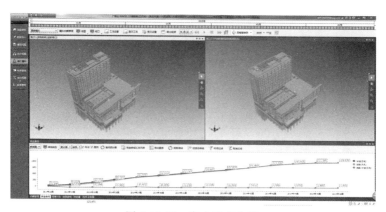

图 8-12-65 资金需求曲线

图 8-12-66 资金调配申请表

8.12.4 BIM 应用效果

通过项目施工阶段一系列 BIM 技术的探索，企业实现了将 BIM 技术应用于项目管理、工程施工、技术创新等方面,并取得了显著效果,完成项目前期制定的工期缩短、成本减少、施工效率提高等目标,同时提升了项目人员的管理水平,培养了一批优秀的BIM技术专业人才。进一步带动集团公司重点工程施工阶段BIM技术的应用,为集团公司BIM技术全面普及铺平了道路。

1) 企业 BIM 技术应用成果

通过本次试点项目,企业内部制定了《BIM实施规范》,创建了BIM管理中心,并构建了企业 BIM 组织机构。搜集到了大量的 BIM 族库数据,为将来 BIM 技术应用提供了参考与便利,也使得企业在项目管理、工程施工、技术创新等方面有了一个全新的思路,大大增强了企业的竞争力。

2) 项目 BIM 应用效益分析

(1) 将 BIM 模型、施工模拟动画应用到图纸会审、进度等各种例会中,利于更直接形象地发现问题、解决问题。

(2) 通过 BIM 模型与实体对比,现场无纸化办公、云端传输等手段加快了现场查阅图纸与施工的效率,显著提高了管理水平,节省了沟通成本。

(3) 本项目通过比较分析计划时间与实际发生时间,实时动态管理建设工程过程并发现问题;利用 BIM 进度模拟对实际施工时间与计划施工时间的偏差进行预警,在第一时间找出建设工程中发生施工进度延迟的原因并进行改进。

(4) 通过运用 BIM 三维模型,技术人员可直观地进行管线优化排布。施工前期发现图纸问题,模拟施工过程,对施工中存在的难点进行分析,避免了施工中的问题整改,从而提高了施工效率与准确率,有效减少返工率约 65%,节省工期 48 天,比传统施工节省约 5%。

(5) 本工程施工中,材料管理人员依据 BIM 模型对施工队伍进行材料的领料、发料,周转材料使用率提高 18.3%。项目部依据 BIM 模型对施工队伍进行过程结算,保证了领料、发料工作的准确性,极大地避免了材料的浪费,节约材料费 124 万元。

(6) BIM 技术应用过程中,安排相关人员对施工过程进行了数据采集,通过与以往类似传统施工项目进行数据对比,发现本工程在进度管理、材料节约、综合工日、周转材料使用率、返工率等方面都有明显改善,综合效益有了很大提升,如图 8-12-67 所示。

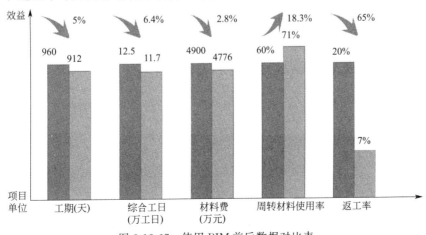

图 8-12-67 使用 BIM 前后数据对比表

（7）项目部利用广联达 BIM5D 进行模拟施工，动态地模拟施工进度，依据进度和成本造价的计划及软件生成的周计划资源控制图、资金消耗累计控制图、资金周消耗控制图，对下一步工作提前做出响应，确保实现以"进度控制"、"投资控制"、"质量控制"、"合同管理"、"资源管理"为目标的数字化三控两管项目总控系统，如图 8-12-68～图 8-12-71 所示。

图 8-12-68 施工模拟图

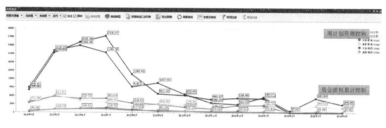

图 8-12-69 周计划资源控制图

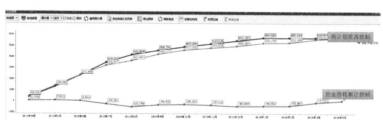

图 8-12-70 资金消耗累计控制图

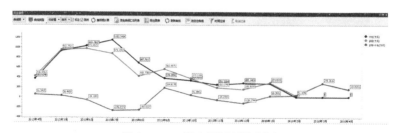

图 8-12-71 资金周消耗控制图

3）人员 BIM 技术提升

通过本次试点项目，公司培养了一批有技术、有经验的 BIM 技术专业人才，他们在 BIM 建模、BIM5D 模型、BIM 技术应用上的能力得到了显著提升，为公司实现 BIM 技术普及化奠定了扎实的基础，并逐步实现集团公司试点应用、重点应用及推广应用三步走战略的发展规划。

4）BIM 应用取得的荣誉

通过 BIM 技术与施工管理的配合，本项目先后取得了"河南省结构中州杯"、"全国绿色施工示范工程"、"国家级 QC 小组一等奖"等奖项，在质量、技术、安全、文明施工等各方面取得了巨大收获，如图 8-12-72 所示。

图 8-12-72　各类奖项

8.13 BIM 技术在景观桥工程中的应用

8.13.1 项目概述

1) 工程简介

(1) 潮晟路跨潮河桥工程

潮晟路跨潮河桥又称潮晟路蝶湖大桥,该项目位于郑州市滨河国际新城蝶湖环线上。本桥采用独塔斜拉桥,桥梁全长 225m,孔跨布置为 90+105+30=225m。桥梁全宽为 32m。支撑体系采用塔梁墩固结体系。主塔柱最高为 56m,采用全焊钢箱塔结构,立面采用"圆环形"造型设计,外圈圆弧半径为 28m,内圈圆弧半径为 24m,截面采用变高度箱型截面。

本桥是郑州都市区九大区域性新区的重要交通通道,为打造集总部经济、高档商贸、生态休闲、旅游体验为一体的核心生活区,建成后将是郑州市的地标性建筑,工程效果及 BIM 模型如图 8-13-1、图 8-13-2 所示。

图 8-13-1 潮晟路跨潮河桥工程效果图

图 8-13-2 潮晟路跨潮河桥 BIM 模型图

(2) 经南八路潮河大桥工程

经南八路潮河桥设计为三塔地锚式悬索桥,全桥长 400m,全宽 45m,下部结构包括群桩基础、整体式承台、墩塔及锚碇部分,上部结构为钢箱梁,塔柱纵向采用"鱼腹"形设计,上塔柱镂空处斜向布置 18 束预应力钢管。

本桥是郑州市区第一座受力悬索桥，悬索桥曲线圆滑，外形优美，是进入滨河国际新城的一座景观通道，建成后将是郑州市的地标性桥梁建筑。该桥位于经南八路上，跨越潮河，是整个道路全线贯通的控制性工程，也是滨河国际新城的交通与景观节点。工程效果及 BIM 模型如图 8-13-3、图 8-13-4 所示。

图 8-13-3 经南八路潮河大桥效果图

图 8-13-4 经南八路潮河大桥 BIM 模型图

2）项目施工重难点分析

（1）施工场地布置难度大

在城市桥梁工程中，施工场地的布置与规划是一个重要环节。除了需要对钢筋加工场、预制梁场、混凝土搅拌站、生活区及办公区的布置外，还要考虑大型机械站位布置、材料堆积区及施工便道的布置等因素。两座桥均属于郑州新区的重要交通通道，场地布置的合理性直接影响着整个施工过程的顺利与否，因此，施工现场场地如何进行合理布置与规划为一大难点。

（2）设计钢结构分段不满足施工要求

潮晟路跨潮河桥采用超宽钢箱梁结构设计，主墩设计为直径 56m 的不规则圆环钢塔。原设计图纸中关于超宽钢箱梁的节段划分与现场不符，无法满足现场施工要求，需要对钢箱梁节段进行重新划分。钢箱梁结构原设计如图 8-13-5 所示。

（3）异形构件施工难度大

相较于常规构件，异形构件在测量定位、钢筋配筋、工程量统计等方面都有极大的

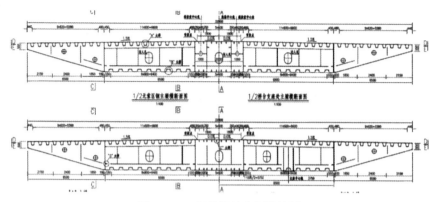

图 8-13-5 钢箱梁结构原设计图

难度。

① 对于圆环钢塔和三塔地锚式悬索桥结构复杂,根据以往施工经验不可预知因素太多。

② 圆环钢塔、"鱼腹"形塔柱钢筋布置较密、不规则,各部件间距紧张,施工难度较大。

③ 钢塔及塔柱节段划分较大,测量放样计算困难。线性变化较多,对模板加工有很高要求。

④ 常规计算方法难以对异形构件进行精确的工程量计算,工程量计算存在一定难度。

（4）技术交底困难

因圆环钢塔、"鱼腹"形塔柱均为异形构件,施工中如果对图纸理解有误、采用施工方法不当及施工工艺流程不合理等均会对整个桥梁受力体系、结构安全及工程质量带来很大影响。而传统二维图纸及文字技术交底难以清晰地表达异形构件的施工工艺,无法深刻领会设计意图。

8.13.2 BIM 技术应用策划

因城市桥梁方面运用 BIM 技术案例极少,开展该方面的 BIM 技术具有很大的意义。为此,项目部与 BIM 工作室积极开展科研课题,对潮晟路跨潮河桥及经南八路潮河大桥工程进行了 BIM 技术应用策划,主要致力于解决上述工程难点,并在公司内部推广 BIM 技术。

1) BIM 技术应用目标

对异形构件进行配筋并检测钢筋碰撞等,对施工流程进行三维动画模拟,使用三维动画辅助传统二维图纸及文字进行技术交底。希望通过 BIM 技术的可模拟性来提高施工装配工艺流程的合理性,降低施工失误或返工,提高施工效率等。

（1）提高现场布置的合理性,减少二次搬运。施工前,结合两个桥的平面布置图及施工现状,利用 BIM 建模功能对景观桥的项目驻地、钢筋加工场等重要的生产、生活区进行快速化三维建模。依据三维模型可以快速查看到场地布置的不合理或者错误之处,减少施工过程中的一些不必要的冲突,减少因二次搬运而造成的损失。

（2）深化设计图纸,提出合理化建议。根据施工图,利用 Revit 功能,对两个桥主体进行建模,形成效果图,将原设计图纸中一些不合理部分找出来,并对某个特定的局部进行修改，实时与修改前的设计进行分析比较，并提出合理化建议。

（3）设计碰撞检查，减少施工返修。模型创建完成后、工程施工之前，将两个桥体主要、关键、复杂部位等进行细致划分，利用碰撞检查工具（Naviswork）进行碰撞检查分析，形成碰撞检查报告。根据检查报告，逐项反馈到设计图纸中，对原设计进行修改，并优化施工总部署，从而避免出现如管线之间、预埋件与主体结构之间的碰撞，防止出现返修现象，整体上提高建筑施工效率，达到降本增效的效果。

（4）精确算量，节约时间。该项目异形构件材料种类繁多，数量庞大，通过常规算量较为困难。利用 Revit 软件中明细表/数量功能，生成材料用量明细表，进而实现工程量的精确化统计，并节约大量时间。

（5）方案优化，实现实际可行。将 BIM 模型导入 Navisworks 软件中，根据不同施工方案完善施工动画，通过动画形式对比施工方案，发现冲突与不足之处，不断进行优化和改进，达到方案合理可行。

（6）施工模拟动画技术交底，形象生动。用形象逼真的 BIM 模型施工模拟动画代替传统枯燥单调的文字描述进行技术交底，使施工人员能够充分了解景观桥施工工艺流程、施工要点及设计意图。

2) BIM 技术应用简介

为满足 BIM 应用目标，项目选择的 BIM 应用点主要包括以下几项：

（1）对项目施工现场及项目临建进行模拟，以达到快速临建的目的；

（2）结合 BIM 三维模型及设计图纸，对工程钢结构及异形构件钢模板进行设计优化；

（3）利用 BIM 碰撞检查功能对钢筋及其他构件进行碰撞检查；

（4）在三维模型中提取异形构件三维坐标、体积，进行精确测量放样，并根据最终方案制作施工模拟动画，进行方案优化、技术交底，以此达到辅助现场施工的目的。

3) BIM 应用软件

综合潮河大桥及跨潮河桥项目应用目标和实施范围，该项目在策划阶段确定使用的软件包括 AutoCAD、Revit、Solidworks、Tekla Structure、Sony vegas 等多种软件开展 BIM 应用工作。BIM 工作室针对上述软件，对项目技术人员开展软件培训。潮河大桥及跨潮河桥应用的主要软件特性如表 8-13-1 所示。

项目应用软件特性表 表 8-13-1

软件名称	软件在本工程应用	软件在本工程有效功能
AutoCAD	导出图纸，深度优化	二维 CAD 图纸编辑及查看等
Revit	结构建模，创建本工程自定义族库，完成数据处理	丰富的族库可进行参数化设计，模型制作，强大材质及模型渲染，碰撞检查等
Solidworks	模板设计、优化	曲线建模、草图设计
Navisworks	模型的集成，进行碰撞检查，施工模拟，动画制作	良好兼容性，整合多软件创建模型，强大模拟功能等
Tekla Structure	钢箱梁结构构件深化设计	钢结构构件建模，可添加多种属性，钢结构深化设计详图设计等
Sony vegas	后期视频剪辑与制作	视频编辑，特效处理，添加字幕，音频处理以及视频文件的输出等

项目实施过程中，所用核心软件 Revit、Navisworks 的使用界面如图 8-13-6、图 8-13-

7 所示。

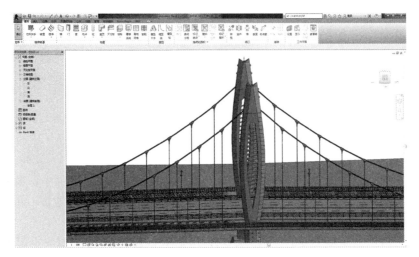

图 8-13-6　Revit 使用界面图

图 8-13-7　Navisworks 使用界面图

4）BIM 组织介绍

BIM 组织主要由 BIM 工作室成员、项目工程技术人员、公司顾问等联合组成。BIM 工作室选派 BIM 技术人员参与项目 BIM 应用，并对项目人员提供 BIM 技术培训，辅助其完成主体项目 BIM 模型。项目主要技术人员在项目运营过程中负责修改、完善 BIM 模型，将 BIM 技术实际运用到现场生产中。由中国建筑第七工程局交通公司主要技术负责人等组成 BIM 策划核心，提供 BIM 策划、方案论证等技术支持。本工程中 BIM 团队任务分工如表 8-13-2 所示。

BIM 团队组织分工表　　　　　　　　　表 8-13-2

团队职务	人数	主要职责
BIM 项目经理	1 人/项目	参与本项目 BIM 决策，制定工作计划，建立并管理项目 BIM 团队

续表

团队职务	人数	主要职责
BIM 工程师	1人/项目	负责创建本项目BIM模型,基于BIM模型创建二维视图,添加指定的BIM信息
BIM 技术支持人员	1人/项目	负责组织本项目BIM应用流程、制度及规范等编制
BIM 制图员	3人/项目	协助项目负责人、BIM工程师完成从方案到施工图阶段的绘图工作
BIM 数据维护员	1人/项目	负责收集、整理各部门、本项目BIM的构件资源数据及模型、图纸、文档等项目交付数据
BIM 系统管理员	1人/项目	负责BIM应用系统、数据协同及存储系统、BIM相关资料整理及日常维护、备份等工作

8.13.3 BIM 技术在施工中的应用

在潮晟路跨潮河桥、经南八路潮河桥项目的 BIM 应用中,项目部通过使用 BIM 技术,实现了该项目施工方案的三维仿真,提高了施工方案的可行性及合理性,避免了设计中存在的大多数问题。该项目在 BIM 应用中,主要操作流程如图 8-13-8 所示。

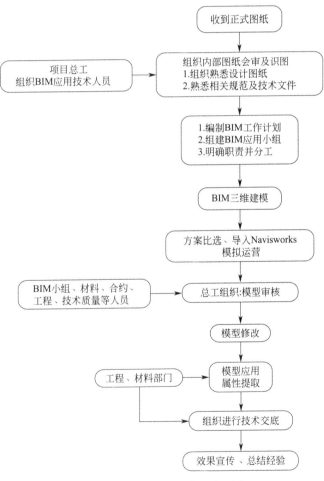

图 8-13-8 BIM 技术应用流程图

1)优化工作场地布置

在经南八路潮河大桥的建设中,BIM 小组结合施工现场环境,通过三维动画模拟最大程度上优化施工现场的临建设施。

BIM 小组结合桥型特点及周边环境,依据之前已完成的标准化 CI 族库对项目部驻地及钢筋加工场等生产区、生活区进行快速化建模,输入项目部驻地等临建图纸,完成标准化快速临建。使用 Navisworks 软件对大型机械设备的行进路线规划及设备运营进行模拟,然后根据模拟的大型设备及施工机械行进路线规划施工便道,充分发挥便道便利性。根据现场施工环境及模拟的大型机械设备运营情况合理布置现场塔吊位置,布置施工机械站位。主要临建布置如图 8-13-9~图 8-13-11 所示。

图 8-13-9　钢筋场布置 BIM 模型图

图 8-13-10　便道布置 BIM 模型图

2)钢结构深化

经南八路潮河大桥和潮晟路跨潮河桥均采用超宽钢箱梁结构设计,潮晟路跨潮河桥主墩设计为直径 56m 的不规则圆环钢塔,原设计图纸的节段划分不能满足现场的施工要求。

BIM 技术在不规则结构设计中具有以下技术优点:较为直观理解结构体,可赋予结构体材料、尺寸等属性,可视化管理,可进行三维技术交底(钢结构厂家交底)等。使用 revit 软件对原图纸进行三维建模,多视角输出渲染图片,以达到工程的三维可视效果,

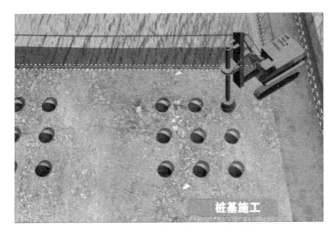

图 8-13-11 机械站位 BIM 模型图

并通过 BIM 技术辅助项目部进行钢结构深化设计。钢箱梁 BIM 模型及深化如图 8-13-12、图 8-13-13 所示。

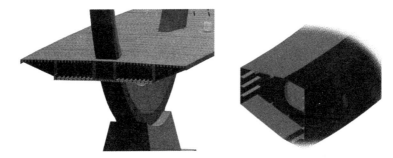

图 8-13-12 钢箱梁 BIM 模型图

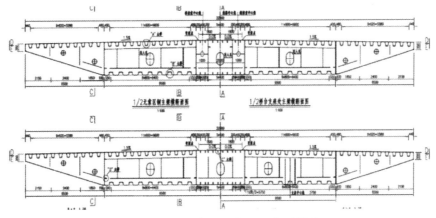

图 8-13-13 钢箱梁深化 BIM 模型图纸

3) 异形结构体应用优化

(1) 二维设计图纸转为三维

异形结构体的出现给常规的二维 CAD 图纸带来挑战，尤其在桥梁结构中，施工时如果对图纸理解有误将会对整个桥梁受力体系带来很大影响。通过 revit 建模可将二维设计图转化为三维,以帮助理解复杂异形结构体,合理安排施工工序。二维设计图、三维模型图如图 8-13-14、图 8-13-15 所示。

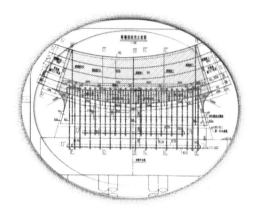

图 8-13-14 异形结构体二维设计图

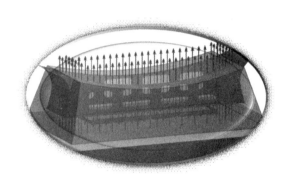

图 8-13-15 异形结构体三维模型图

(2) 鱼腹形索塔钢模板设计

经南八路潮河大桥塔柱纵向为"鱼腹"式结构,使用传统二维方法难以对钢模板进行精准设计,进而影响施工质量。首先根据设计图纸对塔柱进行建模,依据建好的塔柱 BIM 模型与塔柱模板厂家协调进行塔柱模板制作的控制,根据 BIM 模型进行塔柱节段划分并进行钢模板精准设计。

BIM 小组成员依据设计图纸对鱼腹塔进行 BIM 建模,根据施工节点的划分将模型拆分为 14 个不同的施工节点模型,保证每个施工节段都有相应的 BIM 模型与之对应。索塔 BIM 模型与 SolidWorks 模型如图 8-13-16 所示。

 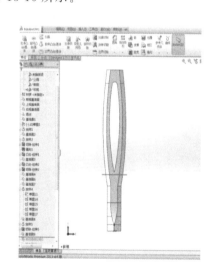

图 8-13-16 索塔 BIM 模型与 SolidWorks 模型图

然后将 BIM 模型与模板厂商使用的 SolidWorks 软件对接,模板厂商根据节段模型制作相应钢模板,并根据 BIM 信息模型所给出的标高、坐标等模型信息对模板安装进行测量复核。使用 BIM 技术设计模板图纸如图 8-13-17 所示。

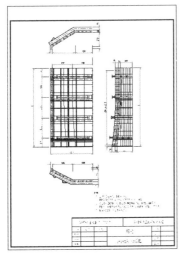 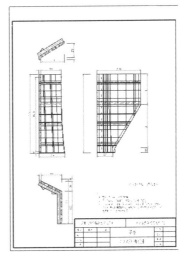

图 8-13-17　使用 BIM 技术设计模板图纸

4）碰撞检查

三维建模完成后，在 revit 软件内对混凝土结构进行配筋，然后对钢筋及其他构件进行碰撞检查，提前发现设计问题并找到解决办法，避免了后期施工因图纸问题带来的停工以及返工。其中在经南八路潮河大桥鱼腹塔塔顶段和潮晟路跨潮河大桥圆环塔塔座段，钢筋及各构件间互相冲突较多。根据 BIM 技术研究，可以在不影响桥梁结构受力和外观的基础上，对施工方案进行深度优化。圆环塔塔座钢筋碰撞检查如图 8-13-18 所示。

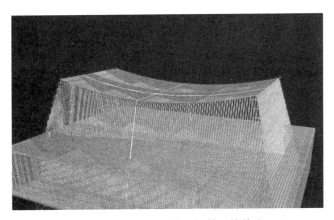

图 8-13-18　圆环塔塔座钢筋碰撞检查

5）异形构件测量定位、工程量计算

经南八路潮河大桥鱼腹形索塔为异形结构。索塔设计图纸中只给出了关键控制点的坐标，而索塔是分段浇筑，在每一个节段完成时根据理论难以推算出精确的数据。通过BIM 模型建立基准点，可以有效快速准确调出所需要的测量数据，辅助高精度测量控制。同时，使用 revit 软件可快速提取构件各个节段的体积，较传统手算方式所获取的工程量也更为精准，从而达到省时省料的目的。鱼腹塔塔柱混凝土量明细表、圆环塔塔座模型及图纸如表 8-13-3 和图 8-13-19 所示。

鱼腹塔塔柱混凝土量明细表　　　　表 8-13-3

〈塔柱明细表〉

A	B	C	D	E
属性	族与类型	材质:名称	材质:体积	合计
中塔	01-中塔底座:01-中	C50 混凝土	158.32m³	2
中塔	02-中塔下塔柱:02-	C50 混凝土	18.96m³	2
中塔	03-中塔下塔柱:03-	C50 混凝土	36.54m³	2
中塔	04-中塔下塔柱:04-	C50 混凝土	42.71m³	2
中塔	05-中塔下塔柱:05-	C50 混凝土	29.68m³	2
中塔	06-上塔柱:06-中塔	C50 混凝土	37.28m³	2
中塔	07-上塔柱:07-中塔	C50 混凝土	39.15m³	2
中塔	08-上塔柱:08-中塔	C50 混凝土	35.13m³	2
中塔	09-上塔柱:09-中塔	C50 混凝土	32.25m³	2
中塔	10-上塔柱:10-中塔	C50 混凝土	30.48m³	2
中塔	11-上塔柱:11-中塔	C50 混凝土	29.78m³	2
中塔	12-上塔柱:12-中塔	C50 混凝土	30.16m³	2
中塔	13-上塔柱:13-中塔	C50 混凝土	42.17m³	2
中塔	14-上塔柱:14-中塔	C50 混凝土	29.61m³	2

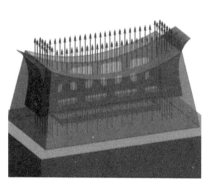 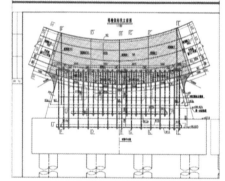

图 8-13-19　圆环塔塔座模型及图纸

6）辅助项目进行方案比选

BIM 小组针对不同的施工方案进行建模，并使用 Navisworks 软件进行施工模拟。BIM 技术可根据不同施工方案完善施工动画，通过动画形式对比施工方案，改进优化方案。

潮晟路跨潮河大桥圆环塔施工有龙门吊吊装、履带吊吊装等多种不同的施工方案。结合施工现场情况，通过 BIM 技术对多种施工方案的施工流程进行动画模拟，最终决定钢塔 TG0-A、TG0-B、TG1、TG16 节段采用地面龙门吊安装，其余节段通过安装在梁顶格构柱胎架上的起重桁车进行构件单元安装。方案比选模型如图 8-13-20、图 8-13-21 所示。

7）可视化技术交底

使用 BIM 三维模型，依据施工方案做出施工工序、施工进度模拟，可以提前预判施

图 8-13-20 钢箱梁胎架方案比选模型

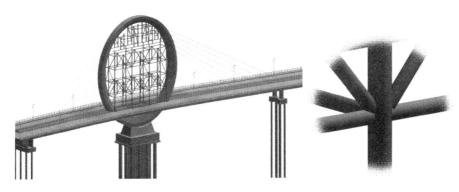

图 8-13-21 圆环塔支架方案比选模型

工重点、难点并寻求解决方案。同时使用 BIM 模型施工动画辅助传统枯燥单调的文字描述进行技术交底，可使技术交底更为形象逼真。施工模拟技术交底及动画如图 8-13-22、图 8-13-23 所示。

图 8-13-22 施工模拟技术交底图

8.13.4 BIM 技术应用效果

1) BIM 技术应用成果

本项目通过 BIM 技术的应用，实现了以下应用成果：

（1）通过对两个工程进行针对性的 BIM 技术建模及模拟，优化了施工现场的场地布置，使得场地布置更加合理，减少了二次搬运的次数等，降低了运输费用。

（2）利用该软件优化了施工工艺，进一步明确了施工过程中的重点、难点，同时对设

图 8-13-23 鱼腹塔塔柱施工动画

计及施工方案中的不合理之处进行了修改和优化。通过 BIM 模型建立基准点，快速准确调出所需要的测量数据，辅助精度测量控制，有效保证了工程施工质量。

（3）BIM 技术将二维设计图转化为三维，以帮助理解复杂异形结构体，使用三维动画技术交底辅助传统的文字交底，合理安排施工工序，提高了技术交底的效果，杜绝了工程返工现象的发生。

（4）同时将施工模拟动画提供给全体项目成员并收集意见，提供了全员参与发现不合理之处的机会。

2）经济效益

在经南八路潮河大桥项目中，相比传统方法，运用 BIM 建模对塔柱钢模板制作深化设计并进行模板的预拼装模拟、模板现场拼装及测量复核，节约钢材 35t，并带来直接经济效益 42.3 万元和提前完成 45 天的工期效益。利用 BIM 技术对钢箱梁深化设计并进行施工模拟，提前发现问题并解决，带来直接经济效益 130 万元，提前 30 天完成施工任务。

经测算，BIM 技术在经南八路潮河大桥项目应用中，累计为该项目创造直接经济效益 172.3 万元。效益计算认证如图 8-13-24 所示。

BIM技术应用效益计算认证书

填报单位： 中国建筑第七工程局有限公司　　　　填报日期：

应用名称	郑州市经南八路潮河大桥BIM技术应用	实施时间	
工程名称	郑州市经南八路潮河大桥	工程地点	郑州市经开区经南八路跨潮河处
小组负责人	李享达	联系方式	18838077893
BIM技术应用实施过程简介	本工程管理目标高、施工技术难度大，因此项目部决定在本项目施工过程中引进BIM技术。经过详细的策划以及过程中适时的总结，BIM技术在本项目中的应用点主要有一下几个方面：（1）利用BIM技术的三维可视化展示；（2）异形索塔参数细化；（3）结构物测量点校核；（4）钢结构深化设计；（5）预应力和钢筋的碰撞检查。		
应用效益计算过程	（1）利用BIM技术对钢箱梁深化设计并进行施工模拟，提前发现问题并解决，带来直接经济效益130万元，提前30天完成施工任务。 （2）相比传统方法，运用BIM建模对塔柱钢模板制作深化设计并进行模板的预拼装模拟、模板现场拼装及测量复核，节约钢材35吨，并带来直接经济效益42.3万和提前完成工期45天的工期效益。 经测算，BIM技术在该项目的应用，累计为该项目创造直接经济效益172.3万元。		

项目监理单位（章）：

总监理工程师：

项目承包单位（章）：

项目经理：

图 8-13-24　经南八路潮河大桥项目 BIM 技术应用效益计算认证书